Klaus Große Kracht

Die zankende Zunft

Historische Kontroversen
in Deutschland nach 1945

2. Auflage

Vandenhoeck & Ruprecht

Bibliografische Information der Deutschen Nationalbibliothek

Die Deutsche Nationalbibliothek verzeichnet diese Publikation in der
Deutschen Nationalbibliografie; detaillierte bibliografische Daten sind
im Internet über http://dnb.d-nb.de abrufbar

ISBN 978-3-525-36280-8
ISBN 978-3-647-36280-9 (E-Book)

Druck und Bindung: CPI Buch Bücher.de, Frensdorf

Umschlagkonzeption: Groothius Lohfert Consorten, Hamburg
Umschlagabbildung: Umgestürzte Büste Otto von Bismarcks
Foto von Friedrich Seidenstücker © Bildarchiv Preußischer Kulturbesitz, Berlin, 2004

Inhalt

Einleitung: Kontroverse Zeitgeschichte

Der französische Historiker und Anthropologe Michel de Certeau hat den Ausgangspunkt historischer Forschung einmal mit einer Episode aus Robinson Crusoe zu veranschaulichen versucht: So wie dieser auf seiner menschenleer geglaubten Insel plötzlich auf eine rätselhafte Fußspur im Sand gestoßen sei, suchten Historikerinnen und Historiker am Strand der Gegenwart nach den Abdrücken und Spuren der Vergangenheit. Was im historischen Fachjargon gewöhnlich als ›Quelle‹ bezeichnet werde, sei letztlich nichts anderes als eine solche Spur aus vergangenen Zeiten, ein bloßes Überbleibsel, das aus sich heraus bedeutungslos bleibe, wenn es nicht zusammen mit anderen Spuren als eine Fährte gedeutet werde, die mal mehr, mal weniger sichtbar sei, aber möglicherweise doch weit in die Vergangenheit zurückreiche.[1]

Aber betreibt Robinson Crusoe auf seiner Spurensuche bereits Geschichts*wissenschaft*? Man wird diese Frage vermutlich verneinen, wenn man bedenkt, daß er als schiffbrüchiger Abenteurer und Sklavenhändler auf seine Insel geraten war und sich dort zum gottesfürchtigen Puritaner bekehrte. Aber selbst, wenn wir die Geschichte umschrieben und aus dem Seemann aus York einen strengen Naturforscher machten, so bliebe dennoch fraglich, ob man seiner in aller Einsamkeit und Freiheit betriebenen Forschung – selbst wenn sie auf genauester Beobachtung und Experimenten beruhen sollte – das Prädikat ›Wissenschaft‹ zuschreiben kann. Denn einer solchen »Crusonischen Wissenschaft«, wie Karl R. Popper sie einmal genannt hat, fehlt doch immer ein entscheidendes Element wissenschaftlicher Arbeit, nämlich ihr ›öffentlicher Charakter‹: »Denn niemand außer ihm selbst prüft seine Ergebnisse nach; niemand außer ihm selbst korrigiert die Vorurteile, die die unvermeidliche Folge seiner besonderen Geschichte sind; niemand hilft ihm, sich von jener seltsamen Blindheit zu befreien, die ihn den vielen Möglichkeiten gegenüber, die in seinen eigenen Resultaten stecken, befangen macht«, schreibt Popper. »Und was seine wissenschaftlichen Abhandlungen betrifft: Nur beim Versuch, sein Werk *jemandem zu erklären, der es nicht ausgeführt hat*, kann er die Disziplin klarer und vernünftiger Kommunikation erlangen, die auch ein Teil der wissenschaftlichen Methode ist.«[2]

Das hohe Gut der ›Objektivität‹ läßt sich für Popper deshalb auch nie allein durch die persönliche Unparteilichkeit des Forschers und die Exaktheit seiner Methoden, Berechnungen und Apparaturen erreichen. Vielmehr ist sie immer »ein Ergebnis des sozialen oder öffentlichen Charakters der wissenschaftlichen Methode«, d. h. der *freien Konkurrenz der Gedanken*«, die ein Forscher nie allein für sich in seinem Laboratorium austragen kann, sondern die erst in der öffentlichen Widerrede Gestalt annimmt. Deshalb müssen die »konkurrierenden Hypothesen«, wie Popper sagt, »durch Personen vertreten werden: sie brauchen Anwälte, Geschworene und sogar ein Publikum«.[3]

Für die Zeitgeschichte gilt dies in ganz besonderem Maße, da der Forscher hier selbst Teil des zu erforschenden Gegenstandes ist, der irgendwo zwischen äußerer Vergangenheit und eigener Lebensgeschichte angesiedelt ist. Die mangelnde zeitliche, aber auch lebensweltliche Distanz zu einer Geschichte, die »noch qualmt«,[4] ist der zeithistorischen Forschung oft zur Kritik geraten, und nicht selten wurde ihr die Fähigkeit zur objektiven Erkenntnis überhaupt abgesprochen. Doch persönliche Erinnerung und fachliche Forschung müssen sich nicht wechselseitig ausschließen, solange ihre Übergänge und Interferenzen transparent gemacht und kritisch reflektiert werden. Dies aber kann der einzelne Forscher niemals allein bewältigen; dazu bedarf er vielmehr des Blicks von außen, des Ein- und Widerspruchs der »konkurrierenden Hypothesen«, d. h., wie Popper gesagt hat, ihrer jeweiligen Anwälte, damit sich die Geschworenen ein möglichst genaues Bild der Streitsache machen können. Die öffentliche Diskussion der Forschungsergebnisse ist deshalb eine notwendige Bedingung nicht nur, aber vor allem auch der zeithistorischen Forschung: Zeitgeschichte ist ›Streitgeschichte‹.[5]

Der Einspruch des Gegenstandes

Daß sich Wissenschaftler untereinander streiten und zum Teil heftige und polemische Debatten austragen, ist an sich nichts Besonderes. Im Bereich der Zeitgeschichte kommt jedoch hinzu, daß sich die wissenschaftskonstitutive Kritik nicht auf den engen Bereich der Expertenöffentlichkeit beschränken läßt, die sich in den jeweiligen Fachorganen, Publikationsserien und Tagungsbänden artikuliert und selbst Teil des wissenschaftlichen Arbeitens ist.[6] Denn Zeithistorikerinnen und Zeithistoriker haben nicht nur mit dem Widerspruch aus den Reihen ihrer Forschungskolleginnen und -kollegen zu rechnen, sondern ebenfalls mit dem Einspruch ihres Forschungsgegenstandes selbst, nämlich all derjenigen, die die Geschichte, die die Historiker erforschen wollen, selbst erlebt haben. Nicht zufällig kursiert am Rande öffentlicher Diskussionsveranstaltungen im Kreis der eingeladenen Historiker immer wieder das Wort vom Zeitzeugen als dem ›natürlichen Feind‹ des Zeithistorikers, der die erforschte Geschichte durch sein eigenes Erleben in Frage stelle. Denn dies unterscheidet nun einmal die Zeitgeschichte von anderen Teildisziplinen der Geschichtswissenschaft: Sie steht immer in einem kommunikativen Zusammenhang mit den Zeitgenossen, die die Geschichte nicht als Vergangenheit, sondern in ihrem persönlichen Erleben als Gegenwart erfahren haben. Gerade diese »Einspruchsmöglichkeit« der Zeitgenossen ist es, so Norbert Frei, die »die Geschichte zur Zeitgeschichte« macht.[7] Hans Rothfels hat diesem kommunikativen Strukturzusammenhang bereits in seiner berühmten Definition aus dem Jahr 1953 Rechnung getragen, als er die Zeitgeschichte als »Epoche der Mitlebenden« von anderen Zeiträumen der Geschichte abgrenzte.[8] Was aber jeweils zur »Epoche der Mitlebenden« gehört, wie weit diese in die Vergangenheit zurückreicht, hängt nicht nur vom Generationengefüge ab, sondern auch davon, wie die Mitlebenden selbst ›ihre‹ Geschichte erfahren und im Gedächtnis behalten haben.

Das Gespräch zwischen Zeitgenossen und Zeithistorikern gestaltet sich gleichwohl schwierig, und dies, obwohl die *oral history* mittlerweile ein ansehnliches Methodenarsenal aufzubieten hat, um das Wissen der Mitlebenden für ihre Zwecke zu nutzen. Auch die Wortmeldungen von Zeitzeugen auf den bereits angesprochenen Podiumsveranstaltungen oder in den Leserbrief-spalten der Tages- und Wochenzeitungen können nicht darüber hinwegtäuschen, daß es keine institutionalisierten Foren des Austausches und der Diskussion zwischen professionalisierter Geschichtswissenschaft und dem Gedächtnis der Mitlebenden gibt. Wenn überhaupt, dann kommunizieren beide nur vermit-telt, und zwar vor allem über die Kanäle der modernen Massen-medien, die mittlerweile – man denke nur an die erfolgreichen Geschichtssendungen von Guido Knopp im Zweiten Deutschen Fernsehen[9] – den Zeitgenossen eine größere Aufmerksamkeit schenken als professionellen Geschichtsforschern. Wird den Mit-lebenden nicht gleich das Wort erteilt, so bemühen sich die Sen-deanstalten gleichwohl, mit ihren ›histotainment‹-Formaten der Erinnerungslage der Zeitgenossen sowohl inhaltlich als auch formal entgegenzukommen: angefangen von qualitativ hoch-wertigen Dokumentar(spiel)filmen bis hin zu fiktional-dramati-sierten Historienfilmen, in denen Geschichte nur mehr der Aus-staffierung einer letztlich beliebigen Erzählhandlung dient.

Historikerinnen und Historiker sind als Experten bei diesen Produktionen durchaus willkommen, und viele unter ihnen nut-zen die Chance, ein wenig von ihrer Forschungsarbeit einem grö-ßeren Publikum bekanntzumachen. Was bei diesem ankommt, bleibt den Experten allerdings meist verborgen, denn die ›Öf-fentlichkeit‹, die über die modernen Massenmedien erreicht und hergestellt wird, bleibt letztlich amorph: Das einzige, was ein Autor historischer Bücher oder ein wissenschaftlicher Experte im Fernsehen von seinem Publikum erfährt, ist – abgesehen von gelegentlichen Zuschauer- und Leserzuschriften – die Verkaufs-zahl seiner Bücher bzw. die Anzahl der an ihn gerichteten Anfra-gen zur Mitarbeit an außeruniversitären Veranstaltungen und Medienproduktionen. ›Öffentliche‹, in den Massenmedien aus-getragene Kontroversen um die Deutung der Geschichte bleiben daher meist Kontroversen unter Experten und Spezialisten, die gleichwohl – und das unterscheidet sie von den Fachkontrover-sen im engeren Sinne – auf großer Bühne ausgetragen werden. Den Kontrahenten geht es dabei zwar durchaus um die Zustim-mung des Publikums; dieses selbst kann jedoch kaum in die Dis-kussion eingreifen, sondern lediglich über sein Konsum- und Akklamationsverhalten seinem Interesse am Pro oder Contra der Argumente Ausdruck verleihen. Was in den Medien in Form von

Talkshows, Diskussionssendungen und publizistischen Kontroversen zunächst als offener Dialog erscheint – d. h. als eine symmetrische, reziproke Kommunikation, in der die beteiligten Akteure die Rollen von Sender und Empfänger grundsätzlich untereinander tauschen können –, bleibt im Hinblick auf das Publikum dennoch immer eine asymmetrische ›Massenkommunikation‹, in der dem Empfänger kaum die Möglichkeit zur Replik geboten wird.[10] Im Zeitalter der Mediengesellschaft ist das vielbeschworene Publikum also kein ›räsonierendes‹, sondern letztlich ein konsumierendes, das die ›öffentliche Meinung‹ lediglich über Einschaltquoten, Besucher- und Verkaufszahlen herstellt. Das Angebot dessen, was zur Wahl steht, wird zuvor jedoch durch die Massenmedien bestimmt.

Der Einsatz der Massenmedien

Die von Popper entlehnte Metapher des Gerichtssaals muß daher um einen weiteren Akteur ergänzt werden, wenn man die Dynamik öffentlich ausgetragener Expertenkontroversen verstehen will. Nicht nur die Anwälte und die bis zum Urteilsspruch stummen Geschworenen spielen eine zentrale Rolle im Geschehen der Wahrheitsfindung, sondern ebenso die Massenmedien, deren Verhalten sich keineswegs auf eine bloße Prozeßberichterstattung reduzieren läßt. Sie übernehmen vielmehr entscheidende Selektionsfunktionen, d. h. sie wählen aus den angebotenen Informationen und Argumenten nach eigenem Interesse aus und steuern so die Wahrnehmung des breiten Publikums. Den Profis der Massenmedien wird es zwar nur in seltenen Fällen gelingen, ihre Adressaten politisch-ideologisch eindeutig zu manipulieren (sofern sie dies überhaupt beabsichtigen). Als *gatekeeper* der öffentlichen Meinung bestimmen sie dennoch ganz wesentlich die Inhalte, über die allgemein gesprochen wird und die man kennen muß, um ›mitreden‹ zu können. In der Auswahl und Aufbereitung einzelner Nachrichten betreiben sie somit ein effektives *agenda setting*, indem sie bestimmte Themen, Inhalte und Personen auf die Tagesordnung des Alltagsgesprächs setzen und damit die Aufmerksamkeitsstruktur ihres Publikums ganz erheblich beeinflussen.[11] Das beste Beispiel aus dem Bereich der Zeitgeschichte dürfte hierfür die Ausstrahlung der US-amerikanischen Fernsehserie *Holocaust* im Januar 1979 sein, die von fast zwanzig Millionen Bundesbürgern gesehen wurde. In den Bundes- und Landeszentralen für politische Bildung gingen daraufhin an die 450 000 Anfragen nach Informationsmaterial zum Thema Nationalsozialismus und Holocaust ein.[12] Man mag über den sachlichen und ästhetischen Gehalt der Hollywood-Produktion geteilter Meinung sein, doch wird man kaum bestreiten können, daß sie dank ihrer massenmedialen Präsentation ein Thema in den öffentlichen Resonanzraum geschoben hat, das in den Jahren zuvor nur wenig gesellschaftliche Aufmerksamkeit erfahren hatte.

Die Diffusion wissenschaftlicher Forschungsergebnisse und die Arbeit an der politischen Bildung sind heute ohne Einsatz von Massenmedien, angefangen bei den Tages- und Wochenzeitungen über Funk und Fernsehen bis hin zum Internet, gar nicht mehr denkbar.[13] Indem sie wissenschaftsbezogene Themen und Ereignisse auf die tägliche Agenda ihrer Konsumenten setzen, übernehmen die Medien eine wichtige Funktion für die Demokratisierung des Wissens, das nach Popper bereits im genuinen Interesse der Forscher selbst liegen sollte, das aber auch für die Selbststeuerung der Gesellschaft immer wichtiger wird. Die moderne ›Wissensgesellschaft‹ ist deshalb nur um den Preis einer ebenso modernen ›Mediengesellschaft‹ zu haben. In dieser kommt den traditionellen Wissensbeschaffern jedoch eine neue Rolle zu, da sie nicht mehr länger distanziert von der gesellschaftlichen Beobachtung forschen und arbeiten können, sondern immer mehr in den Sog einer *public science* geraten, die über Vorabmeldungen und Presseberichte die Veröffentlichungs- und Rezeptionswege abkürzt und traditionelle Verfahren des wissenschaftlichen Prüfungsprozesses durch die Einschaltung der Massenmedien unterläuft.[14] Die Veröffentlichung der vermeintlichen ›Hitler-Tagebücher‹ durch den *Stern* im Jahr 1983 ist ein gutes Beispiel für die Fallstricke einer solchen vorschnellen Veröffentlichungspolitik und ihre publizistische Absturzgefahr, wenn sie auf bewährte wissenschaftliche Sicherungsmechanismen verzichtet.[15]

Nun erregen allerdings nicht alle Forschungsergebnisse der Wissenschaft die Aufmerksamkeit der Massenmedien. Vielmehr wählen die Verantwortlichen in den Medien nach spezifischen Faktoren, die den ›Nachrichtenwert‹ einer Meldung ausmachen, aus dem Informationsangebot der Agenturen und Wissensanbieter genau jene Segmente aus, die ihrer Meinung nach das Interesse der Konsumenten auf sich zu ziehen versprechen.[16] Welche Nachricht jeweils als wertvoll erscheint, hängt dabei nicht nur von ihrem Inhalt, sondern mindestens ebensosehr vom antizipierten Interesse des Adressatenkreises, vom subjektiven Empfinden der Redakteure und nicht zuletzt auch vom Grad ihrer jeweiligen Aufbereitung und Zuverlässigkeit ab. Insofern läßt sich kaum eine generelle Theorie des ›Nachrichtenwerts‹ aufstellen; es lassen sich nur jeweils auf spezifische Kontexte bezogene Parameter angeben, die bei der Nachrichtenauswahl der Redaktionen eine Rolle spielen. Für den Bereich massenmedial kommunizierter zeitgeschichtlicher Inhalte scheinen zumindest folgende Faktoren für die Auswahl aus dem Informationsangebot eine zentrale Rolle zu spielen:

(1.) Wie jede Nachricht muß auch eine Nachricht aus der Vergangenheit grundsätzlich einen *Aktualitätsbezug* aufweisen. In der Berichterstattung über Vergangenes geht es also immer zugleich auch um die Gegenwart, die in der Nachricht enthalten ist. Der angestrebte Aktualitätsbezug kann bereits durch eine neue Publikation oder eine gerade eröffnete Ausstellung erfüllt werden; häufig wird er inhaltlich unterstrichen, indem auf einen neuen Aktenfund – und seien es die vermeintlichen Tagebücher Hitlers –, auf noch nie zuvor gesehene Bilder oder erstmalig sich äußernde Zeitzeugen verwiesen wird. Läßt sich ein Bezug zur Gegenwart nicht unmittelbar über aktuelle Ereignisse herstellen, dann müssen entsprechende mediale *events* erfunden werden. Dazu eignen sich beispielsweise Jahrestage historischer Großereignisse in hervorragender Weise, da diese, im Gegensatz zum historischen Geschehen selbst, vorhergesehen und medial vorbereitet werden können. Die Konjunktur der Jahrestage, die seit geraumer Zeit immer deutlicher zu beobachten ist und mittlerweile den Terminkalender vieler Zeithistoriker beherrscht, ist das beste Beispiel dafür, wie ›Geschichte‹ beständig aktualisiert werden muß, um in die Medien zu kommen.

(2.) Nachrichten aus der Vergangenheit müssen des weiteren über eine möglichst große *kommunikative Anschlußfähigkeit* verfügen. Historische Forschungsergebnisse haben demnach nur dann eine Chance, von den Massenmedien aufgegriffen zu werden, wenn ihre Kenntnis nicht nur für den engen Kreis der Fachkollegen von Interesse ist, sondern ebenso für ein breites, anonymes Publikum. Neben dem Aktualitätsaspekt spielt deshalb die Kopplung der Nachricht an bereits vorhandene Wissensbestände auf seiten der Rezipienten eine wichtige Rolle. Themen der zeithistorischen Forschung eignen sich dazu im Vergleich mit Forschungsergebnissen aus anderen Teildisziplinen der Geschichtswissenschaft in ganz besonderem Maße, da hier an die Erfahrungswelt der Mitlebenden direkt angeschlossen werden kann: Vom alliierten Bombenkrieg bis zum Fall der Mauer lassen sich eine Vielzahl von Themen finden, bei denen sich die kommunikative Kluft zwischen Expertendiskurs und Laienverständnis durch einen gemeinsamen Erfahrungshorizont leicht überbrücken läßt.

(3.) Nachrichten aus der Vergangenheit werden von den Massenmedien schließlich dann gern aufgegriffen, wenn sie *moralisierungsfähig* sind, d.h. wenn sie zur normativen Beurteilung auffordern. Nicht zufällig setzen die Massenmedien in ihrem Informationsangebot so stark auf Skandale und Normverstöße, denn die Aussicht auf Bestärkung der eigenen normativen Überzeugungen stellt einen wichtigen Informationsanreiz dar.[17] Zugleich ermöglicht die moralische Beurteilung des mitgeteilten Sachverhaltes aber auch den Ausstieg aus dem Informationsfluß, nämlich genau dann, wenn man meint, genügend Kenntnis zu haben, um sein Urteil abgeben zu können. Moral ist somit ein äußerst effizientes Selektionskriterium in der Nachrichtenauswahl, um im Überfluß der Informationsgesellschaft die Orientierung nicht zu verlieren. Historische Forschungsergebnisse kommen deshalb vor allem dann in die Massenmedien, wenn sie das Handeln konkreter Personen betreffen, das Anlaß zu moralischer Bewertung bietet. Strukturgeschichtliche Ergebnisse und die Analyse anonymer Prozesse, die man nur zur Kenntnis nehmen, nicht aber bewerten kann, erreichen das Feuilleton der großen Tages- und Wochenzeitungen sowie die Hauptsendezeiten des Fernsehens hingegen kaum.

Die drei genannten Nachrichtenwertfaktoren sind sicherlich nicht auf die Berichterstattung aus dem Bereich Zeitgeschichte eingeschränkt, noch geben sie bereits ein vollständiges Set notwendiger Bedingungen ab, deren Erfüllung den massenmedialen Erfolg einer Meldung garantieren könnte. Dennoch scheinen sie, wenn auch idealtypisch zugespitzt, eine wichtige Rolle bei der

Nachrichtenauswahl in den Massenmedien zu spielen. Ist eine Nachricht von einem Informationsanbieter erst einmal erfolgreich plaziert, so dauert es meist nicht lange, bis sie von anderen Medien ebenfalls aufgegriffen wird, die nun nicht mehr nur die Erstmeldung wiederholen, sondern auch über das bereits erfolgte Medienecho berichten. Durch diese ›rekursive Schließung‹ des Nachrichtenflusses wird so schließlich ein sekundärer Informationswert erzeugt, der sich aus der wechselseitigen Selbstbeobachtung der Medien ergibt und der die ursprünglichen Auswahlfaktoren in ihrer Bedeutung überlagern kann.[18]

Die Nachrichtenwert-Theorie, so schwierig ihre Anwendung im Detail auch sein mag, schärft den Blick dafür, daß es sich bei den modernen Massenmedien keineswegs um bloß passive Informationsträger handelt, sondern um Akteure, die den Kommunikationsfluß zwischen Sender und Empfänger nach ihren eigenen Interessen zu steuern versuchen, was freilich nicht heißt, daß sie diesen damit notwendigerweise zugleich auch ›verzerren‹ oder gar ›verfälschen‹. Ganz im Gegenteil: Gerade durch die massenmediale Aufbereitung des Nachrichtenwerts erfährt so manche Meldung aus dem Bereich der wissenschaftlichen Forschung eine Essentialisierung auf ihre zentrale Botschaft, die sich im wissenschaftlichen Diskurs häufig hinter einer opaken Dokumentenfülle und einem unüberschaubaren Anmerkungsapparat versteckt. Die neunhundert Seiten von Fritz Fischers *Griff nach der Weltmacht* (1961) oder die über siebenhundert Seiten von Daniel J. Goldhagens *Hitlers willige Vollstrecker* (1996) hätten ihre Wirkung vermutlich kaum entfaltet, wenn nicht kompetente Redakteure ihren wesentlichen Inhalt auf einige Zeitungsspalten prägnant zusammenzufassen gewußt hätten.[19] Als Stichwortgeber für die ›geistige Situation der Zeit‹ spielen fachwissenschaftlich versierte Journalisten gerade für die Lancierung des öffentlichen Streits eine zentrale Rolle.

Die Streitgeschichte der Zeitgeschichte

Der Gang der zeithistorischen Forschung in der Bundesrepublik Deutschland kann heute kaum mehr verstanden werden, wenn er nur als ein rein inneruniversitäres, allein auf die fachwissenschaftliche Literatur und die Abfolge methodischer Schulen be-

zogenes Geschehen beschrieben wird. Im Rückblick auf die letzten vierzig Jahre läßt sich vielmehr beobachten, wie die Massenmedien immer wieder an zentralen Momenten in die wissenschaftliche Debatte eingegriffen und – indem sie innerfachliche
Kontroversen auf die große Bühne der Massenkommunikation
gehoben haben – zu einer Neujustierung des innerwissenschaftlichen Betriebes beigetragen haben. Einige Beispiele solcher massenmedial ausgetragenen Streitfälle werden in den folgenden
Kapiteln vorgestellt. Sie zeigen, daß die Erforschung der Zeitgeschichte nicht im luftleeren Raum geschieht, sondern als öffentliche Streitgeschichte im Überschneidungsfeld von Expertendiskurs und massenmedialem Publikum angesiedelt ist.

Nach den ersten Versuchen unmittelbar nach dem Zweiten
Weltkrieg, eine Antwort auf die ›deutsche Katastrophe‹ (Meinecke) zu finden, waren die fünfziger Jahre zunächst von einer
›gewissen Stille‹ im Umgang mit der jüngeren deutschen Zeitgeschichte geprägt, die – so unbefriedigend das ›kommunikative
Beschweigen‹ (Lübbe) der eigenen Verantwortung in moralischer Hinsicht auch gewesen sein mag – die Integration der
NS-Gesellschaft in die Nachfolgestaaten des ›Dritten Reiches‹ in
West- und Ostdeutschland erheblich erleichterte. Der Kalte
Krieg trug dazu bei, die kritische Historisierung der gemeinsamen nationalen Vergangenheit zugunsten der Blockeinbindung
der beiden deutschen Teilstaaten zurückzustellen. Während im
Osten Deutschlands eine parteilich gebundene Forschungskultur
errichtet wurde, die den freien Meinungsstreit durch einen neuen Zwang zum Konsens ersetzte, entwickelten sich in der Bundesrepublik hingegen ab Ende der fünfziger Jahre Ansätze zu einer demokratischen Streitkultur im Umgang mit der jüngsten
Vergangenheit. Das ganze Ausmaß der nationalsozialistischen
Vernichtungspolitik trat jedoch auch hier erst langsam und zum
Teil gegen erhebliche Widerstände und Wahrnehmungsblockaden in das Bewußtsein nicht nur der breiten Bevölkerung, sondern ebenfalls der sich in der Bundesrepublik nun langsam etablierenden Zeitgeschichtsforschung (1. Kapitel).

Ihre erste große Debatte, die mit Hilfe der Massenmedien ausgefochten wurde, erlebte die westdeutsche Zeitgeschichtsforschung jedoch erst Anfang bis Mitte der sechziger Jahre, und
zwar auf einem Gebiet, das dem Nationalsozialismus eher fernzuliegen schien: die Fischer-Kontroverse um die Kriegszielpolitik

des deutschen Kaiserreichs im Ersten Weltkrieg. Bei genauerem Hinschauen zeigt sich jedoch schnell, daß es bei der Debatte um weit mehr als die Frage von Kriegszielen und Kriegsverantwortung ging. Vielmehr stand die Kontinuität vom Ersten zum Zweiten Weltkrieg und damit vom Kaiserreich zum ›Dritten Reich‹ zur Debatte. Die Kontroverse – und das macht sie als Übergangsphänomen so interessant – blieb jedoch zunächst noch auf die engen Foren der Expertenöffentlichkeit beschränkt. Erst langsam, vor allem im Jahr 1964, als sich der Beginn des Ersten Weltkriegs zum fünfzigsten Mal jährte, erreichte sie die Massenmedien, und der Streit der Experten untereinander begann sich in einen Streit um die Gunst des Publikums zu verwandeln (2. Kapitel).

Auf dem Berliner Historikertag 1964, in dessen Zentrum die Diskussion der Thesen Fischers stand, hatte sich eine akademische Gruppe deutlicher als zuvor zu erkennen gegeben, die gewöhnlich zwischen Expertenöffentlichkeit und breitem Publikum angesiedelt ist: die Studenten, die mehrheitlich auf der Seite Fischers standen. Doch erst einige Jahre später, gegen Ende der sechziger Jahre, versuchten sie, den öffentlichen Raum zwischen Universität und Straße für sich zu besetzen und die Aufmerksamkeit der Massenmedien auf sich zu ziehen. Die Auseinandersetzung um die deutsche Zeitgeschichte spielte dabei – trotz einer weit ausgreifenden Faschismuskritik – jedoch nur eine untergeordnete Rolle. Die Zeitgeschichte, aber auch die Geschichtswissenschaft insgesamt, verlor nach dem Ausklingen der Fischer-Kontroverse vielmehr an öffentlicher Aufmerksamkeit, und ihre Fachvertreter sahen sich zunehmend genötigt, öffentlich über die gesellschaftliche ›Relevanz‹ ihres Fachs nachzudenken, das durch den kritischen Zeitgeist und den Aufstieg der systematischen und theoriegeleiteten Sozialwissenschaften in Bedrängnis geraten war (3. Kapitel).

Die unterschiedlichen Antworten und Lösungsstrategien, mit denen die Historiker der Grundlagenkrise ihres Fachs zu begegnen versuchten, prägten die innerwissenschaftlichen Debatten bis in die achtziger Jahre hinein, als im Vorfeld des sogenannten ›Historikerstreits‹ das Interesse der Massenmedien an den Auseinandersetzungen der Historiker auf einmal wieder zunahm. Im Unterschied zur Fischer-Kontroverse wurde diese Debatte jedoch nicht intern, durch neue Forschungsergebnisse, sondern

durch eine Intervention von außen angestoßen, als der Sozialphilosoph Jürgen Habermas in der Wochenzeitung *Die Zeit* einen
scharfen Angriff auf mehrere führende Neuzeithistoriker veröffentlichte, denen er ›revisionistische Tendenzen‹ im Umgang
mit der jüngsten deutschen Vergangenheit vorwarf. In der an-
schließenden publizistischen Debatte ging es entsprechend weniger um die Diskussion konkreter Forschungsergebnisse als vielmehr um die öffentliche Interpretationshoheit über die NS-Vergangenheit. So sehr sich einzelne Fachvertreter während des ›Historikerstreits‹ auch immer wieder auf den engeren Fachdiskurs
zurückziehen wollten, so sehr mußten sie andererseits doch zur
Kenntnis nehmen, daß sie nur dann Gehör fanden, wenn sie sich
auf die Logik massenmedialer Kommunikation einließen (4. Kapitel).

Die Engführung von Massenkommunikation und fachwissenschaftlicher Kontroverse beherrschte auch die Auseinandersetzung um das Erbe der DDR-Geschichtswissenschaft nach 1989.
So wurde der innerwissenschaftliche Evaluierungs- und Abwick-
lungsprozeß der ostdeutschen Geschichtswissenschaft unter einer breiten (westdeutschen) Medienaufmerksamkeit geführt, die
nicht zuletzt über die Skandalisierung einzelner Wissenschaftlerbiographien moralische und politische Wertungsfragen in den
fachwissenschaftlichen Transformationsprozeß einspeiste. Wie
nur selten zuvor in der Geschichte der Bundesrepublik sahen sich
Zeithistoriker nach 1989 mit politisch-moralischen Ansprüchen
konfrontiert, die nicht nur weit über die Standards fachinterner
Qualitätsprüfung hinausgriffen, sondern zugleich ein deutliches
Indiz dafür waren, daß die Akzeptanz geschichtswissenschaftlicher Forschung in der Öffentlichkeit in einem großen Maße von
letztlich außerwissenschaftlichen Kriterien abhängt (5. Kapitel).

Wie sehr der zeithistorische Diskurs in der Bundesrepublik
mittlerweile vom Kommunikationssystem der Massenmedien
mitgesteuert wird, zeigt schließlich auch die bislang letzte wissenschaftliche Großkontroverse über die deutsche Zeitgeschichte: der Streit um Daniel Goldhagens Bestseller *Hitlers willige
Vollstrecker* von 1996. Ähnlich wie der ›Historikerstreit‹ zehn
Jahre zuvor wurde auch diese Debatte von außen, und zwar erneut durch einen Bericht in der Wochenzeitung *Die Zeit* angestoßen. Im Vergleich zu den bisherigen Kontroversen zeigte sich
in der Goldhagen-Debatte jedoch zugleich ein neuer Frontver-

lauf: Waren die bisherigen Streitfälle stets Kämpfe der Experten untereinander um die Gunst des Publikums gewesen, so war die Goldhagen-Kontroverse über weite Strecken ein regelrechter Kampf nicht um, sondern gegen das zumeist jüngere Publikum, das sich bereits sehr früh auf die Seite des medial aufgebauten *newcomers* geschlagen hatte. Die etwa zeitgleich geführte Diskussion um die sogenannte ›Wehrmachtsausstellung‹, an der sich Universitätshistoriker zunächst nur am Rande beteiligten, stellte parallel dazu eindrücklich unter Beweis, daß die entscheidenden Selbstverständigungsdebatten um die jüngere deutsche Vergangenheit mittlerweile recht gut ohne die Beteiligung universitär etablierter Zeitgeschichtsforscher initiiert werden konnten (6. Kapitel).

Die Gesellschaft der Bundesrepublik verfügt heute über ein komplexes massenmediales Kommunikationssystem, in dem die Anteile der Berichterstattung über Vergangenes in den letzten fünfzig Jahren deutlich gewachsen sind. Die Zeithistoriker sind in diesem Kommunikationsgeflecht nur mehr eine Akteursgruppe neben anderen. Auf dem Markt der Aufmerksamkeit müssen sie mit der Konkurrenz von Journalisten, Film-Produzenten und freien Autoren rechnen, die die Sprache der Massenkommunikation meist besser zu sprechen verstehen als sie selbst. Ihr traditionelles Selbstverständnis als ›Lehrmeister der Nation‹, das deutsche Historiker bis weit in die zweite Hälfte des 20. Jahrhunderts hinüberzuretten versucht haben, hat damit aber endgültig seine Plausibilität verloren; überzeugende neue Positionsbestimmungen im kommunikativen Geflecht der Gesellschaft sind hingegen noch nicht in Sicht.

Die Grenzen der Zunft

Dieser kurze Durchgang durch die Streitgeschichte des zeithistorischen Forschungsdiskurses in der Bundesrepublik zeigt bereits, daß die Debatten um die jüngere deutsche Vergangenheit sich immer mehr zu »publizistischen Konflikten«[20] im engeren Sinne entwickelt haben, in denen die Akteure der Massenmedien die entscheidende Rolle spielen, angefangen bei der Lancierung des strittigen Themas über die Auswahl und Rekrutierung der Kontrahenten bis hin zur Schließung der Kontroverse, die nur selten durch Konsens oder Kompromiß erfolgt, sondern meist dadurch, daß der publizistische Nachrichtenwert einer laufenden Debatte hinter die Lancierung neuer Themen und Inhalte zurückfällt.

Die Verschränkung von Massenkommunikation und Expertendiskurs, die sich in den genannten Streitfällen artikuliert, verweist zugleich darauf, daß die Grenzen des zeithistorischen Forschungsdiskurses nicht von vornherein gezogen sind und sich die Arena des Streits keineswegs auf den engen Raum von Universitäten und staatlich alimentierten Forschungsinstituten beschränken läßt. Vielmehr sind die Grenzen des legitimen Diskurses selbst Gegenstand der Debatte, in der unterschiedliche Akteure um die Ausweitung bzw. Begrenzung des zugelassenen Kommunikationsraumes kämpfen. Insofern ließe sich die öffentliche Arena, in der die jeweiligen Akteure untereinander um die Definitionsmacht über die Zeitgeschichte und die Perspektiven ihrer Erforschung streiten, im Sinne Pierre Bourdieus als das »historische Feld« bezeichnen, d.h. als ein offenes Spielfeld umkämpfter ›Stellungen‹, auf dem in unterschiedlichen Koalitionen und mit unterschiedlichen Mitteln um die Anerkennung der eigenen ›Stellungnahmen‹ unter den beteiligten Akteuren gerungen und gestritten wird.[21]

Nichts anderes meint letztlich die bekannte Rede von der Geschichtswissenschaft als ›Zunft‹, in der diejenigen, die in den herrschenden Stellungen stehen, über die Spielregeln und Aufnahmeverfahren entscheiden, die Neuankömmlingen den Eintritt in das Feld der wissenschaftlichen Auseinandersetzung ermöglichen oder nicht. Die internen, häufig auch intransparenten Reproduktionsregeln der Historiker-Zunft stellen einerseits sicher, daß die »fachlichen Mindeststandards« innerhalb der Zunft eingehalten werden, doch führen sie andererseits auch dazu, »daß Innovationen nur sehr langsam in das institutionelle Gefüge dieser Fachwelt eindringen«, wie Lutz Raphael über den ›Beruf des Historikers‹ geschrieben hat: »Nonkonformisten und radikale Kritiker der Berufsroutinen hatten es in der deutschen Geschichtswissenschaft seit ihren Anfängen schwer, Sitz und Stimme als vollwertige Mitglieder der Zunft zu erlangen.«[22] Auch davon zeugt die Streitgeschichte der Zeitgeschichte.

In den publizistischen Kämpfen um die Deutungshoheit über die Zeitgeschichte ging es den Vertretern der Zunft auch immer darum, das ›historische Feld‹, die Autonomie des fachlichen Diskurses, gegen die Felder von Politik und Massenmedien und damit gegen die Ansprüche des nichtfachlichen Publikums abzugrenzen. Der Wissenschaftssoziologe Thomas Gieryn hat dies als akademisches *boundary work* bezeichnet, als eine Art Arbeit an den Grenzbefestigungen, mit denen sich die Wissenschaftler gegen die Belagerungen von außen abzuschließen versuchen. Häufig werden die Methoden des *boundary work*, wie Gieryn gezeigt hat, jedoch auch dazu benutzt, mißliebige Kollegen aus dem legitimen Diskursraum des eigenen Fachs auszugrenzen und die eigene Position auf dem jeweiligen wissenschaftlichen Feld gegen neue Konkurrenten zu verteidigen.[23]

Die Argumente, die bei diesen Grenzkämpfen ausgetauscht werden, werden meist im Namen der höheren Werte der Zunft – Wahrheit, Gewissenhaftigkeit, Objektivität etc. – vorgebracht. Häufig verdecken sie jedoch vorwissenschaftliche Prägungen und Überzeugungen, die unreflektiert Eingang in die eigene wissenschaftliche Praxis gefunden haben. Eine Geschichte der Geschichtswissenschaft und ihrer wichtigsten Streitfälle wird sich daher nicht darauf beschränken können, die ausgetauschten Argumente lediglich in ihrem innerwissenschaftlichen Kontext, dem *context of justification*, zu verorten, sondern muß immer auch den *context of persuasion*, den breiten Kontext lebensweltlicher und gesellschaftlicher Prägungen und Überzeugungen, in die Untersuchung miteinbeziehen.[24] Gerade in den Streitfällen um die Grenzen der Zunft zeigt sich immer wieder, daß sich zwischen Wissenschaft und Gesellschaft die Demarkationslinien keineswegs so eng ziehen lassen, wie die Vertreter der Wissenschaft es häufig meinen.

Die folgenden Kapitel wollen für diese vielfältigen Austausch- und Abgrenzungsprozesse zwischen fachwissenschaftlichem Diskurs und massenmedialer Kommunikation sensibilisieren, indem sie die großen Streitlinien der zeithistorischen Forschung in der Bundesrepublik abschreiten. Weder ist beabsichtigt, die Debatten von damals noch einmal zu führen, noch die Darstellung mit allzuviel retrospektiver Besserwisserei auszustaffieren. Vielmehr sollen die Protagonisten von damals möglichst selbst zu Wort kommen und die jeweiligen Kontroversen in ihrem chronologischen Verlauf nachvollziehbar werden. So sind die folgenden Kapitel bewußt auch als eine Einführung in den Gang der zeithistorischen Forschung und ihre öffentliche Streitkultur gedacht,

d. h. sie wollen etwas vom geschichtswissenschaftlichen Diskussionsklima in der Bundesrepublik während der letzten fünfzig Jahre einfangen und spürbar machen.

Heute verbinden viele mit Begriffen wie ›Fischer-Kontroverse‹ oder ›Historikerstreit‹ nur mehr vage Vorstellungen. Gleichwohl haben diese Debatten das ›historische Feld‹ der Bundesrepublik ganz erheblich mitgestaltet und die Aufmerksamkeitsstrukturen einer ganzen Generation von Neuzeithistorikerinnen und -historikern entscheidend geprägt. So gehört das Wissen um diese Großkontroversen gewissermaßen zum ›kollektiven Gedächtnis‹ des Fachs, das häufig jedoch nur in einzelnen Anekdoten und persönlichen Erinnerungsspuren weitergegeben wird. Die folgenden Seiten möchten ein Angebot unterbreiten, um die im ›Sand‹ der Geschichtswissenschaft anzutreffenden ›Spuren‹ vergangener Kontroversen in die großen Linien der Fachentwicklung einzuordnen. Sie möchten das Interesse dafür wecken, die Geschichte der Disziplin einmal nicht über die Abfolge von Schulen und Theorien wahrzunehmen, sondern über den Gang der großen Debatten, die sie geprägt haben.*

Literaturempfehlungen

Jürgen Elvert, Susanne Krauß (Hg.), Historische Debatten und Kontroversen im 19. und 20. Jahrhundert, Stuttgart 2003.

Hartmut Lehmann (Hg.), Historikerkontroversen, Göttingen 2000.

Lutz Raphael, Geschichtswissenschaft im Zeitalter der Extreme. Theorien, Methoden, Tendenzen von 1900 bis zur Gegenwart, München 2003.

Martin Sabrow, Ralph Jessen, Klaus Große Kracht (Hg.), Zeitgeschichte als Streitgeschichte. Große Kontroversen seit 1945, München 2003.

Peter Weingart, Die Stunde der Wahrheit? Zum Verhältnis der Wissenschaft zu Politik, Wirtschaft und Medien in der Wissensgesellschaft, Weilerswist 2001.

* Das vorliegende Buch geht auf ein zweijähriges Forschungsprojekt am Zentrum für Zeithistorische Forschung (Potsdam) zurück. Für Anregung und Kritik danke ich insbesondere Martin Sabrow, Christoph Classen und Mario Keßler. Krisztina Csörgei danke ich für ihre Hilfe bei der Literaturbeschaffung und den Korrekturen, Jan-Holger Kirsch, Markus Böggemann und Astrid Reuter für ihre kritisch kompetente Lektüre des gesamten Manuskripts.

1. Zwischen Abgrenzung und Tradition: Deutsche Geschichtswissenschaft nach 1945

Das Jahr 1945 brachte für die deutsche Geschichtswissenschaft keine ›Stunde Null‹. Die materiellen Bedingungen eines Lebens in Trümmern und die Ungewißheit über die politisch-rechtliche Zukunft in den vier Besatzungszonen erschwerten das akademische Geschäft; doch sie machten es nicht unmöglich. Zwar dauerte es einige Zeit, bis sich die Fachzeitschriften und Verlage im Chaos von Papiermangel und Lizenzerteilung reorganisierten, die Arbeit am Schreibtisch ging jedoch unterdessen weiter. Es war die Zeit des Briefeschreibens und der persönlichen Besuche. Man erneuerte den Kontakt zu ehemaligen Lehrern und Schülern oder zu politisch unbelasteten Kollegen und versicherte sich gegenseitig seiner inneren Opposition zum Hitler-Regime. So überlebte die Zunft im Geflecht persönlicher Netzwerke: Nur 24 Professoren waren nach 1945 aus politischen Gründen überhaupt entlassen worden, was jedoch nicht bedeutet, daß sie damit auch aus der Fachkommunikation ausgeschieden wären. Einige erreichten ihre Wiedereinstellung, andere fanden in Verlagen und wissenschaftlichen Vereinigungen neue Betätigungsfelder.[1]

Von den über 130 aus Deutschland emigrierten Historikern kehrten nur gut 20 während der ersten beiden Nachkriegsjahrzehnte zurück.[2] Der Großteil von ihnen zog es vor, in der neuen Heimat zu bleiben, statt sich auf eine ungewisse Zukunft in Deutschland einzulassen. Zu jenen, die sich mit großem Erfolg in ihrem Aufnahmeland etabliert hatten, gehörte der inzwischen in Yale unterrichtende Neuzeithistoriker Hajo Holborn, der im Herbst 1947 im Auftrag des amerikanischen Außenministeriums seine alte Heimat bereiste. In seinen Empfehlungen, die er nach seiner Rückkehr in die USA verfaßte, sprach er sich für eine rasche Währungsreform sowie größere Beteiligung der Deutschen an der Verwaltung ihrer eigenen Angelegenheiten aus. Gleich-

wohl schien ihm die »Geistesverfassung des durchschnittlichen
Deutschen« auch zwei Jahre nach Kriegsende weiterhin »be-
denklich« zu sein. Zwar habe er unter den Deutschen »mehr
Schamgefühl« angetroffen, als er vermutet hätte, doch vor allem
unter den Intellektuellen herrsche ein »Hang zu verderblicher
Kasuistik«: »Es gibt mehr als genug Zeugnisse für die gegenwärtigen Versuche der Deutschen, sich selbst und der Welt zu bewei-
sen, daß die Gewaltakte der Nazizeit nicht auf ernste politische
und moralische Mängel des ganzen deutschen Volkes zurückzuführen sind.«[3] Der Vorwurf der ›Kollektivschuld‹ war von den
Alliierten in offiziellen Dokumenten indes niemals erhoben worden; von den Deutschen wurde er dennoch immer wieder em-
pört zurückgewiesen.[4] Es ging um die moralische Selbstbehauptung der Nation; Debatten um die zeithistorischen Ursachen des
Nationalsozialismus wurden hingegen kaum geführt.

Revision des Geschichtsbildes?

Bis weit in die fünfziger Jahre hinein war der zeithistorische Diskurs in beiden Teilen Deutschlands von dem Bedürfnis der Bevölkerung geprägt, zwischen sich und den Verantwortlichen für
Niederlage, Genozid und Kriegsverbrechen eine klare Grenze zu
ziehen. Dazu diente die Kritik an den, wie behauptet wurde, allzu weitreichenden Entnazifizierungsmaßnahmen der Alliierten
ebenso wie die öffentliche Rede von der ›Hitlerclique‹ und ›Ver-
brecherbande‹, wodurch der Kreis der Verantwortlichen auf eine
begrenzte Zahl notorisch Krimineller beschränkt werden sollte.
Auf kulturell-intellektuellem Gebiet führte der Wunsch nach einer klaren Abgrenzung des nationalsozialistischen Gedankenguts
von den Überzeugungen der Mehrheitsgesellschaft schließlich zu
einem Neuvermessen der nationalen Traditionen und Bildungs-
bestände, die nun daraufhin befragt wurden, inwieweit sie dem
Vordringen des Nationalsozialismus Vorschub geleistet oder
aber als Refugien der ›inneren Emigration‹ diesem geistig Einhalt geboten hätten. Fragen dieser Art stellten sich um so mehr,
als außerhalb Deutschlands Autoren Bucherfolge feierten, die –
wie etwa der britische Historiker Alan J. P. Taylor – die Ursachen
des Nationalsozialismus über ›Preußentum‹ und ›Militarismus‹
bis hin zu Friedrich II., wenn nicht gar bis Luther, zurückver-

folgten und die gesamte neuere deutsche Nationalgeschichte als einen einzigen unheilvollen Weg in die Katastrophe deuteten.[5] In zahlreichen Essays, Artikeln und Vorträgen, in denen nicht selten der von Holborn beklagte ›Hang zu verderblicher Kasuistik‹ deutlich zutage trat, machte sich in den Jahren 1945 bis 1949 eine beachtliche Anzahl von Autoren unterschiedlicher Fachrichtungen und politischer Couleur in Deutschland daran, die großen Linien der nationalen Geschichte abzuschreiten, um in dieser das Bleibende und Unkorrumpierbare gegen das für den Nationalsozialismus Anfällige abzusondern und hervorzuheben.

Als eine der wichtigsten Stimmen in dieser unmittelbar nach Kriegsende beginnenden Diskussion um die – wie es zeitgenössisch hieß – ›Revision des deutschen Geschichtsbildes‹ meldete sich 1946 der mittlerweile vierundachtzigjährige Friedrich Meinecke zu Wort. Der liberal-konservative Gelehrte, der zwei Jahre später zum ersten Rektor der Freien Universität Berlin gewählt werden sollte, stellte die Notwendigkeit einer kritischen Infragestellung des überkommenen Geschichtsbildes deutlich heraus: »Der radikale Bruch mit unserer militaristischen Vergangenheit«, so heißt es in seinen Betrachtungen über *Die deutsche Katastrophe*, »führt uns [...] vor die Frage, was aus unseren geschichtlichen Traditionen überhaupt nun werden wird. Unmöglich und selbstmörderisch wäre es, sie in Bausch und Bogen ins Feuer zu werfen und uns als Renegaten zu gebärden. Aber unser herkömmliches Geschichtsbild, mit dem wir groß geworden sind, bedarf jetzt allerdings einer gründlichen Revision, um die Werte und Unwerte unserer Geschichte klar voneinander zu unterscheiden.«[6]

Auch wenn der Nationalsozialismus für Meinecke »keine bloß aus deutschen Entwicklungskräften abzuleitende Erscheinung« gewesen ist, so macht er für seinen Aufstieg doch genuin deutsche Ursachen verantwortlich.[7] Insbesondere der geistige »Militarismus«, der sich in Preußen seit Friedrich Wilhelm I. festgesetzt habe, wird zum Ziel seiner Kritik; doch stellt er diesem sogleich die positiven Tendenzen der preußisch-deutschen Geschichte gegenüber: So lebten »zwei Seelen, eine kulturfähige und eine kulturwidrige«, im preußischen Staat zusammen, in dem mit dem Ende der Reformzeit die »kulturwidrige« jedoch immer mehr an Raum gewonnen habe.[8] Nach der Reichsgründung, vor allem aber in der Wilhelminischen Zeit, so Meinecke, seien die negativen, militaristischen Elemente des Preußentums immer weiter auch in bürgerliche Kreise vorgedrungen. Meinecke scheut sich nicht, in dieser Hinsicht sogar von einem »Entartungsprozeß« im deutschen Bürgertum zu sprechen, da sich in diesem ein »Massenmachiavellismus« immer deutlicher Bahn gebrochen habe:[9] »Die Mitverantwortung und Schuld des deutschen Bürgertums an allem, was die Katastrophen und insbesondere das Emporkommen des Nationalsozialismus vorbereitet hat, ist nicht gering.«[10]

Trotz dieser deutlichen Worte verblieb Meinecke mit seinem Motiv der ›zwei Seelen‹ letztlich jedoch im allgemein Anthropologischen. So verliert er sich schließlich in Betrachtungen über die seelischen »Gleichgewichtsstörungen«, die im »Hitlermenschentum« zutage getreten seien.[11] Der Durchbruch der irrationalen, zerstörerischen Kräfte im »Hitlertum« erscheint bei ihm daher in letzter Konsequenz als eine große humane »Tragödie«, die mit der »unlöslichen Verkettung des Göttlichen mit dem Dämonischen im Menschen« im Wesen der Geschichte selbst angelegt sei.[12] Dementsprechend zielen seine Wünsche für den Wiederaufbau Deutschlands auch weniger auf den äußeren Staatsaufbau als auf eine ethisch-sittliche Reinigung und »Verinnerlichung unseres Daseins«.[13] Von hier aus erklärt sich auch sein häufig belächelter Vorschlag, Deutschland mit einem Netz von »Goethegemeinden« zu überziehen, denn, so sein fester Glaube an die ›deutsche Innerlichkeit‹, das »Ringen um geistige Werte trägt in sich selbst schon seine Rechtfertigung und wirkt am tiefsten, wo es am freiesten von politischer Tendenz sich bewegen kann«.[14]

Mit seinem von kulturprotestantischem Ethos getragenen Appell zu ehrlicher Selbstkritik, aber auch zu positiver Rückbindung an den klassisch-idealistischen Bildungskanon des deutschen Bürgertums lagen die Ausführungen Meineckes in der breiten Konsenszone liberal-konservativen Denkens der damaligen Zeit. Selbst der stärker lutherisch-konservativ geprägte Freiburger Neuzeithistoriker Gerhard Ritter bestritt in der unmittelbaren Nachkriegszeit keineswegs die Berechtigung der zahlreichen Versuche, das deutsche Geschichtsbild einer kritischen Prüfung zu unterziehen, auch wenn seine Bilanz weit weniger düster als bei Meinecke ausfiel. In seiner ebenfalls 1946 erschienenen kurzen Schrift *Geschichte als Bildungsmacht* erklärte auch er sich bereit, »nüchtern und kritisch zu fragen, wo der Irrweg begann und wie er verlief«, doch wollte er diese Frage »ohne Hast« und »ohne Ungeduld«, vor allem aber ohne vorschnelle »Geschichtskonstruktionen, summarische Urteile, vage Kollektivbegriffe« in Angriff nehmen.[15] Seine Abhandlung liest sich deshalb vor allem auch als eine Zurückweisung von weit ausgreifenden Geschichtsdeutungen, die, wie er schreibt, »die ganze deutsche Geschichte auf den einen Nenner des hemmungslosen Eroberungsdranges und des furor teutonicus bringen« wollten.[16] Demgegenüber beabsichtigt Ritter ähnlich wie Meinecke, an das Gute und Schöne in der nationalen Vergangenheit zu erinnern, »an dem wir uns aus vollem Herzen freuen und aus dem wir neuen Mut schöpfen dürfen für eine bessere Zukunft«.[17]

Doch anders als der Berliner Historiker, der mit seiner Kritik am preußischen ›Militarismus‹ und am politischen Handeln des Bürgertums nicht sparte, versuchte Ritter, den Nationalsozialismus von längerfristigen Entwicklungstendenzen innerhalb der deutschen Geschichte abzugrenzen: Der Nationalsozialismus, so Ritter kategorisch, sei »kein preußisches Originalgewächs«[18] und Bismarck kein Vorläufer Hitlers, sondern geradezu sein Gegenteil, denn »alles, was Bismarcks eigentümliche Größe ausmacht, erscheint bei dem Nazi-Führer in sein Gegenteil verkehrt«.[19] Bei Ritter erscheint Hitler so schließlich als eine Art illegitimer Fremdkörper in einer grundsätzlich heilen Nationalgeschichte, als ein unvorhersehbarer Einbruch, als »Dämon« und neuer »Dschingis-Khan«.[20] Im Rahmen der deutschen Geschichte, so führte der Freiburger Historiker zwei Jahre später in seinem Buch *Europa und die deutsche Frage* aus, sei das »Hitlertum« etwas »grundsätzlich Neues« gewesen, das ebenso »unerwartet« in Erscheinung getreten sei »wie der Faschismus in Italien oder der Bolschewismus in Rußland, die niemand hätte prophezeien können«.[21] Wann und wo in Europa der Einbruch der Barbarei sich ereignete, war nach Ritter somit letztlich dem Zufall geschuldet, denn die Möglichkeit eines solchen Umschlags war für ihn immer und überall dort gegeben, wo der »Aufstand der Massen« die Macht der »historischen Autoritäten« zerbrochen habe.[22] Ohne »die Stütze fester Traditionsbildung«, so Ritter, könne sich aber »keine öffentliche Autorität auf die Dauer behaupten«,[23] und genau deshalb blieb für ihn die Pflege eines positiven Bildes der deutschen Nationalgeschichte auch und gerade nach dem Zusammenbruch von 1945 eine eminent wichtige politische und pädagogische Aufgabe: »Das nationale Selbstbewußtsein der Deutschen ist heute tief erschüttert – man wird es nicht zur Selbstverzweiflung treiben dürfen. Denn wer an sich selbst verzweifelt, ist zu keiner Antwort mehr tauglich.«[24]

Ritters Position entsprach derjenigen der lutherisch-konservativen Geisteswelt der späten vierziger Jahre. Vom anderen Ende des politischen Spektrums meldete sich, um ein weiteres, letztes Beispiel aus dem Jahr 1946 anzuführen, der KPD-Funktionär Alexander Abusch zu Wort. In seinem noch im mexikanischen Exil begonnenen Buch *Der Irrweg einer Nation* zeichnete der ehemalige Chefredakteur verschiedener Parteiblätter und spätere Kulturminister der DDR ein düsteres Bild der deutschen Nationalgeschichte. Während Ritter diese gegen Hitlers illegitimen Einbruch nachträglich zu immunisieren versuchte, griff Abusch bis weit ins 16. Jahrhundert zurück, um mit der Niederlage der Aufständischen im Bauernkrieg das »Vorspiel zum modernen deutschen Drama« beginnen zu lassen.[25] Über den »aggressiven Despoten« Friedrich II. und die zynische »Brutalität« Bismarcks führt Abusch die »Erblinie« fort zu Wilhelm II. und Hitler.[26] Denn für den marxistischen Geschichtsschreiber war die Politik des späten Kaiserreichs bereits von den gleichen sozialen Kräften getragen, die später Hitler zum Sieg verholfen hätten: von den »Trustherren« und der »Monopolindustrie«.[27] Doch die »Verschwörung der alldeutschen Monopolherren, Junker und Generale« hätte, so merkt Abusch ausdrücklich an, verhindert werden können, wenn der revolutionäre Impuls innerhalb der deutschen Sozialdemokratie nicht erlahmt wäre und die Arbeiterbewegung geschlossen im Kampf gegen Hitler zusammengestanden hätte.[28] Gemäß der im Exil verfolgten ›Volksfront‹-Idee fordert Abusch deshalb die gemeinsame Anstrengung aller ›antifaschistischen‹ Kräfte, um die »sozialen Träger der Aggression für immer aus dem Leben der Nation zu beseitigen«: Konkret meinte dies die »Aufteilung der Junkergüter [...] und die völlige Beseitigung der imperialistischen Kapitalsmonopole«.[29]

Für Abusch stand 1946 die »ganze verpfuschte Geschichte der deutschen Nation« auf dem Prüfstand, für die das gesamte deutsche Volk Verantwortung trage.[30] Mit dieser Position stand er in der Diskussion um die ›Revision des deutschen Geschichtsbildes‹

in diametralem Gegensatz zu Ritter, dem es weniger um eine ›Revision‹ als vielmehr um eine Reinigung des ererbten Geschichtsverständnisses ging. Aber auch der Ideen- und Geisteshistoriker Meinecke, dessen Kritik am preußischen ›Militarismus‹ und bürgerlichen »Massenmachiavellismus« weit in die Nationalgeschichte zurückgriff, konnte die materialistisch-parteiliche Deutung Abuschs nicht teilen. Dennoch ist es in der unmittelbaren Nachkriegszeit zwischen ihnen und den zahlreichen anderen Autoren, die sich zur Neujustierung des deutschen Geschichtsbildes äußerten, nie zu einer echten publizistischen Debatte gekommen.[31] Die Stimmen, die sich damals zu Wort meldeten, waren nur selten offen aufeinander bezogen, sondern zumeist Artikulationen *pro domo*, bezogen auf den eigenen Erfahrungshorizont und das eigene sozialmoralische Herkunftsmilieu. Eine autonome, rekursive Medienöffentlichkeit, die zwischen den verschiedenen Standpunkten hätte vermitteln können, war nach dem Zusammenbruch von 1945 erst in Ansätzen sichtbar. Die allgemeine Papierknappheit, begrenzte Druckkapazitäten und die unterschiedliche Lizenzvergabepraxis der Alliierten erschwerten vielmehr den gesellschaftlichen Kommunikationsfluß. Auch die Fachkommunikation hatte darunter zu leiden: Die *Historische Zeitschrift (HZ)*, das wichtigste Fachorgan der Zunft, erschien beispielsweise erst wieder im Mai 1949.[32]

Als sich Ende der vierziger Jahre die äußeren Bedingungen des publizistischen Arbeitens zumindest in den westlichen Besatzungszonen allmählich verbesserten, hatten sich die politischen Rahmenbedingungen für eine breite nationale Debatte jedoch bereits entscheidend verändert: Der Kalte Krieg überführte die anfängliche Diskussion um die ›Revision des deutschen Geschichtsbildes‹ nun in die System-Konkurrenz zweier unterschiedlicher Geschichtskulturen in Ost- und Westdeutschland. Bereits die Gedenkveranstaltungen zum hundertsten Jubiläum der Revolution von 1848 bewegten sich in zwei voneinander getrennten, antagonistischen Diskurswelten: Im Westen war es die ›Freiheit‹, im Osten die ›Einheit‹, an welche die Festredner erinnerten, die damit das Erbe der national-demokratischen Bewegung des 19. Jahrhunderts unter sich aufteilten.[33]

Der Weg in die sozialistische Konsenswissenschaft

Nur wenige Monate nach den Feierlichkeiten zum Revolutions-
jubiläum beschloß die Parteiführung der ›Sozialistischen Einheitspartei Deutschlands‹, die 1946 aus der Zwangsvereinigung
von KPD und SPD in der Sowjetischen Besatzungszone hervorgegangen war, ihre Umwandlung in eine marxistisch-leninisti-
sche ›Partei neuen Typus‹ nach sowjetischem Vorbild. Als der
›bewußte und organisierte Vortrupp der deutschen Arbeiterklasse‹ erhob sie einen uneingeschränkten Führungsanspruch auf allen politischen und gesellschaftlichen Feldern, den es ihr unter
Anleitung durch die sowjetische Besatzungsmacht in der SBZ
und späteren DDR weitgehend durchzusetzen gelang. Der von
den Parteifunktionären formulierte Führungsanspruch bezog
sich selbstverständlich auch auf die Deutung der Vergangenheit,
wie Walter Ulbricht im November 1950 unmißverständlich klar-
machte: »Wenn wir auch Professoren, die Vorlesungen über Spe-
zialgebiete, wie Mathematik, Chemie oder Technik usw.[,] halten, keinerlei weltanschauliche Bedingungen stellen, so müssen
wir doch in allen Fächern der Gesellschaftswissenschaft – dialek-
tischer und historischer Materialismus, Politökonomie, Geschichte Deutschlands und der deutschen Arbeiterbewegung –
darauf bestehen, daß nur im Sinne der fortschrittlichen Wissenschaft, wie sie in den Lehren von Marx, Engels, Lenin, Stalin entwickelt ist, gelehrt wird.«[34]

Das Problem für die Parteiführung lag allerdings darin, daß
zur Umsetzung der SED-Geschichtspolitik anfänglich die nötigen wissenschaftlichen und personellen Ressourcen fehlten. Von
den 25 Professoren und Dozenten im Fach Geschichte, die 1946
an den sechs ostdeutschen Universitäten lehrten, waren zunächst
nur zwei, Walter Markov und Alfred Meusel, überzeugte Kom-
munisten.[35] Markov, der während des Nationalsozialismus im
kommunistischen Widerstand tätig gewesen war und zehn Jahre
im Zuchthaus verbracht hatte, galt aufgrund seines unorthodoxen Marxismus jedoch als unsicherer Kantonist und wurde
bereits 1951 wieder aus der Partei ausgeschlossen. Dennoch
konnte er seine Position als zwar eigensinniger, gleichwohl aber
einflußreicher Außenseiter innerhalb der DDR-Geschichtswissenschaft bis zu seiner Emeritierung 1974 behaupten.[36] Wäh-

rend Markov von der Parteiführung kritisch beäugt wurde, gelangte Alfred Meusel, der als einziger unter den führenden SED-Historikern bereits in der Weimarer Republik einen Lehrstuhl bekleidet hatte (wenn auch für Volkswirtschaftslehre und Soziologie), schon bald in zentrale akademische Führungspositionen in Ostberlin. Mit der Berufung weiterer Parteiintellektueller, die ähnlich wie Meusel die Zeit des Nationalsozialismus im Exil verbracht hatten, wuchs die Gruppe der marxistischen Historiker in den folgenden Jahren langsam, aber stetig an. Mit Jürgen Kuczynski, Albert Schreiner, Leo Stern und Ernst Engelberg waren 1950 schließlich wichtige Professuren an den Universitäten von Berlin, Halle und Leipzig mit Parteimitgliedern besetzt.[37]

Hinzu kamen die zahlreichen linientreuen Dozenten an den direkt dem ZK der SED unterstellten Einrichtungen wie der Parteihochschule, dem ›Marx-Engels-Lenin-(Stalin)-Institut‹ (dem späteren ›Institut für Marxismus-Leninismus‹) sowie dem ›Institut für Gesellschaftswissenschaften‹. Die Gruppe der sogenannten ›bürgerlichen‹ Historiker nahm demgegenüber seit 1946 beständig ab. Zum Teil gingen sie wie Friedrich Meinecke, der bis 1948 als Emeritus der (Ost-)Berliner Fakultät angehört hatte, in den Westen, zum Teil wurden ihre Lehrstühle altersbedingt frei und durch marxistische Historiker neu besetzt. Waren 1951 von den 51 Hochschullehrern, die an den Universitäten und Hochschulen der DDR für die Ausbildung der Geschichtsstudenten zuständig waren, noch weniger als 40% in der SED, so waren es zehn Jahre später unter den mittlerweile immerhin 200 Geschichtsdozenten bereits 90%.[38]

Der Austausch der Hochschullehrerschaft wurde in geschichts- und wissenschaftspolitischer Hinsicht durch die Beschlüsse über ›die wichtigsten ideologischen Aufgaben der Partei‹, die auf der 7. Tagung des Zentralkomitees der SED im Oktober 1951 verabschiedet wurden, flankiert. Im Kampf um die ›Zerschlagung unwissenschaftlicher Geschichtsauffassungen‹ beschloß das Führungsgremium der Partei u. a. den Ausbau des bereits seit längerem geplanten ›Museums für Deutsche Geschichte‹ in Berlin, die Gründung eines zentralen ›Instituts für Deutsche Geschichte‹ an der Akademie der Wissenschaften sowie die Erarbeitung eines marxistisch-leninistischen Hochschullehrbuchs zur Geschichte des deutschen Volkes.[39] Die Leitung des Museums wurde Alfred Meusel anvertraut, dem bis zu 85 Mitarbeiter zur Verfügung standen und der das Museum in der Frühphase der DDR zu einer Art Kaderschmiede des marxistischen Historikernachwuchses ausbaute.[40]

Während das Museum bereits 1952 eröffnet werden konnte, zog sich die Gründung des Akademie-Instituts bis 1956 hin.[41] Neben internen Führungsquerelen verzögerte nicht zuletzt die tradierte Personalstruktur der Ostberliner Akademie, die aus der Preußischen Akademie der Wissenschaften hervorgegangen war und zahlreiche ›bürgerliche‹ Gelehrte aus der Zeit vor 1945/49 zu ihren Mitgliedern zählte, ihre Ausrichtung auf die Vorgaben einer marxistisch-leninistischen Standpunktwissenschaft. Noch bei der Eröffnung des ›Instituts für Geschichte‹ am 1. März 1956 standen den drei marxistischen Abteilungsleitern ebenso viele ›bürgerliche‹ gegenüber. Erst Ende der fünfziger Jahre wurde der Führungsanspruch der SED in den einzelnen Abteilungen institutionell soweit durchgesetzt, daß die Konflikte zwischen Wissenschaft und Politik hinter das Alltagsgeschäft einer »beherrschten Normalwissenschaft« zurücktraten.[42]

Noch länger als die Institutsgründung zog sich die Ausarbeitung des Hochschullehrbuchs hin, das die gesamte deutsche Nationalgeschichte in marxistisch-leninistischer Perspektive darstellen sollte.[43] Bereits auf der ZK-Tagung im Oktober 1951 wurde der sogenannten ›Misere‹-Theorie, die man in den Arbeiten von Abusch und anderen aus der unmittelbaren Nachkriegszeit mit ihrem Fokus auf die verhängnisvollen ›Irrwege‹ der deutschen Geschichte meinte erkennen zu können, eine klare Absage erteilt. In der Phase der beginnenden Zweistaatlichkeit ging es vielmehr darum, dem ›ersten sozialistischen Staat auf deutschem Boden‹ eine historisch positive Legitimation zu verschaffen und ihn als notwendige Konsequenz des beständigen Kampfes der ›fortschrittlichen Kräfte‹ in der deutschen Geschichte erscheinen zu lassen, wie das Politbüro mit seinem sogenannten ›Geschichtsbeschluß‹ aus dem Jahr 1955 noch einmal bekräftigte: »Die deutsche Geschichtswissenschaft muß vor allem das Wirken und die Kämpfe der Massen des deutschen Volkes von den Anfängen der deutschen Geschichte bis zur Gegenwart erforschen und darstellen, um unser Volk mit Stolz auf seine großen geschichtlichen Leistungen zu erfüllen und es zur Lösung seiner patriotischen Aufgaben zu rüsten.«[44]

Als wichtigstes Projekt der DDR-Geschichtswissenschaft bezeichnete der ›Geschichtsbeschluß‹ die Fertigstellung des Hochschullehrbuchs. Auf Einladung Kurt Hagers hatte sich das Autorenkollektiv, das sich dieser Aufgabe widmen sollte, bereits einige Zeit zuvor zusammengefunden. Zu ihm gehörten neben Alfred Meusel, der einmal mehr die Leitung übernahm, u. a. Leo Stern, Ernst Engelberg und Albert Schreiner. Nicht zuletzt aufgrund der nicht enden wollenden, im Falle Engelbergs häufig auch persönlich diffamierend geführten Auseinandersetzungen zwischen den maßgeblichen Autoren, verzögerte sich das Erscheinen des ersten Beitrages bis 1959, und es sollten noch einmal zehn Jahre vergehen, bis alle zwölf Bände des *Lehrbuchs der deutschen Geschichte* mit ihren knapp 5000 Druckseiten veröffentlicht vorlagen.[45]

Die Arbeit im Autorenkollektiv und die politische Zielsetzung des historiographischen Großunternehmens zeigen dabei deutlich die Grenzen des fachwissenschaftlichen Streits in der DDR. Denn mit dem Lehrbuch sollte nicht nur das wissenschaftliche Referenzwerk zur offiziellen SED-Geschichtspolitik vorgelegt, sondern zugleich auch eine Homogenisierung der ostdeutschen Geschichtswissenschaft insgesamt erreicht werden. Genau dazu dienten die immer wieder unternommenen Diskussionen einzelner Abschnitte des Lehrwerkes, die intern im Autorenkollektiv, aber auch fachöffentlich in den Spalten der 1953 in Ostberlin gegründeten *Zeitschrift für Geschichtswissenschaft (ZfG)* geführt wurden. Das Ziel des kollektiven Beratungsprozesses lag dabei nicht in der Schärfung unterschiedlicher Positionen und der damit verbundenen kritischen Überprüfung der jeweils vorgebrachten Argumente, sondern, wie Leo Stern formulierte, in einer Art zuarbeitenden und »helfenden Kritik« für das Gesamtunternehmen.[46] So sollten die wiederholten Diskussionen und Begutachtungen der einzelnen Lehrbuchabschnitte, die im Kollektiv zum Teil Satz für Satz noch einmal durchgegangen wurden, vor allem der Stärkung der gemeinsamen interpretatorischen Leitperspektive dienen, nicht jedoch deren grundsätzlicher Infragestellung. Dementsprechend wurden auch die kritischen Zusendungen zu der von Stern in der *ZfG* 1953 veröffentlichten »Disposition« des ersten Bandes des Lehrbuchs von der Zeitschrift nur gefiltert publiziert und solche, die, wie Stern in seiner

Sammelantwort schrieb, einer »schöpferischen Diskussion abträglich« seien, nicht weiter berücksichtigt.[47]

Was jeweils als ›schöpferisch‹ und ›helfend‹ verstanden wurde, definierten zunächst einmal die Lehrbuchautoren selbst. Konnten sie sich trotz ihrer fortgesetzten Diskussionen untereinander nicht einigen, mußte ein Parteibeschluß her, so etwa in der Frage, ob die deutsche Revolution von 1918, wie Meusel es in Übereinstimmung mit der sowjetischen Lesart wollte, als eine ›bürgerliche‹ zu deuten sei oder aber als eine gescheiterte ›sozialistische‹, wofür sich Albert Schreiner stark machte, der als Vorsitzender des Stuttgarter Arbeiter- und Soldatenrates 1918 selbst aktiv an der Novemberrevolution teilgenommen hatte.[48] Die Debatte wurde schließlich von keinem anderen als Walter Ulbricht selbst entschieden. Das Politbüro, so ließ er in einer Rede zur Vorbereitung des 40. Jahrestages der Revolution vernehmen, sei zu dem Ergebnis gekommen, daß es sich bei den Novemberunruhen um eine ›bürgerlich-demokratische‹ Revolution gehandelt habe. Die »von einem Teil der Historiker vertretenen falschen Auffassungen vom sozialistischen Charakter der Novemberrevolution« habe das Politbüro damit »zurückgewiesen«.[49]

In der Diskursordnung der DDR-Geschichtswissenschaft hatte fachliche Kritik keinen autonomen, sondern einen dienenden Charakter. Der Konsens war weniger eine Zielutopie, auf die sich die Kontrahenten zubewegen sollten, als vielmehr die Voraussetzung, um überhaupt wissenschaftliche Kritik – und auch dies nur in begrenztem Maße – vorbringen zu können. Als ein letztlich vorwissenschaftlicher Konsens war dieser aber politisch definiert, und seine Grenzen konnten durch die wissenschaftliche Diskussion selbst nicht verändert werden. Gerade deshalb überlagerten politische Argumente immer wieder die sachliche Auseinandersetzung, und nichts war ehrenrühriger, als seinem Gegner ›bürgerlichen Objektivismus‹, ›Revisionismus‹ oder ›Standpunktlosigkeit‹ vorzuwerfen.

Jemand, der diese Streitordnung in der frühen DDR geschickt auslotete und sich gerade dadurch Freiräume erstritt, war Jürgen Kuczynski.[50] Der Wirtschaftshistoriker, der nach seiner Rückkehr aus dem Londoner Exil an der Berliner Universität lehrte und noch 1950 eine Lobeshymne auf ›Stalin als Historiker‹ verfaßt hatte, nutzte die kurze Tauwetterphase nach dem XX. Parteitag der KPdSU, um in mehreren kleineren Veröffentlichungen eine Lanze für den Eigenwert historischer Forschung vor aller politischen Indienstnahme zu brechen.[51] Nachdem bereits seine öffentlich geäußerte Wertschätzung ›bürgerlicher‹ Historiker des 19. Jahrhunderts von Ranke bis Burckhardt von den Wächtern der Orthodoxie kritisch beargwöhnt worden war, erreichte Kuczynski die Grenze des Zumutbaren, als er 1957 mit deutlichen Worten den ›Opportunismus‹ nicht nur der politischen Führung der Sozialdemokratie, sondern der deutschen Arbeiterklasse insgesamt zu Beginn des Ersten Weltkriegs ansprach. Meusel, Schreiner, Engelberg und andere bezogen daraufhin zusammen mit Kurt Hager dezidiert Stellung gegen den Wirtschaftshistoriker, gegen den schließlich sogar ein Parteiausschlußverfahren eingeleitet wurde. Durch ein erfolgreiches diskurstaktisches Manövrieren, das selbst die Erfüllung der rituellen öffentlichen Selbstkritik mit einschloß, gelang es dem »linientreuen Dissidenten«, wie Kuczynski sich später selbst bezeichnete,[52] letztlich jedoch, seinem Ausschluß aus der Diskursordnung der DDR-Geschichtswissenschaft durch die Affirmation des ihr zugrundeliegenden Parteikonsenses zuvorzukommen. Der »Genosse Lehrer«, so heißt es in Kuczynskis ›Selbstkritik‹, die im März 1958 im *Neuen Deutschland* veröffentlicht wurde, müsse in der Tat »mit sich hart und scharf umgehen«, und das gleich in doppelter Weise: »Einmal muß er dort, wo er einen Fehler gemacht hat, diesen Fehler rückhaltlos aufklären im Interesse der Partei, im Interesse der Lehre unserer sozialistischen Wissenschaft, des Marxismus-Leninismus. [...] Mit der gleichen Härte und Offenheit aber muß er auch im wissenschaftlichen Meinungsstreit, den es natürlich nur über Einzelfragen, niemals aber über die Grundfragen des Marxismus-Leninismus oder über Beschlüsse der Partei geben kann, anderen Genossen Wissenschaftlern gegenüber seine Meinung vertreten. Um des lieben Friedens willen, aus Feigheit oder Karrieregründen den Genossen seine wahre Meinung zu verschweigen, ist eine Schädigung der Partei.«[53]

In der Sache mehr oder minder unnachgiebig, nahm Kuczynski seinen politisch argumentierenden Gegnern den Wind aus den Segeln, indem er sich selbst linientreuer darstellte, als es dem Bild eines ›Revisionisten‹, als der er angeprangert wurde, entsprach. Der Streit endete 1958 schließlich mit einem Kompromiß: Kuczynski verlor seinen Sitz in der Volkskammer, blieb aber in der

Partei und behauptete seine Stellung als Abteilungsleiter für Wirtschaftsgeschichte am Akademie-Institut. Im Gegenzug verpflichtete er sich, in politischen Äußerungen zukünftig Zurückhaltung zu üben und sich ganz seiner wissenschaftlichen Arbeit zu widmen, insbesondere seiner auf vierzig Bände angelegten *Geschichte der Lage der Arbeiter unter dem Kapitalismus*, was angesichts des Umfangs des Projektes die Parteileitung beruhigt haben dürfte.[54]

Das kurze ›Tauwetter‹ in der DDR wurde, noch bevor es richtig begonnen hatte, durch einen neuen ›Frost‹ abgelöst, wie die Auseinandersetzung um Kuczynski und mehr noch die Prozesse gegen Wolfgang Harich, Walter Janka und andere 1957 zeigen. Ihren Abschluß fand die Konstituierungsphase der DDR-Geschichtswissenschaft im Jahr darauf, im März 1958, mit der Gründung der ›Deutschen Historiker-Gesellschaft‹, die ihre Mitglieder ausdrücklich auf die Grundlagen der ›sozialistischen Geschichtswissenschaft‹ verpflichtete.[55] Auf dem Trierer Historikertag im Herbst des gleichen Jahres wurde die Trennung von dem bis dahin noch gesamtdeutsch verfaßten ›Verband der Historiker Deutschlands‹ im Eklat vollzogen: Nachdem die westdeutsche Kongreßleitung drei ostdeutschen Historikern, darunter Leo Stern und Ernst Engelberg, das Wort entzogen hatte, reiste die gesamte DDR-Delegation unter Protest ab.[56] Die anfängliche Konkurrenz zwischen den beiden deutschen Geschichtswissenschaften hatte sich damit Ende der 1950er Jahre in eine gegenseitige Abschottung verwandelt, die zumindest für die DDR-Geschichtswissenschaft einer Selbstblockade gleichkam. Der Führungsanspruch der marxistischen Standpunkthistorie ließ sich über den ›zwanglosen Zwang des besseren Arguments‹ nicht durchsetzen. Er hing am Faden der politischen Macht und fiel in sich zusammen, als dieser 1989/90 gekappt wurde.

Die stillen Jahre der Bundesrepublik

Gerhard Ritter, der maßgeblich an der Durchsetzung der Sanktionen gegen Stern und Engelberg auf dem Trierer Historikertag beteiligt war, machte aus seiner ablehnenden Haltung gegenüber der marxistischen Standpunkthistorie der DDR keinen Hehl. An den Kölner Neuzeithistoriker Theodor Schieder schrieb er Mitte der fünfziger Jahre, daß man »die Auseinandersetzung mit den roten Gesellen nicht als ›freien Geisteskampf‹ im Sinne gelehrter Diskussion« führen könne. Gleichwohl, so fügte er hinzu, »müssen wir uns rüsten, auch diesen Kampf zu bestehen, was freilich nicht in der Form geschehen kann, daß man sich auf irgendeine der vielen Albernheiten einläßt, welche diese Leute vorbringen, wohl aber so, daß man grundsätzlich die marxistische Verzerrung der historischen Wirklichkeit bekämpft«.[57]

Anstatt sich mit der ostdeutschen Alternative im einzelnen auseinanderzusetzen, plädierte Ritter dafür, an das Vermächtnis der deutschen Geschichtswissenschaft vor 1933 anzuknüpfen. Bereits auf dem Münchner Historikertag von 1949 – dem ersten nach dem Krieg, auf dem Ritter, damals noch im Beisein ostdeutscher Vertreter, zum ersten Vorsitzenden des neugegründeten Historikerverbandes gewählt wurde[58] – hatte der Freiburger Historiker eine Selbstbesinnung auf die Tradition gefordert und die von Ranke ererbte »individualisierende Methode« sowie das »Verstehen, nicht das Kritisieren« als die »erste und eigentliche Aufgabe der Historie« bezeichnet: »Die deutsche Historie könnte diesen Teil ihres Erbes nicht fahren lassen, ohne sich selbst, d.h. den letzten und höchsten Sinn ihrer Arbeit zu verraten.«[59] Insbesondere gelte dies für die Auseinandersetzung mit der jüngsten deutschen Vergangenheit. Solle diese zum »Segen werden und nicht zum Fluch«, so müsse sie »vor allem aus der Atmosphäre von Anklage und Verteidigung heraus«: »Wir deutschen Historiker werden gewiß viel zu tun haben, um unsere deutsche Geschichte vor ungerechter Verunglimpfung zu schützen, und unsere wenigen, wahrhaft großen Staatsmänner, wie Friedrich der Große und Bismarck[,] werden dabei keine geringe Rolle spielen. Denn es bessert ein Volk nicht, sondern verdirbt es, wenn es die Freude an seiner eigenen Geschichte und damit das Selbstvertrauen verliert.«[60]

Unterstützung in seinem Ansinnen, die Nationalgeschichte von Friedrich bis Bismarck gegenüber der Diskussion um den ›Irrweg‹ aus der unmittelbaren Nachkriegszeit einer Rehabilitierung zu unterziehen, erfuhr Ritter auf dem Münchner Historikertag von Hans Rothfels, der damals als Gastprofessor in Göttingen las. Auch Rothfels, der 1939 über England in die USA emigriert war und seit 1946 an der Universität Chicago lehrte –

bevor er 1951 einen Ruf nach Tübingen annahm und damit endgültig nach Deutschland zurückkehrte –, wandte sich in seinem
Vortrag ausdrücklich gegen eine »Verrückung der Linien« im
»Gefolge propagandistischer Vereinfachung oder affektgeladene-
ner Ressentiments«.[61] Insbesondere das politische Werk des
Reichsgründers sprach Rothfels von aller politischen Mitverantwortung für den Aufstieg des Nationalsozialismus frei: Das von
Bismarck geschaffene Reich habe »in prinzipieller Grenzset-
zung« gegen alles gestanden, »was das Dritte Reich propagierte
oder tat«.[62] Rothfels' Ausführungen kam in der Nachkriegszeit
um so mehr Gewicht zu, als er selbst aufgrund seiner jüdischen
Herkunft zu den Leidtragenden des NS-Regimes gehört hatte.
Als einer der wenigen Emigranten, die nach 1945 nach Westdeutschland zurückgekehrt waren, galt er – anders als viele seiner in Deutschland verbliebenen Kollegen – als der ideale Ge-
währsmann, wenn es um die Beurteilung der deutschen Nationalgeschichte ging, zumal von Rothfels, der vor 1933 dezidiert
nationalkonservative Positionen vertreten hatte, eine grundsätzliche Infragestellung nationalgeschichtlicher Traditionen nicht
zu erwarten war.[63]

Aber auch Friedrich Meinecke, der 1946 unter dem Eindruck
der ›deutschen Katastrophe‹ in den Anklagen gegen die »Blut-
und Eisenpolitik« Bismarcks zumindest »ein Körnchen Wahrheit« entdeckt hatte,[64] stellte sich 1949 nun schützend vor das
Werk des Reichsgründers, das so vielen »bleibenden Kulturwer-
ten« als Nährboden gedient habe. Von einem ›Irrweg‹ in den
›Militarismus‹ wollte er nun nichts mehr wissen: »Streichen wir
also das Wort Irrweg grundsätzlich für jeden Versuch der Selbstbehauptung überhaupt und damit auch für das Unternehmen
Preußens, unabhängige Macht zu werden. Es war kein Irrlicht,
es war Schicksal, das uns auf diesen Weg führte.«[65] Bei seinem
ehemaligen Schüler Hajo Holborn, der anders als Rothfels nach
Kriegsende in den USA geblieben war, stieß diese Wende Meineckes auf bittere Kritik. In einer Replik auf seinen Lehrer beklagte Holborn, daß Meinecke zwar häufig von Tragik spreche,
aber nie von »tragischer Schuld«. Es ginge nicht an, »das ›Dritte
Reich‹ als das Ergebnis von tragischen Zufälligkeiten individueller und allgemeiner Art zu sehen«. Denn der Aufstieg des
Nationalsozialismus wäre »nicht möglich gewesen ohne den ursprünglich spontanen Beifall, den er besonders vom deutschen

Bürgertum empfing«. Auch mit dem Reichsgründer ging Holborn scharf ins Gericht: »Es war Bismarck, der die preußisch-deutsche Armee in ihrer verfassungsmäßig unverantwortlichen Stellung erhalten und das deutsche Bürgertum darauf vorbereitet hat, Autokraten zu folgen.«[66]

Die Mehrheit der Historiker in der frühen Bundesrepublik machte sich jedoch nicht die Sichtweise Holborns, sondern die Perspektive von Ritter, Rothfels und Meinecke auf die deutsche Geschichte der letzten hundert Jahre zu eigen. An die Stelle der anfänglichen Bemühungen um eine ›Revision des deutschen Geschichtsbildes‹ trat so schließlich eine behutsame Restauration des klassischen deutschen Historismus, der – wenn auch »politisch-moralisch gezähmt«, wie Ernst Schulin treffend bemerkt hat – an die Tradition deutscher Geschichtswissenschaft vor 1933 anknüpfte:[67] Die politische Geschichte der ›Haupt- und Staatsaktionen‹ blieb weiterhin vorherrschend, ebenso eine letztlich substantialisierende Auffassung von ›Nation‹ als Movens historischer Prozesse, deren Gang durch die Geschichte nun zwar nicht mehr als Heldenepos, wohl aber als Tragödie weitererzählt werden konnte.[68] Selbst der Herausgeber der *Historischen Zeitschrift*, Ludwig Dehio, der stärker als viele andere westdeutsche Historiker in den fünfziger Jahren für eine kritische Betrachtung der preußisch-deutschen Geschichte plädierte, teilte mit seinem Kontrahenten Gerhard Ritter die methodologische Überzeugung, daß eine »Erneuerung des Geschichtsbildes« nur im Rückgang auf Ranke möglich und wünschenswert sei: »Ranke hat einen in sich soliden Bau errichtet [...]. Es gilt nicht[,] diesen Bau einzureißen, sondern zu erweitern.«[69]

Wie schwer es noch Mitte der fünfziger Jahre war, aus der Grundbegrifflichkeit einer hermeneutisch-individualisierenden Geschichtsbetrachtung auszubrechen, die Meinecke Mitte der dreißiger Jahre in seiner *Entstehung des Historismus* kanonisch festgezurrt hatte,[70] zeigen nicht zuletzt die irritierten Reaktionen innerhalb der Zunft auf Karl Dietrich Brachers 1955 erschienene monumentale Studie über *Die Auflösung der Weimarer Republik*.[71] Das Werk, die erste umfassende Analyse der innenpolitischen Voraussetzungen der nationalsozialistischen Machtübernahme überhaupt, fand aufgrund seiner Materialfülle zwar durchaus Anerkennung, die typologische Betrachtungsweise und die Nähe zu systematischen politikwissenschaftlichen

Erklärungsmodellen stießen bei der Mehrheit der Historiker jedoch auf deutliche Kritik: Da Bracher sich von der Quellensprache entfernt und mit einem »weitgehend unhistorischen Begriff der Demokratie« gearbeitet habe, so urteilte beispielsweise Werner Conze, bleibe das Werk bei allem empirischen Ertrag »in seinen Grundlagen methodisch fragwürdig«.[72]

Trotz gelegentlicher Differenzen und unterschiedlicher Beurteilungen einzelner Forschungsfragen war die westdeutsche Geschichtswissenschaft in den fünfziger Jahren alles in allem durch eine auffallende »Friedfertigkeit und Kontroversenarmut« geprägt, die, so scheint es, durchaus gewollt war.[73] So hatte Gerhard Ritter bereits 1950 im ersten Jahrgang der Zeitschrift *Geschichte in Wissenschaft und Unterricht* (GWU) der Zunft nach »dem Hagelwetter zuerst nationalistischer, nunmehr antinationalistischer Geschichtspropaganda« einen dezidiert »stillen Diskussionsraum« verordnet, in dem sich die »ruhige Stimme wissenschaftlicher Vernunft« überhaupt erst vernehmen lasse. Denn mit »leidenschaftlicher Verdammung, die alles schwarz in schwarz malt und die von einer Entrüstung in die andere fällt«, so Ritter, sei auch im Hinblick auf die jüngste deutsche Vergangenheit genauso »wenig ausgerichtet wie an anderen Stellen der Geschichte«.[74]

Der gewollten ›Friedfertigkeit‹ innerhalb der westdeutschen Geschichtswissenschaft der frühen fünfziger Jahre entsprach die »gewisse Stille«, die sich auf die Bevölkerung der Bundesrepublik im Umgang mit der jüngsten deutschen Geschichte insgesamt gelegt hatte: In einer Art »kommunikativem Beschweigen«, wie Hermann Lübbe es in einem mittlerweile vielzitierten Aufsatz Mitte der achtziger Jahre genannt hatte, begegneten sich die Überlebenden der Tätergesellschaft nach 1945 im Blick nach vorn, ohne nach den jeweiligen Schuldanteilen im Nationalsozialismus zu fragen.[75] Sofern diese wechselseitig bekannt waren, wurden sie nach der einmal erfolgten Entnazifizierung öffentlich nicht weiter angesprochen; von Jüngeren wurde nicht nach ihnen geforscht.[76]

Das integrative öffentliche Schweigen der fünfziger Jahre mag viel zur Akzeptanz der jungen Bonner Demokratie im Millionenheer der ehemaligen Parteigänger des Nationalsozialismus beigetragen haben; seine moralisch-politischen Kosten waren gleichwohl erheblich und einer der Gründe dafür, daß die Auseinandersetzung mit den nationalsozialistischen Verbrechen in der Bundesrepublik erst zeitversetzt und häufig nur in eruptiven Schüben an öffentlichem Raum gewann. Der Schock der unmittelbaren Nachkriegszeit hatte sich im Sog des Wirtschaftswunders verflüchtigt und die durch den Kalten Krieg forcierte rasche Integration der Bundesrepublik in das westliche Bündnissystem eine öffentliche Auseinandersetzung mit der jüngsten Vergangenheit als nicht opportun erscheinen lassen. Die Kosten der Schonung waren am politischen Meinungsbild der Bevölkerung deutlich abzulesen: 1955 beantwortete knapp die Hälfte der Teilnehmer einer Umfrage des Allensbacher ›Instituts für Demoskopie‹ die Frage, ob »Hitler ohne den Krieg einer der größten deutschen Staatsmänner« gewesen wäre«, mit »Ja«.[77]

Gleichwohl wäre es zu einfach, von einer kollektiven Verdrängung des Nationalsozialismus zu sprechen. Immer wieder kam es in einzelnen Fällen – etwa im Zusammenhang mit öffentlichen Auftritten des ehemaligen NS-Propagandafilmers Veit Harlan oder in Reaktion auf die Verunglimpfung der Männer des 20. Juli 1944 durch offen agierende Altnazis – zur öffentlichen Thematisierung des Nationalsozialismus und seiner personellen Kontinuitäten.[78] Die Versuche zu einer breiten gesellschaftlichen Auseinandersetzung mit dem Nationalsozialismus kamen jedoch kaum über den Gestus persönlicher Skandalisierung und moralischer Pauschaldistanzierung hinaus.

Langfristig wirkungsreicher als die vielen Sonntagsreden und öffentlichen Distanzierungsbemühungen erwies sich hingegen der seit 1947 Gestalt annehmende Versuch, ein zentrales Institut zur Erforschung des Nationalsozialismus – das spätere ›Institut für Zeitgeschichte‹ (IfZ) in München – ins Leben zu rufen.[79] Während der Planungsphase standen sich Erwartungen von politischer Seite, die mit der Institutsgründung einen öffentlich-pädagogischen Auftrag verbanden, und Interessen der beteiligten Wissenschaftler, die an ein reines Forschungsinstitut mit großer Bibliothek und angegliedertem Archiv dachten, zunächst widerstreitend gegenüber. Während das Bayerische Staatsministerium beispielsweise davon ausging, daß das zukünftige Institut »auf Grund der Sammlung des geschichtlichen Materials hauptsächlich in der Öffentlichkeit aufklärend wirken« sollte,[80] trat Gerhard Ritter, der in der Gründungsphase des Instituts eine zentrale Rolle spielte, bereits auf dem Münchner Historikertag 1949

mit deutlichen Worten dafür ein, das Forschungszentrum in die
Obhut der Fachhistorie zu geben und – gemäß der Logik des disziplinären *boundary work* der Zunft – dem Zugriff historischer
Laien zu entziehen:»Wollte die Fachwissenschaft schweigen, so
würden die Unberufenen reden – und sie reden seit langem
schon, ohne Scham und ohne Diskretion. Aber wie sorgsam, wie
wohlüberlegt muß ein solches Institut organisiert werden, damit
es nicht zur politischen Verleumdungszentrale wird! Ohne die
leitende Hand eines erfahrenen Fachhistorikers, der Wesentli-
ches vom Nebensächlichen zu scheiden, alle Kraft auf die zentralen Probleme zu lenken versteht und den ein Kollegium
ausgesuchter Fachleute unterstützt, geht es nicht.«[81]

Als ein Jahr später Kuratorium und Beirat der neugegründeten Forschungsstelle, die anfänglich den Namen ›Deutsches Institut für Geschichte der nationalsozialistischen Zeit‹ trug, zu ihrer konstituierenden Sitzung zusammentraten, hatte sich Ritter
mit seiner Position weitgehend durchgesetzt. Der bisherige
Geschäftsführer, der CSU-Politiker Gerhard Kroll, wurde zur
Aufgabe seines Postens gedrängt und durch den Münchner
Privatdozenten Hermann Mau ersetzt, einen ausgebildeten
Mediävisten, der sich nach dem Krieg für Neuere Geschichte
umhabilitiert hatte.[82] Damit waren die Weichen für die wissenschaftliche Arbeit am späteren ›Institut für Zeitgeschichte‹, wie
die Münchner Forschungsstelle seit 1952 heißt, gestellt: Die empirische Forschung und Dokumentation, auch in der Form von
Gutachten für Behörden und Gerichte, stand im Zentrum des
mehr oder weniger ›stillen Diskussionsraumes‹, in dem sich das
Institut in den ersten Jahren seines Bestehens bewegte;[83] eine
breitere Öffentlichkeit erreichte die Arbeit des IfZ erst Jahre später durch kürzere Überblicksdarstellungen und Taschenbuchver-
öffentlichungen[84] sowie vor allem durch die Gutachtertätigkeit
der Institutshistoriker während des öffentlich stark beachteten
Frankfurter Auschwitzprozesses Anfang der sechziger Jahre.[85]

Die erste Buchveröffentlichung, mit der sich das neue Institut
1951 in die Öffentlichkeit wagte, erwies sich hingegen als ein Fi-
asko: die von Gerhard Ritter herausgegebenen Aufzeichnungen
der Tisch-Gespräche Hitlers im Führerhauptquartier aus den
Jahren 1941/42.[86] Im Vorwort hatte Ritter gleich zu Beginn seinem neohistoristischen Credo, daß der Historiker auf Werturtei-
le und Anklage verzichten und nur die Quellen sprechen lassen

solle, einmal mehr deutlich Ausdruck gegeben: Auch in bezug auf Hitler gelte, so Ritter, für die Historie die »nüchterne Pflicht«, »jenseits von Anklage und Verteidigung, von Verdammnis und Verherrlichung« »zu zeigen, ›wie es eigentlich gewesen ist‹«.[87] Durch die methodische Enthaltsamkeit des Herausgebers und das Fehlen eines kritischen Kommentars, der die Propagandafunktion der Tischgespräche im einzelnen deutlich herausgearbeitet hätte, verdeckten die *Tischgespräche* jedoch gerade die historischen Hintergründe, und ihre Lektüre erzeugte ein letztlich trivialisiertes Bild der Person Adolf Hitlers, der, wie Ritter selbst schrieb, nur mehr »irgendwie opernhaft« erscheine: »Hitler steht hier bewußt auf der Bühne, im Rampenlicht der Geschichte. Er singt gleichsam – so läßt sich der Eindruck zusammenfassen – das Heldenlied des eigenen Ruhms: ein wagnerischer Heldentenor.«[88]

Die im Auftrag des Münchner Instituts vorgelegte Edition hätte vermutlich nicht weiter Aufmerksamkeit erregt, wenn nicht Auszüge der *Tischgespräche* – wie Ritter beteuerte, ohne seine Kenntnis – im Sommer 1951 in einem Vorabdruck der Illustrierten *Quick* erschienen wären, die sensationsheischend den ›Nachrichtenwert‹ des »einzigartigen geschichtlichen Dokuments« herausstellte: »Abseits aller bisherigen Enthüllungsliteratur erwächst aus spontanen Worten und langen Vorträgen ein Bild Hitlers, wie es das deutsche Volk nicht kennt.«[89] Die kommentarlose Vorabveröffentlichung führte zu vehementen Protesten in der politischen wie intellektuellen Öffentlichkeit. Hannah Arendt sprach sogar von einer unfreiwilligen »Propaganda für Hitler«, von einer »Hilfe also für den deutschen Neonazismus«, und mangelnder Sensibilität im Umgang mit der NS-Vergangenheit: »Da auf jeglichen Kommentar verzichtet wird, hat man Hitler wie zu seinen Lebzeiten das freie unwidersprochene Wort gelassen.«[90]

Die Affäre um die Veröffentlichung der Tischgespräche Hitlers, die schließlich zum Rückzug Ritters aus der aktiven Beiratstätigkeit des Instituts führte, zeigte bereits damals, daß die Auseinandersetzung um die jüngste deutsche Geschichte in der Öffentlichkeit nicht allein im Rahmen fachwissenschaftlicher Expertise im Sinne eines neohistoristischen Objektivitätsverständnisses geführt werden konnte. Es reichte nicht aus, sein ›Ich‹, wie Ranke es sich gewünscht hatte, hinter die Quellen zurücktreten und nur noch diese selbst sprechen zu lassen. Von kritischer Deutungsarbeit konnten die Historiker angesichts der nationalsozialistischen Verbrechen schon damals nicht entbunden werden; die Arbeit an der Interpretation erlernten sie jedoch weniger im Archiv als vielmehr in den Arenen einer öffentlichen Streitgeschichte, die sich in der Bundesrepublik langsam zu regen begann.

So setzte nach vereinzelten Zwischenrufen während der fünfziger Jahre am Ende des Jahrzehnts eine erste Welle öffentlich manifester ›Vergangenheitsbewältigung‹ ein: Aufgeschreckt durch Hakenkreuzschmierereien und die Schändung der Kölner Synagoge im Winter 1959/60 versammelten sich allein in Berlin etwa 40 000 Menschen auf der Straße, um ihrer Erschütterung Ausdruck zu geben.[91] Bereits zwei Jahre zuvor, als mit dem in Ulm eröffneten Prozeß gegen ehemalige SD- und Gestapo-Angehörige die Strafverfolgung von NS-Verbrechen in der Bundesrepublik wieder aufgenommen wurde, hatte das Beschweigen der nationalsozialistischen Gewalttaten einen deutlichen Riß bekommen. Noch im gleichen Jahr wurde in Ludwigsburg die ›Zentrale Stelle der Landesjustizverwaltungen zur Aufklärung nationalsozialistischer Verbrechen‹ eingerichtet, mit der 1958 die Ermittlung gegen NS-Straftäter auf eine neue institutionelle Grundlage gehoben wurde. Ein Jahr später begannen dann in Frankfurt unter Leitung des hessischen Generalstaatsanwalts Fritz Bauer die Vorbereitungen zum Prozeß gegen über zwanzig ehemalige Angehörige des Lagerpersonals in Auschwitz, der vier Jahre später, 1963, unter großem Medieninteresse eröffnet wurde und bis zur Urteilsverkündung im Sommer 1965 eine enorme öffentliche Resonanz erfuhr.[92]

Das wachsende Bedürfnis, die ›Stille‹ der frühen fünfziger Jahre zu durchbrechen, zeigte sich schließlich auch auf dem Buchmarkt. 1958 erreichte die Zahl der Neuerscheinungen, die sich mit dem Nationalsozialismus auseinandersetzten, erstmals wieder die Zahl von 1945.[93] Aber auch das neue Medium Fernsehen nahm sich der Thematik an: Lag die jährliche Sendezeit für das Thema Nationalsozialismus 1956 noch bei nur sechs Stunden, so behandelten Anfang der sechziger Jahre bereits knapp vierzig Programmstunden die NS-Zeit.[94] Die vierzehnteilige Dokumentarserie *Das Dritte Reich*, die 1960/61 ausgestrahlt wurde, erreichte nach einer zeitgenössischen Schätzung nicht

weniger als 15 Millionen Zuschauer; ähnlich viele mögen vielleicht die ebenfalls 1960 ausgestrahlte Literaturverfilmung *Am
grünen Strand der Spree* von Fritz Umgelter verfolgt haben, die
in der ersten Folge in einer längeren Sequenz die Erschießung
von Juden durch SS-Einheiten – vermutlich zum ersten Mal
überhaupt im Rahmen einer bundesrepublikanischen Fernseh-
produktion – in drastischen Bildern den Zuschauern vor Augen
führte.[95]

Anfang der sechziger Jahre erlebte schließlich auch die deutsche Zeitgeschichtsschreibung ihre erste Grundsatzkontroverse,
die – zumindest vordergründig – allerdings nicht von der Zeit
des Nationalsozialismus, sondern von der deutschen Kriegszielpolitik im Ersten Weltkrieg handelte und mit dem Namen des
Hamburger Neuzeithistorikers Fritz Fischer verbunden ist.

Literaturempfehlungen

Aleida Assmann, Ute Frevert, Geschichtsvergessenheit – Geschichtsver-
   sessenheit. Vom Umgang mit deutschen Vergangenheiten nach 1945,
   Stuttgart 1999.
Nicolas Berg, Der Holocaust und die westdeutschen Historiker. Erfor-
   schung und Erinnerung, Göttingen 2003.
Konrad H. Jarausch, Martin Sabrow (Hg.), Die historische Meisterer-
   zählung. Deutungslinien der deutschen Nationalgeschichte nach
   1945, Göttingen 2002.
Mario Keßler, Exilerfahrung in Wissenschaft und Politik. Remigrierte
   Historiker in der frühen DDR, Köln/Weimar/Wien 2001.
Winfried Schulze, Deutsche Geschichtswissenschaft nach 1945, Mün-
   chen ²1993.

2. Die Fischer-Kontroverse: Von der Fachdebatte zum Publikumsstreit

Im Oktober 1961 erschien Fritz Fischers *Griff nach der Welt-macht*, eine knapp neunhundert Seiten starke Darstellung der deutschen Kriegszielpolitik im Ersten Weltkrieg.[1] Auf die Frage eines Rundfunkjournalisten, ob er erwartet habe, mit seinem Buch einen großen Erfolg zu erzielen, antwortete Fischer in einem Interview drei Jahre später: »Nein, ich mußte es anbieten wie saures Bier. Die meisten Verleger antworteten auf meine Anfrage: Handelt es von Hitler? Ich mußte bekennen, Nein, u[nd] fand kein Interesse. Der Erste Weltkrieg schien so weit entfernt wie der Punische Krieg und so uninteressant wie die Verwaltungsgeschichte der Katasterämter. Um so mehr erstaunte mich das Echo. Da merkte ich erst, daß ich einen Nerv des deutschen Selbstverständnisses getroffen hatte.«[2] Denn Fischers Buch handelte, wenn auch untergründig, sehr wohl von der Zeit des Nationalsozialismus, doch stellte sich dies erst in der Diskussion heraus, die dem Erscheinen seines *opus magnum* folgte.[3]

In den fünfziger Jahren erschien es in der Tat so, als sei über den Ersten Weltkrieg, zumindest was die Kriegsschulddiskussion betraf, bereits alles gesagt. So hatte Gerhard Ritter in seinem im vorangegangenen Kapitel bereits zitierten Eröffnungsvortrag auf dem Münchner Historikertag von 1949 selbstbewußt an den Abwehrkampf deutscher Historiker gegen die Kriegsschuldvorwürfe in den zwanziger und dreißiger Jahren erinnert, der zu einem »Welterfolg der deutschen Hauptthesen« geführt habe, an dem auch nach Ende des Zweiten Weltkriegs für Ritter nicht zu rütteln war.[4] Selbst Ludwig Dehio kam trotz aller Kritik am »starren Obrigkeits- und Militärstaate« Preußen-Deutschland kaum über eine passivische Einschätzung deutscher Schuldanteile hinaus, wenn er das Kaiserreich als zur Weltpolitik lediglich »genötigt oder verführt« in die Vorgeschichte des Ersten Weltkriegs mit einbezog.[5] So folgten im großen und ganzen die Historiker in der Frühzeit der Bundesrepublik dem Diktum des englischen Premierministers David Lloyd George, der zu Beginn der zwanziger Jahre davon gesprochen hatte, daß die einzelnen europäischen Mächte mehr oder weniger unbeabsichtigt in den Krieg »hineingeschlittert« seien.[6] An eine große oder gar entscheidende Verantwortung Deutschlands mochte keiner von ihnen denken. Arbeiten ausländischer Autoren, die den Anteil des Deutschen Reiches am Ausbruch des Ersten Weltkriegs höher bewerteten, wie beispielsweise die monumentale Darstellung der Kriegsursachen durch den italienischen Journalisten und Historiker Luigi Albertini, wurden hingegen als voreingenommen und unwissenschaftlich zurückgewiesen.[7] Als Fritz Fischer, der seit 1947 als ordentlicher Professor an der Universität Hamburg Mittlere und Neuere Geschichte lehrte, Ende der fünfziger Jahre zu ähnlichen Ergebnissen kam, waren diese freilich nicht mehr so einfach abzuweisen, zumal Fischer sich auf ein intensives Studium der einschlägigen Akten berufen konnte, die erst kurz zuvor von den Alliierten an die zuständigen deutschen Archive zurückgegeben worden waren.

Von den Kriegszielen zur Kriegsschuld: Die Frage der Kontinuität

Die sogenannte ›Fischer-Kontroverse‹ nahm ihren Anfang mit einem Aufsatz des Hamburger Historikers in der *Historischen Zeitschrift* im Jahr 1959.[8] Fischer vertrat hier die Ansicht, daß das deutsche Kaiserreich keineswegs, wie so lange gern geglaubt, in den Jahren 1914 bis 1918 einen reinen Verteidigungskrieg geführt, sondern bereits zu Kriegsbeginn weitreichende expansive Kriegsziele formuliert habe. Er stützte sich dabei auf das von ihm erstmalig in Auszügen publizierte ›Septemberprogramm‹, das der Reichskanzler Theobald von Bethmann Hollweg Anfang September 1914, als noch Hoffnung auf ein schnelles Kriegsende bestand, verfaßt hatte und das als deutsche Kriegsziele Annexionen in Frankreich und den Beneluxstaaten sowie koloniale Erwerbungen in Zentralafrika vorsah. Einige Zeit später, so Fischer weiter, tauchten in der Reichskanzlei außerdem Pläne für die Angliederung des sogenannten ›polnischen Grenzstreifens‹ sowie zur inneren Destabilisierung des Zarenreichs auf.[9] Als Nachkriegsordnung schwebte den verantwortlichen Stellen schließlich die Schaffung eines von Deutschland beherrschten ›Mitteleuropa‹ vor, das sich als Zollverband unter deutscher Führung von Frankreich bis Polen erstrecken sollte. Kurzum, die Politik der deutschen Reichsleitung zu Beginn des Ersten Weltkriegs zielte auf nichts weniger als darauf, Deutschland durch die Zurückdrängung des französischen und russischen Einflusses in Europa eine langfristige Weltmachtstellung zu sichern.

Die eigentliche Provokation seiner Untersuchung lag darin, daß Fischer auf der Grundlage eines akribischen Quellenstudiums den Nachweis erbrachte, daß sich solch weitgehende, auch vor Annexionen nicht zurückschreckende Kriegsziele keineswegs nur, wie zuvor vermutet, auf seiten des ›Alldeutschen Verbandes‹ und anderer nationalistischer Kreise finden ließen, sondern ebenfalls in der Reichsregierung anzutreffen und, wie Fischer hinzufügte, von einem breiten gesellschaftlichen Konsens getragen waren: Die »deutsche Kriegszielpolitik«, so sein Fazit, wurde zumindest bis 1917 »von einer breiten Front vertreten, die von dem alldeutschen Flügel der Konservativen über National-Liberale, Zentrum und Freisinn bis zu dem rechten Flügel der SPD reichte«.[10]

Das Provokative der Thesen Fischers trat jedoch noch nicht mit seinem *HZ*-Aufsatz, sondern erst zwei Jahre später mit der Veröffentlichung von *Griff nach der Weltmacht* und auch dann nur langsam ins öffentliche Bewußtsein. Noch weit von der Frontstellung der späteren Debatte entfernt, antwortete in der Zwischenzeit – ebenfalls in der *HZ* – der Berliner Historiker Hans Herzfeld auf Fischers Aufsatz.[11] Auch wenn Herzfeld seinem Hamburger Kollegen einerseits durchaus Anerkennung für dessen akribische Quellenarbeit zollte, so sah er sich andererseits doch veranlaßt, die ›breite Front‹, die laut Fischer hinter den expansiven Kriegszielen in Deutschland gestanden habe, in Frage zu stellen. Gerade Bethmann Hollweg und der ihm nahestehende Kreis nationalliberaler Persönlichkeiten hätten sich stets vom alldeutschen Säbelrasseln ferngehalten, obwohl auch sie, wie Herzfeld zugestand, das Maß der äußeren Bedrohung und der eigenen militärischen Möglichkeiten letztendlich überschätzt hätten. Wenn überhaupt, so ließe sich für die Reichsleitung lediglich von einer »Kontinuität des Irrtums« sprechen – eine Formulierung, die es Herzfeld ermöglichte, trotz aller Distanz Fischer auf halbem Wege entgegenzukommen, der sich in seiner Entgegnung dieses Diktum dann auch sogleich zu eigen machte.[12]

Noch bevor die eigentliche Debatte zum Ausbruch kam, schien so bereits eine Kompromißformel gefunden zu sein, auf die sich die ältere Historikergeneration um Herzfeld, die den Ersten Weltkrieg noch unmittelbar erlebt hatte, mit dem 1908 geborenen Fischer einigen konnte. So überrascht es auch nicht, das Herzfeld-Zitat an exponierter Stelle auf den letzten Seiten von Fischers *Griff nach der Weltmacht* wiederzufinden, nun allerdings in einer Zuspitzung, die weit über die ursprüngliche Prägung hinausging. Denn die »Kontinuität des Irrtums«, die »permanente Verkennung der Realitäten«, so Fischer in der Schlußbemerkung seines 1961 erschienenen Buches, reiche nicht nur von 1914 bis 1918, sondern führe zugleich tief in die »Wilhelminische Weltpolitik« zurück und weit über die Zeit des Ersten Weltkriegs hinaus.[13] Auch wenn Fischer auf den nahezu neunhundert Seiten seines monumentalen Werks, auf denen er die Kriegszielpolitik des Deutschen Reiches in den Jahren 1914 bis 1918 im einzelnen minutiös entfaltete, diesen Aspekt selbst nicht weiter verfolgte, hatte er damit die Interpretationsperspektive vorgegeben, die die Auseinandersetzung mit seinem Buch in den folgenden Jahren maßgeblich bestimmen sollte. Dem abschließenden Ausblick über die »Kontinuität des Irrtums« entsprach dabei die knappe Bemerkung Fischers im Vorwort, daß er sein Buch auch als einen »Beitrag zu dem Problem der Kontinuität in der deutschen Geschichte vom Ersten bis zum Zweiten Weltkrieg« verstanden wissen wolle.[14] Durch diesen erweiterten Rahmen wurden die minutiösen Detailuntersuchungen der deutschen Kriegszielpolitik im Ersten Weltkrieg von Fischer in eine größere historische Perspektive gerückt, die letztlich auf die Entstehung und den Untergang des ›Dritten Reichs‹ zielte. Und insofern hatte Fischer letztlich doch ein Buch über Hitler geschrieben.

Die ersten Rezensenten in den großen Tages- und Wochenzeitungen täuschten sich über die Reichweite der Thesen Fischers nicht. Das »provozierende Buch« des Hamburger Historikers, so konstatierte die *Welt*, löse »Betroffenheit« aus, und zwar gerade in der Sachlichkeit, mit der Fischer die »Kontinuität einer überforderten deutschen Politik« nachzeichne, die in »Anspruch und

Hypertrophie« selbst noch den Untergang des Kaiserreichs überlebt habe.[15] »Unheimlich und unabweisbar«, so urteilte die *Süddeutsche Zeitung,* erhebe sich im Hintergrund des Buches »die
große Frage nach der Kontinuität der deutschen Geschichte von
1890 bis 1945«: »Die Karten, die für den Osten und für den Westen die Kriegsziele 1914/18 anschaulich machen, ähneln erschreckend den Ausarbeitungen, die wir aus der Zeit zwischen
1933 und 1945 kennen. Was wir gerne als Ausschweifungen einer zügellosen Machtpolitik des Dritten Reiches ansehen, hier ist
es vorgezeichnet.«[16] Auch die *Zeit* sah in Fischers Werk eines
jener seltenen Bücher, »die uns erschüttern, ja umwerfen«, werde
in ihm doch die These von der »Alleinschuld« Deutschlands am
Ersten Weltkrieg erneuert – eine Behauptung, die Fischer selbst,
wie er in einem Leserbrief ausdrücklich richtigstellte, niemals
vertreten hatte.[17] Was er in seinem Buch hingegen ausführlich
darlegte, war die bewußte Inkaufnahme einer militärischen Auseinandersetzung mit Rußland und Frankreich durch die deutsche
Reichsführung im Juli 1914. Deutschland trage damit, so Fischer, »einen erheblichen Teil der historischen Verantwortung
für den Ausbruch des allgemeinen Krieges«.[18] Nach Meinung
des *Spiegel* hatte der Hamburger Historiker mit diesen Äußerungen an »das gute Gewissen der Deutschen [...] eine Mine gelegt: Ein vermeintlich bewältigtes und integres Kapitel deutscher
Vergangenheit, der Erste Weltkrieg, dürfte so unbewältigt sein
wie die Hitlerzeit«.[19]

Gegenüber den schnellen Reaktionen in der Tages- und Wo-
chenpresse ließ die wissenschaftliche Kritik zunächst auf sich
warten, was allerdings vor allem auf den längeren zeitlichen
Vorlauf wissenschaftlicher Veröffentlichungen zurückzuführen
sein dürfte. Denn zumindest Gerhard Ritter waren die provokanten Thesen Fischers schnell zu Ohren gekommen, und er
bemühte sich umgehend um die Bildung einer breiten innerfachlichen Abwehrfront.[20] Noch bevor im Juni 1962 ein Groß-
angriff auf Fischer aus seiner Feder in der *HZ* erschien, hatte
Ritter bereits all seine Autorität als Fachgelehrter in einer über
die Deutsche Presseagentur verbreiteten Stellungnahme gegen
die seiner Meinung nach allzu positive Aufnahme des Buches in
der Öffentlichkeit in Anschlag gebracht.[21] Die »deutsche Tages-
presse«, so beklagte er sich in seinem, allerdings nur in der Re-
gionalpresse verbreiteten Text, stehe dem Werk Fischers »eini-

germaßen hilflos« und damit »mehr oder weniger zustimmend«
gegenüber. Zwar sei es »dem Nichtfachmann auch so gut wie
unmöglich, sich gegen seine Thesen zur Wehr zu setzen«, doch
jeder, der das von Fischer verwendete Material auch nur halb-
wegs kenne, sehe sofort, daß das ganze Buch von Grund auf
»verfehlt« sei: »Man kann nur mit Schrecken auf die Verwirrung
unseres deutschen Geschichtsbewußtseins blicken, die das Fi-
schersche Buch anrichten wird«, zumal in einer Zeit, in der es
zur »Tagesmode« geworden sei, »an Stelle der patriotischen
Schönfärberei von ehedem in radikalem Umschlag mit höchster
Bußfertigkeit (fast könnte man schon von politischem Flagellan-
tentum sprechen) auf die deutsche Vergangenheit zurückzublik-
ken und alles schwarz in schwarz zu malen«.[22]

Die grellen, alarmistischen Töne, die Ritter bereits an dieser
Stelle anschlug, bestimmten auch seine Auseinandersetzung mit
Fischer in der *Historischen Zeitschrift*. Zwar konnte auch er
nicht umhin, der deutschen Reichsführung in der Julikrise 1914
eine breite »Fehlspekulation« zu attestieren, da sie »so ziemlich
alle Faktoren falsch eingeschätzt« habe; dennoch könne die bloße »Thesenhistorie« Fischers nicht überzeugen. Denn da bei ihm
»mit keiner Silbe von irgendwelcher Mitverantwortung der au-
ßerdeutschen Mächte die Rede« sei, laufe sein Buch auf eine bloße »Erneuerung der Schuldanklage von Versailles« hinaus. Ritter
konnte Fischers Werk daher nur mit »Traurigkeit und Sorge im
Blick auf die kommende Generation« aus der Hand legen, werde
in ihm doch die »Selbstverdunkelung deutschen Geschichtsbewußtseins« auf die Spitze getrieben.[23]

Ritter stand innerhalb der Zunft mit dieser Position keineswegs allein, im Gegenteil: Der *Griff nach der Weltmacht* stieß
bei nahezu allen Neuzeithistorikern in der Bundesrepublik auf
Ablehnung, wenngleich diese nicht alle mit der gleichen polemischen Vehemenz reagierten. Daß Fischers Thesen von natio-
nalkonservativer Seite mit rüden Tönen abgelehnt wurden,
konnte nicht weiter verwundern.[24] Doch selbst Ludwig Dehio,
dessen kritische Sicht auf die deutsche Nationalgeschichte für
Fischer eine wichtige Inspirationsquelle gewesen war,[25] grenzte
sich von Fischer deutlich ab und hob fortan den »defensiven
Kern der deutschen Zielsetzung« hervor.[26] Fischers Buch – für
Dehio die »repräsentative Leistung der desillusionierten, ›zorni-
gen‹ Generation, deren prägendes Erlebnis die Hitlerzeit war« –

schoß seiner Meinung nach weit über das legitime Ziel nationaler Selbstkritik hinaus. Denn wie offensiv auch immer die Kriegsziele formuliert gewesen sein mochten, ihre praktische Bedeutung habe doch allein in der defensiven Stellung des Deutschen Reiches gegenüber der englischen Übermacht gelegen. Laut Dehio hatte bereits Friedrich Meinecke 1917 auf den Punkt gebracht, wofür Deutschland im Ersten Weltkrieg einzig und allein gekämpft habe, nämlich um »Selbstbehauptung unter den großen Weltmächten und freien Atemraum in der Welt ohne Herrschaftsgelüste«.[27]

Ganz ähnlich argumentierte Fischers Hamburger Fakultätskollege Egmont Zechlin in einer Aufsatzserie für die von der ›Bundeszentrale für Heimatdienst‹ (der späteren ›Bundeszentrale für politische Bildung‹) herausgegebene Zeitschrift *Aus Politik und Zeitgeschichte (APuZ)*.[28] Auch für Zechlin bestanden die Kriegsziele Berlins lediglich in einer defensiven »Selbstbehauptung« Deutschlands, vor allem gegenüber England, denn wie ein »Alpdruck« habe sich »die Gewißheit der Unbesiegbarkeit Englands« auf den Reichskanzler Bethmann Hollweg gelegt. Selbst die weitreichendsten Forderungen müßten vor diesem Hintergrund gesehen werden, sei es der Reichsleitung doch vor allem darum gegangen, durch »Sicherungen« und »Garantien« England auf lange Sicht zu hindern, »Deutschland machtlos einer tödlichen Blockade auszusetzen«.[29] So erscheint der Reichskanzler bei Zechlin weder als skrupelloser Machtpolitiker noch als tragische Gestalt, sondern, wie er 1963 schreibt, als eine durchaus starke »Persönlichkeit, die mit festem Willen und klarer Zielsetzung« eine Realpolitik betrieben habe, »die weniger zu bieten beziehungsweise mehr zu fordern beginnt, um es dem Gang der Verhandlungen und den Möglichkeiten der Situation zu überlassen, wie weit man sich durchsetzen kann oder nachgeben muß«.[30]

Schließlich distanzierte sich auch Hans Herzfeld deutlicher von Fischer, als er es 1960 in seinem *HZ*-Aufsatz zunächst getan hatte, und warf ihm nun in einer ausführlichen Besprechung von *Griff nach der Weltmacht* einen eklatanten Mangel an historischem Einfühlungsvermögen vor: Fischers »nicht endendes Aktenrezitativ« vernachlässige »die geschichtliche Atmosphäre der Ereignisse und Persönlichkeiten«, so daß in seiner »radikalen Schwarz-Weiß-Interpretation« schließlich alle Nuancierungen verblaßten. Damit aber habe Fischer eine unerläßliche Aufgabe des Historikers nicht erfüllt, die darin bestehe, daß man eine Epoche »nicht nur kritisiert, sondern auch versteht«.[31]

Während die Fachwissenschaft außerhalb Deutschlands trotz einiger Kritik im einzelnen im großen und ganzen positiv auf Fischers Werk reagierte,[32] waren sich die deutschen Historiker in ihrer Ablehnung einig: Fischers Buch galt in Anlage und Ton als mißraten. Der Hamburger Historiker war gewissermaßen aus dem *common sense* der Zunft ausgeschert: Er hatte Bethmann Hollweg den Prozeß gemacht und damit zugleich all jenen Gelehrten der damaligen Zeit, die dessen Politik im Krieg unterstützt hatten, darunter nicht zuletzt auch Friedrich Meinecke, bei dem Herzfeld und Zechlin studiert hatten.[33] Zechlin hatte sich im Sommer 1914 freiwillig zum Kriegsdienst gemeldet, ebenso Herzfeld; Ritter war im Februar 1915 eingezogen worden und nicht weniger stolz ins Feld gegangen.[34] Fischer, so mußte es scheinen, hatte es an kollegialem Takt fehlen lassen, als er die Ideale, für die seine älteren Kollegen an die Front gezogen waren, auf ein kaltblütiges Hasardspiel im Ringen um eine hypertrophe Weltmachtstellung reduzierte. Heute, so Gerhard Ritter 1962, ließen sich die damaligen Aufrufe zur deutschen Selbstbehauptung in der Welt als »›überheblich‹ und ›illusionär‹ schelten«, die »gebildete Jugend« sei ihnen damals jedoch »mit echter Begeisterung« gefolgt.[35] Die Fischer-Kontroverse war insofern nicht nur ein Streit zwischen Gelehrten, sondern auch ein Streit zwischen den Generationen der frühen Bundesrepublik: Das Gedächtnis der Mitlebenden und die Zeitgeschichte der Spätgeborenen standen hier im Widerstreit.

Vom Professor zum Volkstribun

Trotz persönlicher Verletzungen und mancher harschen Worte hatte sich die Debatte vor allem mit den quellengesättigten Beiträgen Zechlins wieder versachlicht und war im Jahr 1963 in die Fachzeitschriften zurückgekehrt. Die breitere Öffentlichkeit schien das Interesse an der Auseinandersetzung hingegen weitgehend verloren zu haben. Zwar kam es in den Feuilletons gelegentlich zu Berichten über den Fortgang der Debatte,[36] doch nichts wies darauf hin, daß die Thesen Fischers erneut eine breite öffentliche Aufmerksamkeit auf sich ziehen sollten. Dies änderte sich jedoch im Frühjahr 1964, als der bevorstehende fünfzigste Jahrestag des Ausbruchs des Ersten Weltkriegs die Frage nach seiner Verursachung erneut auf die Agenda der öffentlichen Wahrnehmung setzte. Den Auftakt zur zweiten Runde der Kontroverse gab im März 1964 ein Essay von Rudolf Augstein im *Spiegel*. Der Herausgeber des Hamburger Nachrichtenmagazins begann seinen Beitrag mit einem klaren Bekenntnis zum politischen Konsensbruch: »Ich muß mal wieder das eigene Nest beschmutzen.«[37] Was folgte, war eine siebenseitige Zusammenfassung von *Griff nach der Weltmacht*, wobei Augstein stärker, als Fischer dies in seinem Werk getan hatte, die Kontinuität zwischen dem Ersten und dem Zweiten Weltkrieg mit provokanten Worten unterstrich: »Beide Weltkriege waren deutsche Kriege um die Hegemonie in Europa, um den ersten Platz in der Welt. Deutschland hat sie bewußt riskiert und erschöpfend verloren. Man wundere sich nicht, daß die Welt den dritten deutschen Weltkrieg nicht mehr will.« Wenn die deutsche Nation noch heute unter den Konsequenzen der beiden Kriege zu leiden habe, dann, so Augsteins moralisches Fazit, geschehe dies vollauf zu Recht: »So wie wir heute dastehen, mit der Berliner Mauer und dem DDR-Generalmajor Poppe, stehen wir gerechterweise und mit Grund da.«[38]

Augsteins radikale Zuspitzung der Thesen Fischers blieb von konservativer Seite nicht unwidersprochen. So meldete sich noch im gleichen Monat der Kieler Politologe Michael Freund mit einem Beitrag für die *Frankfurter Allgemeine Zeitung* zu Wort und griff Fischer in einem Tonfall an, der bislang lediglich von Gerhard Ritter bekannt war. Fischer, so Freund in völliger Überzeichnung der grundlegenden Thesen, lasse »in seinem Buch den Kriegsschuldartikel des Versailler Vertrags in seiner krassesten Deutung erneut erstehen«. Da Fischer und seine »lautstarken Anhänger« die »ganze deutsche Geschichte mit dem Schmutz Hitlers« beschmierten, sei es zu einfach, das Buch lediglich als »schlechtes Geschichtswerk oder als instinktlose Fleißleistung« beiseite zu legen; vielmehr artikuliere sich in ihm »die Stimme einer Nation, die an sich selbst irre geworden ist und nicht fertig wird mit ihrer Vergangenheit«: »Die Nation ist immer noch dabei, Schuldige zu suchen.«[39] Unterstützt wurde Freund einige Wochen später von Giselher Wirsing, dem Chefredakteur der

konservativ-lutherischen Wochenzeitung *Christ und Welt*, der in
das gleiche Horn blies: Fischer, so Wirsing in Übernahme des bekannten Motivs von Gerhard Ritter, führe »eine Welle historischer Selbstbezichtigung« an; sein »Nationalmasochismus«
grenze an »Zwangsvorstellungen«, die die Realität aus den
Augen verlören: »Augstein, so möchten wir meinen, ist eine
Zeiterscheinung, die verdaut werden muß. [...] An den Inhaber
eines Lehrstuhls sind andere methodische Anforderungen zu
stellen.«[40]

Dieser Ansicht waren vermutlich auch einige Beamte im Auswärtigen Amt, die im Februar 1964 Fischer die bereits seit länge-
rer Zeit zugesagten Mittel für eine Vortragsreise in die USA stri-
chen.[41] Die Reise war im Jahr zuvor von der deutschen Botschaft
in Washington und dem Goethe-Institut in Zusammenarbeit mit
amerikanischen Organisationen vorbereitet worden und sah
Vorträge Fischers an vierzehn Universitäten der USA vor. Als
Gerhard Ritter von den Reiseplänen Fischers erfahren hatte, hatte er unverzüglich Kontakt mit Außenminister Gerhard Schröder
aufgenommen und aufs schärfste dagegen protestiert, daß Fischer für die Verbreitung seiner Thesen im Ausland staatlich ali-
mentiert werde. Mit Unterstützung hoher Beamter einschließ-
lich des damaligen Staatssekretärs Karl Carstens, des späteren
Bundespräsidenten, gelang es Ritter schließlich, das Auswärtige
Amt zur Rücknahme der bereits bewilligten Mittel zu bewegen.
Die Entscheidung wurde offiziell mit Hinweis auf Kompetenz-
überschreitungen durch das Goethe-Institut und die ange-
spannte Haushaltslage begründet. In der Öffentlichkeit wirkten
diese Äußerungen allerdings wenig überzeugend, und der »Fall
Fischer« – wie die *Welt* ihn später nannte[42] – begann sich zu einem regelrechten Skandal auszuweiten: Am 24. April 1964 erschien in der *Zeit* ein Protestschreiben von zwölf namhaften in
den USA lehrenden Historikern, die die Haltung des Auswärtigen Amtes mit deutlichen Worten kritisierten: »Die Haltung der
zuständigen Bonner Stellen«, so die Verfasser, zeige »eine un-
glückliche Mischung von bürokratischem Hochmut, falsch ver-
standener Staatsräson und Instinktlosigkeit gegenüber der Reaktion des Auslands«.[43] Selbst eine einige Wochen später anberaumte Fragestunde des Deutschen Bundestages konnte das
Außenministerium jedoch nicht dazu bewegen, die gesperrten
Mittel wieder freizugeben.[44]

Fischer reiste dennoch in die USA, finanziert mit Mitteln des *American Council of Learned Societies*, um die sich die betroffenen amerikanischen Universitäten nach der Bonner Absage bemüht hatten. Als Fischer von seiner Reise zurückkam, liefen bereits die Vorbereitungen für den 26. deutschen Historikertag, in dessen Mittelpunkt die Debatte um Fischers Thesen stehen sollte. Der fünfzigste Jahrestag des Ausbruchs des Ersten Weltkriegs sorgte im Vorfeld für ein großes öffentliches Interesse, das es den Protagonisten des Streits ermöglichte, sich zuvor in den Medien noch einmal eindeutig zu positionieren. Den Anstoß dazu gaben wieder einmal die Arbeiten Fritz Fischers, der ab Mai 1964 in einer *Spiegel*-Serie längere Auszüge aus seinem nunmehr in die dritte, überarbeitete Auflage gehenden Werk vorveröffentlichte, ohne dabei an seinen Thesen auch nur die geringsten Abstriche vorzunehmen.[45] Im Gegenteil: Der Hamburger Historiker erneuerte nicht nur seine Behauptung, daß die Reichsleitung das Risiko eines kontinentalen Krieges bewußt in Kauf genommen habe, sondern spitzte seine Interpretation dahingehend zu, daß Reichskanzler Theobald von Bethmann Hollweg in der Julikrise 1914, wie er seinem Privatsekretär Kurt Riezler anvertraut haben soll, sogar dezidiert »kriegswillig« gewesen sei.[46]

Gerhard Ritter, der in den Jahren zuvor akribisch am dritten Band seines Alterswerkes *Staatskunst und Kriegshandwerk* gearbeitet und diesen regelrecht zu einer Art ›Anti-Fischer‹ ausgebaut hatte,[47] intervenierte seinerseits im Sommer 1964 ebenfalls mit mehreren Pressebeiträgen, die sich im Ton allerdings nur geringfügig von seinen Alarmrufen zwei Jahre zuvor unterschieden. Anfang Juli 1964 präsentierte er in einem größeren Artikel in der *FAZ* seine Sicht der Dinge und wies Fischers Thesen abermals als »unhaltbar« zurück: Die Politik der deutschen Regierung, so Ritter apodiktisch, war im Sommer 1914 »grundsätzlich defensiv, nicht aggressiver Natur«.[48] In weiteren Texten, die erneut über die Deutsche Presseagentur verbreitet wurden, wandte er sich einmal mehr gegen die angebliche Alleinschuldthese Fischers und äußerte sein Verständnis dafür, daß die deutsche Regierung 1914 Österreich-Ungarn zu »einer kriegerischen Aktion ermutigte, die der zersetzenden Wühlarbeit serbischer Nationalisten ein für allemal ein Ende machen sollte«.[49] Ein breites Publikum dürfte der Freiburger Emeritus ebenfalls durch mehrere Rundfunk-Vorträge erreicht haben, die im August 1964 ausgestrahlt und anschließend in gedruckter Form von der ›Bundeszentrale für politische Bildung‹ in Umlauf gebracht wurden.[50] Auch an dieser Stelle warnte er eindringlich vor dem seiner Meinung nach im Werk Fischers zutage tretenden »überaus starken Einfluß der politischen Zeitströmungen« auf die Geschichtsschreibung: Der »übersteigerte Patriotismus von ehedem«, so wiederholt er, schlage bei Fischer um »in eine radikale Kritik an deutschem Wesen und der deutschen Vergangenheit, die schwarz in schwarz gemalt« werde.[51]

Fischer erhielt für seine Position im Sommer 1964 publizistische Rückendeckung vor allem von Rudolf Augstein,[52] Ritter hingegen von Egmont Zechlin, Hans Herzfeld und Golo Mann.[53] Neu zu den Fischer-Kritikern gesellte sich der Kieler Historiker Karl Dietrich Erdmann, der zwei Jahre zuvor die Arbeit an einer kritischen Edition der Tagebücher Kurt Riezlers begonnen hatte, jener Quelle, auf die sich auch Fischer, wie oben erwähnt, in seiner *Spiegel*-Serie berufen hatte, ohne damals jedoch umfassende Einsicht in die Originaltexte erhalten zu haben.[54] Erdmann kam aufgrund seiner Textkenntnis allerdings zu völlig anderen Schlüssen als Fischer hinsichtlich der ›Kriegswilligkeit‹ von Bethmann Hollweg, der, so Erdmann, in den Tagebuch-Aufzeichnungen seines Sekretärs als ein grundsätzlich eher defensiv denkender Mensch erscheine.[55]

Die Veröffentlichung der Riezler-Tagebücher ließ jedoch noch bis 1972 auf sich warten. Bis dahin war die Nutzung der Quelle aus urheberrechtlichen Gründen auf Erdmann allein beschränkt,[56] dessen Interpretation von der Fachwelt somit nicht überprüft werden konnte: »Jede Interpretation ist möglich oder auch keine, solange das Tagebuch Riezlers der Forschung vorenthalten wird«, kommentierte Fischer 1965.[57] Waren die Riezler-Tagebücher somit schon vor ihrer Veröffentlichung legendenumwittert, so erst recht, als nach ihrem Erscheinen Zweifel an den Editionsprinzipien Erdmanns und damit an der Zuverlässigkeit des veröffentlichten Textes laut wurden.[58] Noch heute ist umstritten, ob der edierte Text tatsächlich den originalen Tagebucheintragungen entspricht oder ob einige Blätter zu einem späteren Zeitpunkt überarbeitet, wenn nicht gar ausgetauscht worden sind.[59]

Eine Schlichtung der Kontroverse – und sei es nur in der Frage der charakterlichen Einschätzung Bethmann Hollwegs – konnte durch die Veröffentlichung der Riezler-Tagebücher jedenfalls nicht erreicht werden, genausowenig übrigens durch die Intervention politischer Autoritäten. So wandte sich beispielsweise Bundestagspräsident Eugen Gerstenmaier Anfang September 1964 in einem Artikel für *Christ und Welt* ausdrücklich, aber letztlich vergeblich gegen die, wie er schrieb, neue deutsche »Geißelbruderschaft, der es nicht genug ist, daß wir für Hitlers Untaten geradestehen müssen«, sondern die nun auch noch die Verantwortung für den Ersten Weltkrieg übernehmen wolle, in den Deutschland doch ebenso wie die anderen Mächte »einfach ›hineingeschlittert‹« sei.[60] Ähnlich sah es wohl auch Bundeskanzler Ludwig Erhard, der passend zum fünfzigsten Jahrestag des Kriegsausbruchs über das Presse- und Informationsamt der Bundesregierung verlauten ließ, daß 1914 in keinem Land ein bewußter Wille zum Krieg bestanden habe.[61]

Die Frage nach der Verantwortung des Kriegsausbruchs war im Sommer 1964 somit zum breit diskutierten Politikum geworden, das weit über die Fachgrenzen hinaus die Gemüter erregte. Selten war das Interesse der Öffentlichkeit an einer fachwissenschaftlichen Tagung daher so groß wie Anfang Oktober 1964, als sich der ›Verband der Historiker Deutschlands‹ in Berlin zu seiner 26. Vollversammlung zusammenfand. Im Zentrum stand, wie nicht anders zu erwarten, die Auseinandersetzung um die Thesen Fischers, für deren kritische Diskussion ein Podiumsgespräch zwischen Fischer, Ritter, Zechlin und Erdmann unter Leitung Hans Herzfelds anberaumt war. Hinzugebeten wurden der Politologe Dietrich Mende und die Historiker Erwin Hölzle und Werner Hahlweg.[62] Außerdem saßen Fritz Stern (New York) und Jacques Droz (Paris) auf dem Podium sowie zwei jüngere Schüler Fischers: Imanuel Geiss, der bereits an der Fertigstellung von *Griff nach der Weltmacht* beteiligt war und inzwischen eine zweibändige Quellendokumentation zum Ausbruch des Ersten Weltkriegs vorgelegt hatte,[63] sowie Helmut Böhme, der damals über die Vorgeschichte des deutschen Weltmachtstrebens in der Reichsgründungszeit arbeitete.[64]

Die anberaumte Podiumsdiskussion war allerdings nicht das erste öffentliche Zusammentreffen der Kontrahenten. Bereits einige Wochen zuvor hatte in Frankfurt eine öffentliche Debatte zwischen Herzfeld, Hölzle und Fischer über die Kriegsschuldfrage stattgefunden, die auf reges Interesse gestoßen war.[65] Auch die Fernsehanstalten hatten inzwischen erkannt, wie sehr die Frage nach der Verantwortung für den Ausbruch des Ersten Weltkriegs die Öffentlichkeit bewegte. Im zeitlichen Umfeld des 1. August 1964 brachten sie nicht nur Dokumentationen und Spielfilme zum Thema, sondern in der ARD auch eine Studiodiskussion zur Kriegsschuldfrage, bei der Fischer, Geiss, Erdmann und Wolfgang J. Mommsen zugegen waren.[66]

Die Argumente waren also hinlänglich bekannt und bereits einige Male ausgetauscht worden, als sich die Kontrahenten auf dem Berliner Historikertag erneut begegneten. Der Spannung, mit der das Publikum die Generaldebatte erwartete, scheint dies jedoch kaum abträglich gewesen zu sein. Der Ostberliner Historiker Joachim Petzold, der als Berichterstatter der *Zeitschrift für Geschichtswissenschaft* in den Westteil der Stadt gefahren war, berichtete später vom großen Andrang der Zuhörer, der es erforderlich gemacht habe, zusätzlich zum Auditorium Maximum der Freien Universität einen weiteren Hörsaal zur Verfügung zu stellen, in den die Debatte übertragen wurde.[67] Als erster sprach Fritz Fischer, der noch einmal seine Position deutlich machte, daß Deutschland im Juli 1914 den Krieg Österreich-Ungarns gegen Serbien ausdrücklich gewünscht habe. »Stürmischer, minutenlanger Beifall, der vor allem von den Studenten und den Geschichtslehrern ausging«, so hielt Petzold fest, »dankte Fischer«.[68] Die anschließende Kritik von Zechlin, Ritter, Erdmann und anderen konnte an dem Gesamteindruck, der vom Verlauf der Diskussion zurückblieb, kaum etwas ändern, zumal sich nicht nur Geiss und Böhme, sondern auch Droz und Stern eindeutig auf die Seite Fischers stellten. Wenn es, wie Fritz Stern in seinem Redebeitrag formulierte, der kurz darauf im *Spiegel* abgedruckt wurde, die größte Leistung des Historikers sei, »den Schlag zu führen, der 1000 Verbindungen schlägt«, dann, so Stern in Rückgriff auf ein Wort von Theodor Mommsen, war vielleicht »Herrn Fischers Schlag ein solcher Schlag«.[69]

Dem größtenteils jungen Publikum mußte es auf jeden Fall so scheinen. »Wir folgten Fischer«, so erinnert sich Gerd Krumeich, »vor allem, weil er die gesetzten älteren Herren zur Weißglut brachte, die seminarmäßig über die ›Dämonie der Macht‹, über deutschen Geist und deutsches Schicksal, über Bismarcks histori-

sche Größe und dergleichen mehr lehrten«.[70] Gegenüber den
›gezähmten‹ Historisten der frühen Bundesrepublik erschien Fischer gewissermaßen als eine Art Volkstribun der deutschen Geschichtswissenschaft: Siegreich im Kampf mit dem Auswärtigen
Amt aus den USA zurückgekehrt, von den Jungen auf dem Podium unterstützt und von wohlwollender Sympathie der ausländischen Gäste getragen, nahm er den Kampf mit dem wissenschaftlichen Establishment auf. »Wo hat es das je in Deutschland
gegeben, daß wissenschaftliche Kontroversen vor einem Forum
von mehr als 1500 Zuhörern, vor den Fernsehkameras und
Rundfunkmikrophonen ausgetragen wurden«, fragte die *Zeit*
wenige Tage später in ihrem Bericht über das Berliner Histori-
kertreffen. »Gewiß sollte man wissenschaftliche Kontroversen
nicht wie Gladiatorenkämpfe in einer überhitzten Arena führen,
bei denen eine Claque auf der Galerie jeden Sieg und jede Niederlage bejubelt. Aber die leidenschaftliche Anteilnahme der Öffentlichkeit war doch am Streit der Gelehrten ein bemerkens-
wertes Novum in deutschen Landen.«[71]

Auf dem Historikertag 1964 war damit, um es zugespitzt zu
formulieren, eine neue Form der geschichtswissenschaftlichen
Auseinandersetzung geboren, die es im ›stillen Diskussionsraum‹
der frühen Bundesrepublik so zuvor nicht gegeben hatte: Die
Kontrahenten reagierten nicht mehr nur in Form wissenschaftlicher Veröffentlichungen, mit Rezensionen und Beiträgen in den
großen Tages- und Wochenzeitungen aufeinander, sondern im
direkten verbalen Schlagabtausch vor großem Publikum, vor
Kameras und Mikrophonen. Nicht wenige ältere Vertreter der
Zunft mögen vermutlich ähnlich irritiert von der Berliner Ver-
anstaltung an ihren heimischen Arbeitsplatz zurückgekehrt sein
wie jener Teilnehmer, der kurz darauf in einem Bericht für die
Zeitschrift *Geschichte in Wissenschaft und Unterricht* schrieb:
»Niemandem kann entgangen sein, in welchem Ausmaße Emo-
tionen die Reaktionsweise erheblicher Teile der Zuhörerschaft
bestimmt haben. [...] Es war schon erschreckend, in Berlin mit
anzusehen, wie widerwillig methodische Erwägungen angehört
und als unbequem beiseitegeschoben wurden. Unter diesem
Aspekt erweist sich freilich die Fragwürdigkeit von Podiumsdis-
kussionen zum Austrag wissenschaftlicher Kontroversen erst
ganz: die öffentliche Gegenüberstellung von ›Mannschaften‹, die
unter Beachtung gewisser Spielregeln, aber mit Einsatz aller

Mittel, die der ›Schiedsrichter‹ noch gerade erlaubt (oder über-
sieht), um die ›Punkte‹ kämpfen, muß im wissenschaftlichen An-
fänger falsche Vorstellungen vom Wesen wissenschaftlicher Erkenntnis erwecken. Er nimmt das Schauspiel für den wissenschaftlichen Prozeß selbst.«[72] Doch ›Schauspiel‹ und ›wissenschaftlicher Prozeß‹ ließen sich nicht mehr länger voneinander
trennen: Die Kontrahenten diskutierten schon längst nicht mehr
innerhalb einer begrenzten Fachöffentlichkeit, sondern sie
kämpften auf großer Bühne um die Gunst des Publikums. Mit
der Fischer-Kontroverse hatte die zeithistorische Forschung in
der Bundesrepublik den Elfenbeinturm verlassen und zeigte sich
erstmals im Gewand einer *public science*, die sich nicht nur in
Seminarräumen, sondern vor allem in der massenmedialen Öffentlichkeit zu bewähren hat.

Der Primat der Innenpolitik

Mit dem Berliner Treffen 1964 war der Höhepunkt der Debatte
erreicht. Bereits ein Jahr später, als sich die Kontrahenten auf
dem 12. Internationalen Historikerkongreß in Wien wieder trafen, war das öffentliche Interesse weitaus geringer.[73] Die sachliche Auseinandersetzung hatte indes nichts von ihrer Schärfe verloren: Gerhard Ritter war aus gesundheitlichen Gründen zwar
nicht selbst nach Wien gereist, sein Vortrag lag den Teilnehmern
jedoch in gedruckter Form vor. Wie nicht anders zu erwarten,
präsentierte der Freiburger Emeritus einmal mehr das Bild einer
rein defensiven Haltung der deutschen Reichsleitung in der Julikrise und ließ es auch diesmal nicht an harter Kritik an Fischer
fehlen.[74] Doch auch Fischer war von seiner Interpretation nicht
abgewichen, im Gegenteil: Im Anschluß an die Berliner Diskussion hatte er seinen Redebeitrag zu einem kleinen Taschenbuch
ausgearbeitet, in dem er seine Position noch einmal bekräftigte
und mit seinen Kritikern hart ins Gericht ging: Zechlin warf er
»Rabulistik« sowie »Verzeichnung« der Quellen vor, Ritter »of-
fensichtliche Fälschung« und »ex-cathedra-Verdummung«.[75]
   Auf dem Internationalen Historikerkongreß spitzte Fischer
seine Thesen noch einmal drastisch zu. In seinem Redebeitrag,
der noch in der gleichen Woche in der *Zeit* erschien, erklärte er:
»Ich selbst habe noch auf dem Historikertag in Berlin im Okto-

ber 1964 die Ansicht vertreten, Deutschland habe im Juli 1914 bewußt das Risiko eines großen europäischen Krieges auf sich genommen, weil ihm die Situation so günstig wie nie zuvor schien. In Verschärfung meiner damaligen Ausführungen stelle ich heute fest, gestützt auf allgemein zugängliches wie auch auf unveröffentlichtes Material: Deutschland hat im Juli 1914 nicht nur das Risiko eines eventuell über den österreichisch-serbischen Krieg ausbrechenden großen Krieges bejaht, sondern die deutsche Reichsleitung hat diesen großen Krieg gewollt, dementsprechend vorbereitet und herbeigeführt.«[76]

Dieser neuen, sehr weitreichenden Argumentationslinie folgten von nun an alle weiteren Beiträge Fischers zum Ausbruch des Ersten Weltkriegs, allen voran sein zweites Hauptwerk *Krieg der Illusionen.*[77] Auf knapp achthundert Seiten versuchte Fischer hier – erneut auf der Grundlage eines akribischen Quellenstudiums – den Nachweis zu erbringen, daß die deutsche Regierung seit spätestens Ende 1912 mit Unterstützung militärischer Instanzen einen Präventivkrieg gegen die Entente vorbereitet habe. Bei dem von Deutschland im Juli 1914 ausgelösten Krieg handele es sich, so Fischer, deshalb keineswegs um einen kühnen ›Sprung ins Dunkle‹, wie Zechlin 1964 geschrieben hatte,[78] sondern um einen von langer Hand vorbereiteten Coup, nämlich »um den Versuch, bevor die gegnerischen Mächte zu sehr erstarkt waren, diese zu unterwerfen und die deutschen politischen Ziele, die sich unter den Begriff der Hegemonie Deutschlands über Europa subsumieren lassen, durchzusetzen«.[79] Deshalb trage Deutschland auch nicht nur einen »erheblichen Teil« der historischen Verantwortung für den Ausbruch des Krieges, wie es in der ersten Auflage von *Griff nach der Weltmacht* geheißen hatte,[80] sondern vielmehr, wie Fischer nun 1967 in einer Sonderausgabe seines Werkes schrieb, den »entscheidenden Teil«.[81] Bereits auf dem Historikerkongreß in Wien hatte Fischer ähnlich dezidiert erklärt: »Es gibt nicht ein einziges Dokument in der Welt, das die zentrale Wahrheit entkräften könnte, daß im Juli 1914 ein Kriegswille einzig und allein auf deutscher Seite bestand und daß alle Verabredungen auf der Seite der Entente nur der defensiven Sicherung ihrer Allianz dienten.«[82]

Die drastische Zuspitzung und der immer deutlicher zutage tretende apodiktische Ton seiner Veröffentlichungen machten es den Kritikern Fischers leicht, einen Teil seiner früheren, behut-

samer formulierten Thesen aufzunehmen, sich zugleich aber
weiterhin von ihm absetzen zu können. Diese schleichende Akzeptanz von Argumenten, die Fischers Ausgangsüberlegungen
bestimmt hatten, von ihm selbst im Gang der Debatte jedoch
längst überboten worden waren, war bereits auf dem Berliner
Historikertag deutlich geworden, als Erdmann und Zechlin eine
mittlere Position zwischen den beiden Flügelmännern Fischer
und Ritter zu beziehen begannen. So räumte Zechlin in seinem
Redebeitrag bereitwillig ein, daß Bethmann Hollweg im Juli
1914 nicht nur defensiv agiert, sondern das Risiko eines »begrenzten Kabinettskriegs« mit England bewußt in Kauf genommen habe, ohne damit allerdings – hier blieb er der Linie der Fi-
scher-Kritiker treu – hegemoniale Ziele verfolgt zu haben.[83]
Auch Erdmann sprach mit Verweis auf die Riezler-Tagebücher
von einem bewußt akzeptierten »Kriegsrisiko«, das Bethmann
Hollweg allerdings nicht »auf sich genommen« habe, damit
»Deutschland Weltmacht werde, sondern damit dem Reich der
Status einer europäischen Großmacht erhalten bleibe«.[84] Ähnlich argumentierten Erdmann und Zechlin ein Jahr später auf
dem Internationalen Historikerkongreß in Wien: Da der deutsche Reichskanzler von einem kurzen und begrenzbaren Krieg
ausgegangen sei, so Egmont Zechlin, habe er den »britischen
Kriegseintritt als tragbares Risiko angesehen, als er die politische
Offensive trotz der Weltkriegsgefahr sich zuspitzen ließ«.[85] Daß
Deutschland damit einen ›erheblichen Teil‹ der Mitverantwortung am Ausbruch des Ersten Weltkriegs trage, wie Fischer 1961
geschrieben hatte, hätten vor dem Hintergrund ihrer eigenen
Argumentationslinie vier Jahre später vermutlich weder Zechlin
noch Erdmann überzeugend bestreiten können.

Mit der Idee eines von Bethmann Hollweg in defensiver Absicht bewußt einkalkulierten Kriegsrisikos war somit eine mittlere Argumentationslinie gefunden worden, die nicht zuletzt für
jüngere Historiker, die sich weder auf die Seite Fischers noch auf
diejenige Ritters schlagen wollten, ein fachwissenschaftliches In-
tegrationsangebot darstellte. Auf dieser mittleren Linie bewegte
sich beispielsweise der Marburger Privatdozent Andreas Hillgruber, der in seiner vielbeachteten Antrittsvorlesung im Juli 1965
die These vertreten hatte, daß der Reichskanzler während der
Julikrise 1914 den Krieg zwar nicht gewollt, aber durchaus als
»kalkuliertes Risiko« in seinen Handlungsspielraum miteinbezo-

gen habe.[86] Hillgruber stützte sich dabei auf eine Veröffentlichung Kurt Riezlers, der im Jahr 1914 geschrieben hatte, daß Kriege in der gegenwärtigen Mächtekonstellation nicht mehr ausgefochten würden, wohl aber als Mittel der Politik weiterhin einkalkuliert werden müßten. Das rationale Kalkül des Reichskanzlers, so Hillgruber, sei im Juli 1914 jedoch nicht aufgegangen, sondern in die »Irrationalität eines Krieges à outrance« umgeschlagen. Auch wenn Bethmann Hollweg den Krieg nicht, wie Fischer mittlerweile behauptete, herbeigewünscht habe, komme dem Deutschen Reich damit dennoch eine klare »Mitverantwortung« für den Ausbruch des Weltkrieges zu.[87]

Dieser Argumentationslinie folgte ebenfalls, um ein weiteres Beispiel aus der damals jüngeren Generation zu nennen, Wolfgang J. Mommsen, der sich 1967 in Köln mit einer Arbeit über die Regierungspolitik Bethmann Hollwegs habilitiert hatte.[88] Auch ihm erschien die »gesinnungsethische Argumentation« Fischers und seiner Schüler, die dem Reichskanzler und seiner Umgebung eine bewußte Kriegsabsicht unterstellten, weniger überzeugend als der Versuch von Hillgruber und anderen, das Handeln des Reichskanzlers im Sinne eines einkalkulierten Risikos zu deuten.[89] »Nicht weitgesteckte politische Zielsetzungen«, so schrieb Mommsen 1969 in einem vielgelesenen Taschenbuch über *Das Zeitalter des Imperialismus*, »sondern der Wunsch, durch eine ›Politik äußersten Risikos‹ die Isolierung der Mittelmächte zu durchstoßen [...], bestimmte die Erwägungen der deutschen Politik in der Julikrise 1914«.[90]

Was Mommsen von Hillgruber jedoch deutlich unterschied, war seine Betonung der innenpolitischen und gesellschaftlichen Bedingungen der deutschen Außenpolitik im Vorfeld des Ersten Weltkriegs, auf die er bereits während des Berliner Historikertags hingewiesen hatte.[91] Mommsen folgte hier der Devise vom ›Primat der Innenpolitik‹, die der Meinecke-Schüler Eckart Kehr bereits Ende der zwanziger Jahre in seiner Dissertation über den deutschen Schlachtflottenbau verfochten hatte.[92] Die Schriften des 1933 in den USA früh verstorbenen Kehr waren in Deutschland lange Zeit dem Vergessen anheimgefallen, bis Hans-Ulrich Wehler, damals Assistent an der Universität Köln, sie 1965 in einer Aufsatzsammlung einem größeren Publikum wieder zugänglich machte.[93] Dezidierter noch als Mommsen, der Kehr nicht in allen Punkten zu folgen bereit war, machte sich

Wehler, der 1971 an die neuerrichtete Universität Bielefeld berufen wurde, die Lehre vom ›Primat der Innenpolitik‹ zu eigen und
wies in seiner zwei Jahre später veröffentlichten Überblicksdarstellung über *Das Deutsche Kaiserreich* der außenpolitischen
Konstellation für die Übernahme des Kriegsrisikos im Juli 1914
eine nur mehr »untergeordnete Rolle« zu.[94] »Was Deutschland
angeht«, so Wehler in gleichzeitiger Überbietung und Abwehr
der Thesen Fischers, »so bildete der Erste Weltkrieg – um es auf
eine Kurzformel zu bringen – nicht das Ergebnis langjähriger
Kriegsplanung, sondern einmal der ›Unfähigkeit‹ seiner Führungsschichten, mit den wachsenden Problemen einer sich rasch
demokratisierenden Welt fertig zu werden. Sodann wirkte sich
die historisch geprägte Neigung fatal aus, auf diese inneren
Schwierigkeiten mit einer aggressiven Verteidigung zu reagieren
[...]«.[95]

Auch Fritz Fischer und seine Schüler folgten ab Mitte der
sechziger Jahre der griffigen Formel vom ›Primat der Innenpolitik‹.[96] Trotz der zum Teil harten Kritik von Mommsen und
Wehler an ihrem intentionalistischen Ansatz, der eher die persönlichen Zielsetzungen des Reichskanzlers und seiner Berater
als die strukturellen Bedingungen ihrer Politik hervortreten ließ,
sahen sie sich dennoch mit ihren jüngeren Kritikern in dem gemeinsamen Versuch vereint, die innenpolitischen Wurzeln und
die Kontinuität des deutschen Weltmachtstrebens freizulegen.
Denn unter dem ›Primat der Innenpolitik‹ erschien der Ausbruch
des Ersten Weltkriegs weniger als Ergebnis einer verfehlten internationalen Krisendiplomatie als vielmehr als das Resultat tief
angelegter gesellschaftlicher Spannungen und Tendenzen, die
weit in die Geschichte des Kaiserreichs zurückreichten. Damit
aber war die alte Frage nach dem ›Irrweg‹ in der deutschen Geschichte am Ende der Fischer-Kontroverse auf die Agenda der
Geschichtswissenschaft in der Bundesrepublik zurückgekehrt.
Doch im Gegensatz zur nationalen Besinnungsessayistik der unmittelbaren Nachkriegszeit, die kaum über persönliche Reflexionen über die deutsche ›Tragik‹ hinauskam und sowohl im
›Dritten Reich‹ als auch im Ausbruch des Ersten Weltkriegs nicht
mehr erblicken wollte als eine Art ›Betriebsunfall‹ im harmonischen Gang der deutschen Nationalgeschichte, stand diese nun
selbst zur Disposition. Fritz Stern hatte die entscheidende Frage
bereits auf dem Berliner Historikertag gestellt, als er angesichts

der »Folge von Betriebsunfällen« in der deutschen Geschichte zu bedenken gab, ob vielleicht »in dem Betrieb etwas nicht stimmt«.[97]

Hans-Ulrich Wehler und andere, die sich Ende der sechziger, Anfang der siebziger Jahre die Devise vom ›Primat der Innenpolitik‹ zu eigen machten, versuchten auf diese Frage eine Antwort zu geben und setzten sich zum Ziel, in »der Erklärung des verhängnisvollen Sonderwegs der Deutschen« ein gutes Stück voranzukommen.[98] Dies, so Wehler, setze aber einen grundsätzlich neuen Blick auf die Geschichte und einen methodischen Umbau der Geschichtswissenschaft in eine »kritische Gesellschaftswissenschaft« voraus, die im Sinne einer »problemorientierten historischen Strukturanalyse«, wie in seinem *Kaiserreich*-Buch von 1973 zu lesen war, der gescheiterten »Synchronisierung von sozialökonomischer und politischer Entwicklung« – kurz: dem Demokratiedefizit – in der deutschen Geschichte nachspüren sollte.[99] Wehlers Jargon zeigt bereits: Diese Art, Geschichte zu betreiben, war mit der Sprache des ›politisch-moralisch gezähmten Historismus‹, der zu Beginn der Fischer-Kontroverse noch das gemeinsame Vokabular stellte, nicht mehr kompatibel. Für die Studentengeneration der Jahre um und nach 1968 war sie hingegen um so verständlicher.

Literaturempfehlungen

Fritz Fischer, Griff nach der Weltmacht. Die Kriegszielpolitik des kaiserlichen Deutschland 1914/18, Düsseldorf 1961.

Imanuel Geiss, Studien über Geschichte und Geschichtswissenschaft, Frankfurt a. M. 1972.

Wolfgang Jäger, Historische Forschung und politische Kultur in Deutschland. Die Debatte 1914–1980 über den Ausbruch des Ersten Weltkriegs, Göttingen 1984.

Ernst W. Lynar (Hg.), Deutsche Kriegsziele 1914–1918. Eine Diskussion, Frankfurt a. M./Berlin 1964.

Wolfgang Schieder (Hg.), Erster Weltkrieg. Ursachen, Entstehung und Kriegsziele, Köln 1969.

3. ›Achtundsechzig‹:
Geschichte in der Defensive

Im März 1969 schrieb der Historiker Karl-Heinz Janßen, der nach seiner Dissertation bei Gerhard Ritter in die Feuilletonredaktion der *Zeit* eingetreten war, in einer Sammelbesprechung neuer Bücher zum Ersten Weltkrieg:»Der große Sturm ist abgeflaut. Kaum fünf Jahre sind es her, da schlugen die Wellen der Erregung an den Universitäten und in der öffentlichen Meinung noch hoch, als der Hamburger Historiker Fritz Fischer und seine mit Aggressivität geladenen Studenten eine ganze Generation in die Schranken forderten [...]. Das schmeckte nach Revolution! Fritz Fischer hätte als Lehrmeister der jungen Generation den Platz ausfüllen können, den dann der noch ältere Herbert Marcuse einnahm.«[1]

Doch die ›junge Generation‹, die Ende der sechziger Jahre auf den Geschmack der Revolution gekommen war, wollte mehr, als der Hamburger Ordinarius in seinen dicken, im ›Aktenrezitativ‹ (Hans Herzfeld) verfaßten Büchern anzubieten hatte. Den Studenten und Studentinnen, die zunächst in Berlin, dann – nach dem gewaltsamen Tod von Benno Ohnesorg durch die Kugel eines Polizeibeamten am 2. Juni 1967 und mehr noch nach dem Attentat auf Rudi Dutschke im darauffolgenden Jahr – ebenso in anderen Universitätsstädten Westdeutschlands auf die Straße gingen, Institute besetzten und mit viel Gespür für die Macht der Provokation den ›tausendjährigen Muff unter den Talaren‹ aufzuwirbeln begannen, ging es um mehr als eine ›Revision‹ des deutschen Geschichtsbildes, um die es Fischer letztlich zu tun war. Ihre Anspannung und Konzentration galt dem Erlebnis der Gegenwart, der Befreiung aus den Konventionen einer ›formierten‹ Mittelstandsgesellschaft, die der paternalistischen Kanzlerdemokratie Adenauers und Erhards als soziales Leitbild gedient hatte. Herbert Marcuse, der deutsch-jüdische Intellektuelle, Heidegger-Schüler und kritische Marxist aus dem sonnigen Ka-

lifornien, traf besser als der norddeutsche Protestant die Ge-
mütslage dieser Generation: Marcuses Werk *Der eindimensionale Mensch*, eine philosophisch-soziologische Kritik der Ent-
fremdungstendenzen moderner Industriegesellschaften, wurde
zum Bestseller einer Jugendrevolte, die sich selbst im Experiment nonkonformistischer Lebensweisen erlebte. »Die Studen-
tenbewegung«, so Marcuse in seinem späteren *Versuch über die
Befreiung*, »ist das Ferment der Hoffnung in den übermächtigen
und erstickenden kapitalistischen Metropolen: sie bezeugt die
Wahrheit der Alternative – das wirkliche Bedürfnis und die
wirkliche Möglichkeit einer freien Gesellschaft«.[2]

Der Jargon der ›Kritischen Theorie‹, die existentialutopische
Durchdringung der Sprache des dialektischen Marxismus, den
Marcuse, Adorno, Horkheimer und andere pflegten und an die
Studenten weitergaben, bot diesen einen diskursiven Raum zur
Artikulation ihres eigenen generationellen Projekts, die Zwänge
der Alten, zur Not auch mit Gewalt, zu durchbrechen. Da die
Revolution in ihren Augen vor der Tür zu stehen schien – wer
konnte da noch daran denken, sich zum Aktenstudium ins Ar-
chiv zurückzuziehen?

Der Primat der Provokation

In der Tat lag die Geschichtswissenschaft, die ihren eigenen klei-
nen Generationenkonflikt bereits vier Jahre zuvor auf dem Höhepunkt der Fischer-Kontroverse durchgestanden hatte, eher am
Rande des Geschehens, das sich in den Universitäten vor allem in
den Instituten für Soziologie und Politikwissenschaft abspielte.
Die Erinnerungen des Berliner Wirtschaftshistorikers Wolfram
Fischer machen die je nach Fachgebiet zum Teil sehr unterschiedlichen Erfahrungswelten der damaligen Zeit deutlich. Als
Dekan der großen Wirtschafts- und Sozialwissenschaftlichen
Fakultät an der Freien Universität Berlin (FU) stand er zwischen
1968 und 1970 im Mittelpunkt der Auseinandersetzung: »Kollegen und ich selbst wurden mit Farbeiern beworfen, das Fakul-
tätsgebäude wurde unter Wasser gesetzt, Fenster wurden ein-
geschlagen, Examina verhindert, das Dekanat besetzt, viele
Lehrveranstaltungen unmöglich gemacht, Fakultätssitzungen
gesprengt, so daß wir immer wieder in andere Räumlichkeiten

ausweichen mußten.« In seinem eigenen historischen Fachgebiet, der Wirtschaftsgeschichte, die auch räumlich von der Fakultät getrennt war, blieb es hingegen mehr oder weniger ruhig: »Assistenten und Sekretärinnen haben von den Stürmen kaum etwas bemerkt und sich auch nicht sehr viel darum gekümmert.«[3] Gegenüber den sozial- und politikwissenschaftlichen Einrichtungen galt das Friedrich-Meinecke-Institut – wie das geschichtswissenschaftliche Seminar in Erinnerung an den ersten Rektor der FU seit 1951 offiziell heißt – auch auf studentischer Seite zunächst als ein eher »ruhiger« Ort.[4] Erst später, als der Protest an breiter Unterstützung zu verlieren begann und sich auf die Aktionen dogmatisch argumentierender und häufig auch gewaltbereiter kleiner Kreise, der sogenannten ›Roten Zellen‹ und ›K-Gruppen‹, zurückzog, kam es auch im Friedrich-Meinecke-Institut zu tumultartigen Szenen, so etwa im Juni 1971, als linksradikale Studenten das Gebäude besetzten und sich daran machten, die Institutsbibliothek in Brand zu setzen.[5]

Die Revolte blieb freilich nicht auf Berlin beschränkt. In Frankfurt, der Hochburg der ›Kritischen Theorie‹, wurde im Mai 1968 die Universität besetzt, nachdem zuvor Vorlesungen von Adorno und anderen gestört und nach Berliner Vorbild autonome *teach-in*-Aktionen durchgeführt worden waren. Auch in München, Marburg, Tübingen und anderswo kam es immer wieder zur Konfrontation zwischen Professoren und Studierenden, die Lehrveranstaltungen sabotierten und ihre Sicht der Dinge nicht immer mit friedlichen Mitteln durchzusetzen versuchten: »Schafft die bürgerliche Geschichte ab! Zerschlagt die Monopolstellung der bürgerlichen Ordinarien«, war beispielsweise auf einem Flugblatt der »Basisgruppe Geschichte« an der Universität Freiburg im Sommer 1969 zu lesen.[6] Selbst im beschaulichen Heidelberg kam es zu gewalttätigen Ausschreitungen und Aktionen gegen den neugewählten Rektor, den Sozialhistoriker Werner Conze, den aufgebrachte Studenten mit Eiern bewarfen und dem sie eine Pickelhaube aufzusetzen versuchten.[7] Dabei war Conze zu Reformen der Heidelberger Universitätsverfassung durchaus bereit und galt vielen seiner Standeskollegen gar als zu progressiv. Letztlich stand jedoch auch er, wie sein ehemaliger Assistent Hans Mommsen rückblickend meint, dem Studentenprotest verständnislos gegenüber: »Seine berühmte sozialgeschichtliche Vorlesung, die [...] mit der Behandlung von

Siedlungsformen und der Bedeutung des Hakenpflugs begann, rief die Kritik der linken Studenten hervor, die nicht ganz zu Unrecht eine Auseinandersetzung mit der Marxschen Geschichtsdeutung vermißten, was Conze nicht einlöste und vielleicht auch nicht einlösen konnte, jedenfalls immer wieder aufschob.«[8] Sozialgeschichte, wie die Studenten sie einforderten, war dies jedenfalls nicht.

Die Älteren unter den Hochschullehrern standen dem jugendlichen Protest zumeist verständnislos bis ablehnend gegenüber, selbst dort, wo er nicht mit gewalttätigen Ausschreitungen einherging. Gerhard Ritter, der die polemische Konfrontation mit den jungen Wilden sicherlich nicht gescheut hätte, war bereits 1967 verstorben, Egmont Zechlin wurde 1969 emeritiert, und Karl Dietrich Erdmann hatte sein Rektorenamt an der Universität Kiel rechtzeitig zurückgegeben. Als Vorsitzender des ›Deutschen Bildungsrates‹ (eines Bund-Länder-Gremiums, das Vorschläge zur Bildungsreform entwickeln sollte) nahm Erdmann den Studentenprotest gleichwohl intensiv wahr, wenn auch gewissermaßen aus der universalhistorischen Vogelperspektive: ›Der junge Luther! Der junge Luther!‹, soll er einmal während einer Dutschke-Rede geflüstert haben.[9] Der argumentative Nahkampf mit den Studenten, auch und gerade in Auseinandersetzung mit dem Marxismus, blieb hingegen meist der Generation der Assistenten und jüngeren Professoren überlassen, die häufig zwischen dem ›Establishment‹ der Älteren und den aufmüpfigen Jüngeren standen und nach beiden Seiten hin zu vermitteln versuchten.

Als Prototyp einer jüngeren, dezidiert linksliberalen Hochschullehrerschaft, die dem institutionellen wie intellektuellen Reformwillen der Studenten durchaus Sympathie entgegenbrachte, ohne mit Kritik an ihrem häufig intoleranten Auftreten zu sparen, galt damals wie heute für viele der Philosoph Jürgen Habermas. Der ehemalige Assistent von Adorno, der seit 1964 an der Universität Frankfurt Philosophie und Soziologie lehrte, hatte bereits früh auf die Mißstände des deutschen Universitätssystems aufmerksam gemacht und in Übereinstimmung mit entsprechenden studentischen Forderungen tiefgreifende Reformen angemahnt.[10] Als jüngerer Vertreter der ›Kritischen Theorie‹ war Habermas geradezu der prädestinierte Ansprechpartner der studentischen Opposition um Dutschke und andere, deren Aktionen er als Beitrag zu einer (Re-)Politisierung der Öffentlichkeit durchaus begrüßte. Zugleich warnte er jedoch vor einem blinden, gewaltbereiten Aktionismus, schien die Protestbewegung seiner Meinung nach doch Gefahr zu laufen, in einen – wie er bereits 1967, am Tag der Beerdigung Benno Ohnesorgs mahnte – »linken Faschismus« abzugleiten.[11]

Eine Gestalt mit ähnlich großem öffentlichem Gewicht wie Habermas gab es auf der Seite der Geschichtswissenschaft nicht. Allerdings fehlte es auch hier nicht an Versuchen, mit den Studenten und Studentinnen ins Gespräch zu kommen. Hans-Ulrich Wehler, damals noch Privatdozent in Köln, erinnert sich, nach seiner morgendlichen Vorlesung häufig mit den Studenten weiterdiskutiert zu haben, manchmal bis in den frühen Abend hinein und bis zur Heiserkeit: »Im entscheidenden Moment hatte ich immer noch ein Marx-Zitat parat. Solange Wolfgang Mommsen, Helmut Berding und ich in Köln waren, war das Klima relativ entspannt, da wir in die Fachschaftssitzungen gingen und noch ein Seminar über Marx, den Nationalsozialismus oder den Historismus anboten, wenn es gewünscht wurde. Da mußte aber hart gearbeitet werden, was die Studenten auch taten. Deshalb gab es keine explosive Stimmung wie in Frankfurt oder Berlin.«[12]

Als Andreas Hillgruber, der zu dieser Zeit noch in Freiburg lehrte, einige Jahre später an die Kölner Universität wechselte, mußte er freilich ganz andere Erfahrungen machen: Der ›Marxistische Studentenbund Spartakus‹, ein Ableger der SED-nahen DKP, empfing den neuen Lehrstuhlinhaber 1972 mit einem eigens für ihn eingerichteten »Hillgruber-Komitee«, das sich mit viel Erfolg an die Störung seiner Vorlesungen machte. Der Diplomatie- und Militärhistoriker, so war in einem von den studentischen Aktivisten verfaßten »Hillgruber-Info« zu lesen, stelle »eine große Gefahr« dar, stehe seine Berufung doch im »direkten Zusammenhang mit den Versuchen der Ministerialbürokratie und des westdeutschen Monopolkapitals, durch Wehrkundeerlasse den Hochschulunterricht zu militarisieren und durch Scheinreformen die Verwertbarkeit der Schüler im kapitalistischen Gesellschaftssystem zu erhöhen«.[13]

Mit einem Abstand von dreißig Jahren wird man über das Ausmaß provinzieller Selbstüberschätzung der studentischen Spartakisten nur schmunzeln können. Hillgruber wird damals

jedoch kaum zum Lachen zumute gewesen sein, folgten den Ver-
balattacken doch nicht selten handfeste Übergriffe, wie beispielsweise auch der Neuzeithistoriker Thomas Nipperdey am
Friedrich-Meinecke-Institut in Berlin erleben mußte, als er –
ähnlich wie Conze in Heidelberg – von Studenten mit Farbeiern
beworfen wurde.[14] Ein Lied von den studentischen Übergriffen
konnte schließlich auch der Marburger Zeithistoriker Ernst
Nolte singen, in dessen Vorlesung sich nach eigenen Angaben ein
»kompakter Stoßtrupp« mit dem Ziel, den »Ruf des Faschismus-
Experten Nolte zu zerstören«, festgesetzt hatte.[15]

Kein Wunder, daß irgendwann die Bereitschaft zur Diskussion
versiegte. Nachdem der Berliner Senat im Juli 1969 ein neues
Hochschulgesetz verabschiedet hatte, das den Studenten ein ho-
hes Maß an Mitsprache in den Universitätsgremien einräumte,
schlossen sich die Gegner des neuen Regiments Ende des Jahres
zur ›Notgemeinschaft für eine Freie Universität‹, kurz ›Nofu‹
genannt, zusammen, in der sich neben älteren, gestandenen Ordinarien auch jüngere Dozenten wie Thomas Nipperdey maßgeblich engagierten.[16] Zur gleichen Zeit organisierte in München der junge Politologe Hans Maier den professoralen Widerstand, ähnlich wie in Marburg Ernst Nolte, der sich eine Zeitlang mit selbstverfaßten Flugblättern gegen die, wie er sie
nannte, »Anarcho-Terroristen« unter den Studenten zur Wehr
setzte.[17] Maier, Nipperdey, Nolte und andere fanden schließlich
im ›Bund Freiheit der Wissenschaft‹ (BFW), der Ende 1970 von
konservativen Hochschullehrern als überregionale Interessen-
gemeinschaft ins Leben gerufen wurde, eine gemeinsame organi-
satorische und publizistische Plattform, um – wie es im Gründungsaufruf hieß – der »Politisierung der Wissenschaft« und
dem Versuch, durch eine »unbegrenzte Mitbestimmung der Studenten [...] die deutsche Universität als die schwächste Instituti-
on dieser Gesellschaft aus den Angeln« zu heben, Einhalt zu gebieten.[18]

Unter den gezielten Störmanövern der ›K-Gruppen‹ hatten allerdings nicht nur konservative Hochschullehrer wie der spätere
bayerische Kultusminister Hans Maier zu leiden, sondern ebenso, wie die Angriffe auf Thomas Nipperdey oder den Politologen
Richard Löwenthal zeigen, gestandene Sozialdemokraten. Selbst
Imanuel Geiss, noch wenige Jahre zuvor während der Fischer-
Kontroverse als linker Flügelmann unter deutschen Ordinarien

verschrieen, riß irgendwann einmal der Geduldsfaden über die Agitation linker Studentengruppen: »Sie nennen sich zwar ›sozialistisch‹ oder ›kommunistisch‹, gebärden sich auf jeden Fall revolutionär, aber ihr bisher gezeigter Mangel an intellektuellen und politischen Qualitäten läßt das Schlimmste befürchten, sollten sie je entscheidenden Einfluß in unserer Gesellschaft gewinnen. Wer sie aus nächster Nähe an Hochschulen und Universitäten beobachten konnte, ihre aus Ignoranz und Arroganz gespeiste Intoleranz und Brutalität der Argumentation selbst erfahren hat, kann vor solchen pseudo-sozialistischen Elementen nur nachdrücklich warnen.«[19]

Der von Fritz Fischer losgetretene Streit um die Kriegsziele im Ersten Weltkrieg spielte in diesen Auseinandersetzungen kaum mehr eine Rolle. Anfang der siebziger Jahre ging es auf beiden Seiten weniger um den Austausch von Argumenten als vielmehr um den Erhalt und den Erwerb von Machtpositionen innerhalb des Kommunikationsraumes Universität. Nachdem die Fischer-Kontroverse die geschichtswissenschaftliche Streitkultur nur wenige Jahre zuvor einem reinigenden Gewitter unterzogen hatte, überlagerten nun erneut politische Auseinandersetzungen die fachwissenschaftliche Kommunikation. Noch lange nachdem die Studenten wieder auf die ruhigeren Plätze im Hörsaal zurückgekehrt waren, blieben die Erinnerungen an persönliche Verletzungen, sprachliche Entgleisungen und vor allem an die unterschiedlichen Reaktionsweisen auf die studentische Provokation in der westdeutschen Geschichtswissenschaft prägend und lagerbildend.

Das ›Zauberwort Faschismus‹

Daß es zum ›Schlimmsten‹, wie Imanuel Geiss befürchtet hatte, dann doch nicht kam, lag vermutlich weniger an den professoralen Verteidigungskämpfen als am simplen Tatbestand, daß die DKP-hörigen Gruppen innerhalb der Studentenschaft letztlich nur eine kleine Minderheitenfraktion bildeten und den breiten Rückhalt der frühen Bewegung um Dutschke und andere nie erreichen konnten. Bereits zwei Jahre nach der Gründung des ›Bundes Freiheit der Wissenschaft‹ konnte Ernst Nolte daher eine erste, gleichwohl vorsichtige Entwarnung geben, habe der

»Zauberbegriff von einst«, die »Demokratisierung« der Hochschule, mittlerweile doch viel von seinem Glanz verloren. Dennoch sah er weiterhin ein deutliches Gefahrenpotential an den westdeutschen Universitäten, denn die »große Mehrzahl der Studenten der Bundesrepublik«, so Nolte, stehe ihrem eigenen Staat »bestenfalls mit kühler Distanz gegenüber«, während sich »ihr aktivster Teil« nahezu »vorbehaltlos mit dem anderen Staat auf deutschem Boden, der DDR«, identifiziere.[20]

Als Nolte diese Sätze schrieb, mögen ihm vor allem die Zustände an seiner Heimatuniversität in Marburg vor Augen gestanden haben. Die Philipps-Universität galt seit Ende der sechziger Jahre in den Augen vieler, nicht nur konservativer Hochschullehrer geradezu als Hochburg marxistischer Studentengruppen, die sich vor allem von der persönlichen Ausstrahlungskraft des Politologen Wolfgang Abendroth, eines konsequenten Linkssozialisten und ehemaligen Widerstandskämpfers gegen den Nationalsozialismus, angezogen fühlten.[21] Zwischen Nolte und Abendroths Assistenten Reinhard Kühnl war es um 1970 zu einer heftigen Auseinandersetzung gekommen, die nicht wenig dazu beigetragen haben mag, daß Nolte 1973 Marburg verließ und an die FU Berlin wechselte. Gegenstand der Kontroverse war das Habilitationsverfahren des Abendroth-Schülers, das nach Ansicht Noltes nicht den geltenden akademischen Standards entsprach, da die von Kühnl eingereichten Schriften weniger als wissenschaftliche Abhandlungen, sondern vielmehr als »politische Streitschriften« zu bewerten seien, die noch dazu von »sinnentstellenden Zitaten, unbegründeten Behauptungen und voreiligen Generalisierungen« durchzogen seien.[22] Innerhalb des Gutachtergremiums konnte sich Nolte mit seiner ablehnenden Haltung letztlich jedoch nicht durchsetzen; wenige Tage vor Abschluß des Verfahrens trat er daher im Januar 1971 mit einem an die *Frankfurter Allgemeine Zeitung* adressierten Leserbrief an die Öffentlichkeit und löste damit eine kleine publizistische Kontroverse über die Marburger Zustände aus, die nicht auf die Leserbriefspalten der *FAZ* beschränkt blieb.[23] Daß westdeutsche Ordinarien, so kommentierte die *Zeit*, mit marxistisch gesonnenen Kollegen ihre Probleme hätten, sei an sich nichts Neues, daß sie ihre Grabenkämpfe aber nicht mehr nur »hinter den Kulissen [...], sondern auf offenem Markte« austrügen, sei am »Fall Kühnl« hingegen das Interessante.[24] Der publizistische Einsatz half indes nicht weiter: Das Habilitationsverfahren wurde erfolgreich abgeschlossen und Kühnl kurz darauf am gleichen Ort zum Professor für Politikwissenschaft ernannt. Noltes Versuch, die Öffentlichkeit einzuschalten, um die ›Freiheit der Wissenschaft‹ zu wahren, scheiterte letztlich an genau jener Autonomie der Hochschule, die er durch die Übermacht der Andersdenkenden gefährdet sah. Die Dekanin der Philosophischen Fakultät forderte ihren Kollegen – ebenfalls in einem Leserbrief in der *FAZ* – daher in die akademischen Schranken zurück: »Nolte wird lernen müssen, abweichende wissenschaftliche und hochschulpolitische Meinungen zu tolerieren. Und er wird weiter lernen müssen, Mehrheitsentscheidungen der zuständigen Hochschulgremien zu respektieren, auch wenn sie seiner Meinung nicht entsprechen.«[25]

Die Kontroverse um den ›Fall Kühnl‹ besitzt über ihren anekdotischen, hochschulpolitischen Aspekt hinaus eine sachliche Dimension, die die Angelegenheit geradezu symptomatisch für das Verhältnis von akademischer Historiographie und studentischer Opposition Anfang der siebziger Jahre erscheinen läßt. Denn sowohl Nolte als auch sein jüngerer Widersacher bearbeiteten damals das gleiche Thema: den ›Faschismus‹. Nach 1945 hatten westdeutsche Historiker das Wort eher vermieden und als kommunistischen Kampfbegriff der DDR-Geschichtswissenschaft überlassen. Statt von ›Faschismus‹ sprachen sie lieber von ›Totalitarismus‹, was ihnen ermöglichte, nicht nur den Nationalsozialismus, sondern auch und vor allem den Staatssozialismus sowjetischer Prägung gleich mitzumcinen.[26] Erst mit dem von allen Seiten hochgelobten Werk von Ernst Nolte über den *Faschismus in seiner Epoche* aus dem Jahr 1963 gelang eine Rehabilitierung des Begriffs, um dessen Bestimmung sich Nolte in einem vergleichenden Durchgang durch das Gedankengut der *Action française*, des italienischen Faschismus und des deutschen Nationalsozialismus bemühte.[27] Nicht zu Unrecht forderte Nolte damals, ›Faschismus‹ und ›Bolschewismus‹ zunächst als das wahrzunehmen, was sie für die Zeitgenossen bedeutet hätten, nämlich vor allem als Gegensätze, bevor man sie im Sinne der Totalitarismustheorie auf ihre Gemeinsamkeiten hin befrage.[28] Auf der Grundlage ideologiegeschichtlicher Betrachtungen stellte Nolte daher vor allem den antikommunistischen Charakter des europäischen Faschismus in der Zwischenkriegszeit heraus: »Faschismus ist

Antimarxismus, der den Gegner durch die Ausbildung einer radikal entgegengesetzten und doch benachbarten Ideologie und die Anwendung von nahezu identischen und doch charakteristisch umgeprägten Methoden zu vernichten trachtet [...].«[29] Als fundamentaler Antibolschewismus, dessen Methoden und Mittel er übernehme und dabei zugleich radikalisiere, sei der ›Faschismus‹ aber nicht ohne seinen negativen Bezugspunkt, den Kommunismus, zu denken. Schon in Noltes Frühwerk erscheint der Nationalsozialismus daher letztlich als eine lediglich übersteigerte Reaktion, die ohne ihren Stimulus, den Bolschewismus, kausal nicht verständlich gemacht werden könne. In einem Taschenbuch über *Die faschistischen Bewegungen*, das Nolte drei Jahre später veröffentlichte, heißt es entsprechend apodiktisch: »Es gibt keinen Faschismus ohne die Herausforderung des Bolschewismus.«[30]

Dieser eine Gedanke sollte Noltes Werk in den nächsten dreißig Jahren wie ein roter Faden durchziehen und in immer neuen Varianten von ihm durchgespielt werden. Die Konsequenzen, die diese ›Ableitungstheorie‹, die den Ursprung der faschistischen Bewegungen gewissermaßen auf ein fremdes ideologisches Terrain verlegt, für das Selbstverständnis der deutschen Verantwortungsgemeinschaft für die NS-Verbrechen möglicherweise mit sich bringt, blieben damals undiskutiert. Erst zwanzig Jahre später – im ›Historikerstreit‹ der achtziger Jahre – wurden sie zum Gegenstand öffentlicher Erregung. In den späten sechziger und siebziger Jahren blieb es um die Frage nach Schuld und Sühne in Deutschland hingegen eher still. Denn ›Faschismus‹ bedeutete für die ›Neue Linke‹, die aus den Studentenprotesten Ende der sechziger Jahre hervorgegangen war, nicht so sehr Antisemitismus oder gar ›Holocaust‹, sondern vor allem eins: ›Kapitalismus‹. In mehr oder weniger kritischem Anschluß an die marxistischen Faschismustheorien der Zwischenkriegszeit galten italienischer Faschismus und deutscher Nationalsozialismus bei den Theoretikern der Bewegung im wesentlichen als Ausdruck ungelöster Klassenkonflikte der kapitalistischen Gesellschaft. Dem Diktum Noltes, ›ohne Bolschewismus kein Faschismus‹, setzten sie den berühmten Satz Max Horkheimers entgegen: »Wer aber vom Kapitalismus nicht reden will, sollte auch vom Faschismus schweigen.«[31]

Ganz in diesem Sinne wandte sich – noch vor Abschluß seines Habilitationsverfahrens – nicht zuletzt Reinhard Kühnl gegen die ideengeschichtliche Methode Noltes, der seiner Meinung nach den ›Faschismus‹ solange nicht erklären könne, wie er dessen sozialökonomische Bedingungen außer acht lasse: »Da er lediglich das Geschehen an der politischen Oberfläche beobachtet, kann er politische Veränderungen zwar nachzeichnen, eine befriedigende Erklärung aber nicht liefern.«[32] Denn ›Faschismus‹, so Kühnl ein Jahr später in seinem vielgelesenen Taschenbuch über *Formen bürgerlicher Herrschaft*, sei immer das Produkt »einer sozialökonomischen Krise, die ihrerseits aus Reproduktionsschwierigkeiten des Kapitalismus« hervorgehe.[33] Und solange das kapitalistische Wirtschaftssystem bestehe, bestehe auch die Gefahr des ›Faschismus‹, den Kühnl als eine zweite Variante »bürgerlicher Herrschaft« dem liberalen System zur Seite stellt: »Die sozialökonomischen Grundlagen, aus denen der Faschismus entstehen kann, sind immer noch vorhanden, und es hängt ganz von der konkreten Interessenlage der herrschenden Klasse einerseits und von der Stärke und der politischen Strategie der Linken andererseits ab, ob die Möglichkeit des Faschismus zur Wirklichkeit werden kann.«[34]

Mit diesem Ausblick auf die Gegenwart ist eine weitere fundamentale Differenz zwischen Kühnls Arbeiten und denjenigen Noltes bezeichnet. Denn für letzteren war der ›Faschismus‹ ein rein historisches Phänomen, dessen Analyse auf ›seine Epoche‹, die Zeit bis 1945, beschränkt blieb. Seine aufgebrachten Studenten sahen in dieser zeitlichen Begrenzung jedoch geradezu eine »Verhinderung eines angemessenen Verständnisses der gegenwärtigen geschichtlichen Entwicklung«, wie man einer studentischen ›Vorlesungsrezension‹ entnehmen konnte, denn für sie war der ›Faschismus‹ so lange nicht besiegt, wie es den ›Kapitalismus‹ gab.[35] Die Arbeiten Kühnls erschienen dem Präsentismus der Studenten demgegenüber wesentlich näher, hatte der angehende Professor für Politische Wissenschaften doch über den Aufstieg der 1964 gegründeten rechtsradikalen ›Nationaldemokratischen Partei Deutschlands‹ (NPD) gearbeitet, die zwischen 1966 und 1968 mit aufsehenerregendem Erfolg in immerhin sieben Landesparlamente eingezogen war.[36] Für den Marburger Politologen war der ›Faschismus‹ damit zu einer konkreten politischen Gefahr der Gegenwart geworden, die für ihn auch nach der Niederlage der NPD bei den Bundestagswahlen 1969 und den darauffolgenden Landtagswahlen nichts von ihrer Bedrohung eingebüßt hatte. Der von Kühnl und anderen unternommene Versuch, den Begriff ›Faschismus‹ über seinen historischen Phänomenbestand hinaus auf tagespolitische Fragen und Auseinandersetzungen zu übertragen, stieß jedoch nicht nur bei Nolte auf deutliche Ablehnung.[37] Mitte der siebziger Jahre wandte sich ebenso Karl Dietrich Bracher energisch gegen den seiner Meinung nach mittlerweile modischen »Gebrauch des Zauberwortes Faschismus«, das gegenwärtig »Anwendung auf alle ungewünschten Regime, von Griechenland über Chile und Brasilien bis hin zu den USA, und dies Jahrzehnte nach dem Ende des authentischen Faschismus«, finde.[38] Ähnlich deutliche Worte gegen die »begriffliche Verwilderung«[39] der ›Faschismus‹-Theorie fanden aus der jüngeren Historiker-Generation Wolfgang Schieder, Heinrich August Winkler und Helga Grebing, die allesamt die Empirieferne der marxistischen Faschismusanalysen und damit ihre Ideologieanfälligkeit bemängelten.[40] Denn über ›Faschismus‹ ließ sich leicht reden, wenn man die zwei oder drei handelsüblichen Reader zur Faschismustheorie durchgearbeitet hatte,[41] schwieriger war es hingegen, wenn man sich nicht nur mit der theoretischen Reflexion, sondern auch mit der konkreten Erforschung der jeweiligen Herrschaftspraxis in den unterschiedlichen diktatorischen Regimen beschäftigen wollte: Die Differenzen zwischen italienischem Faschismus, deutschem Nationalsozialismus und den Militärdiktaturen Lateinamerikas waren letztlich zu groß, um sie theoretisch überzeugend unter einem gemeinsamen Oberbegriff zusammenfassen zu können. Wenn sich aber Aussagen über die Geschichte nicht durch ihren empirischen Gehalt, sondern lediglich »durch die Funktion legitimieren müssen, die sie für vorgefaßte Gegenwartszwecke haben«, dann, so Heinrich August Winkler in aller Schärfe, »werden diese Aussagen zur Ideologie«.[42]

Der Verlust der Bildungsmacht

Die Diskussion um den ›Faschismus‹-Begriff war letztlich aber nur ein Symptom neben anderen, die eine grundsätzliche Verschiebung des öffentlichen Interesses an der Geschichte anzeigten. So konstatierte Karl Dietrich Bracher im Zusammenhang mit der Faschismusdebatte eine über den bloßen Expertenstreit hinausgreifende, allgemein zu beobachtende »Tendenz zur Generalisierung und Theoretisierung historisch-politischer Vorgänge«,[43] die das Selbstverständnis der Geschichtswissenschaft insgesamt in Frage stellte. Im Gefolge des Studentenprotestes, der sich in der Sprache und Begrifflichkeit einer auf die Gegenwart gerichteten marxistischen Gesellschaftsanalyse artikulierte, verlor die Geschichtswissenschaft somit schließlich ihre aus den Zeiten Gerhard Ritters überlieferte Selbstverständlichkeit als leitende »Bildungsmacht«. Hatte diesem die »Historie« noch uneingeschränkt als »Lehrmeisterin der sozialen Wirklichkeit« gegolten,[44] so ging dieser Leitanspruch spätestens Anfang der siebziger Jahre auf die systematischen, theoriegeleiteten Sozialwissenschaften über.

Das beste Beispiel hierfür dürfte die Verabschiedung der »Rahmenrichtlinien« für »Gesellschaftslehre« in der Sekundarstufe I durch den Hessischen Kultusminister im Jahr 1972 sein. Die Richtlinien sahen vor, Geschichte als eigenständiges Fach an den Gymnasien abzuschaffen und in den neu einzurichtenden Lehrbereich »Gesellschaftslehre« zu integrieren, der wiederum aus vier thematischen Lernfeldern (»Sozialisation«, »Wirtschaft«, »öffentliche Aufgaben« und »innergesellschaftliche Konflikte«) bestehen sollte.[45] Die thematische Aufteilung der Lernfelder zeigt bereits den angestrebten Vorrang systematisch-sozialwissenschaftlicher Fragestellungen, zu denen die Geschichtswissenschaft dann nur mehr das illustrative Material liefern sollte. Das Bekanntwerden der hessischen Rahmenrichtlinien und vergleichbarer Vorschläge aus anderen Bundesländern schlug bereits vor ihrer Veröffentlichung hohe Wellen und stieß bei dem Historikerverband sowie dem ›Verband der Geschichtslehrer Deutschlands‹ auf einhellige Ablehnung: »Der Aufgabe, historisches Bewußtsein zu erwecken«, so war in einer gemeinsamen Stellungnahme zu lesen, könne »der Geschichtsunterricht nur gerecht werden, wenn Schüler und Lehrer Zeit zu gründlicher Arbeit« hätten, d.h. wenn ihnen mindestens eine »Jahreswochenstundenzahl von zwei bis drei Stunden« zur Verfügung stünde.[46] Eine »Vollintegration« der Geschichte in ein umfassendes, gesellschaftswissenschaftliches Unterrichtsfach liefe hingegen, so die Geschichtsdidaktiker Karl-Ernst Jeismann und

Erich Kosthorst 1973, auf eine »Liquidation der Möglichkeit« hinaus, »aus aufgearbeiteter Vergangenheit zu lernen«: »Vor diesen Plänen ist nicht nur aus wissenschaftlicher und didaktischer, sondern auch aus politischer Verantwortung zu warnen.«[47] Ein Jahr später erneuerte Werner Conze, seit 1972 Vorsitzender des Historikerverbandes, auf dem Historikertag in Braunschweig den Anspruch auf schulischen Geschichtsunterricht, denn gerade der »heranwachsende Mensch unserer Zeit« bedürfe eines breiten und tiefen »Zugangs zur geschichtlichen Erfahrung«: »Der Verzicht auf historisches Bewußtsein befreit nicht von unnötigem Wissensballast, sondern macht den Menschen blind gegenüber seiner eigenen Entwicklung und verkürzt das Denken und die Urteilsbildung.«[48]

Schärfer noch als Conze ging schließlich Thomas Nipperdey, der 1973 Vorsitzender des ›Bundes Freiheit der Wissenschaft‹ geworden war, mit den Rahmenrichtlinien ins Gericht. Auf Bitten des Hessischen Elternvereins legte er zusammen mit dem Philosophen Hermann Lübbe – auch er im BFW aktiv – ein Gutachten zu den Rahmenrichtlinien vor, das weit über die Kritik des Historikerverbandes hinausging.[49] Die beiden Gutachter wandten sich darin nicht nur gegen die Auflösung des Unterrichtsfachs ›Geschichte‹ zugunsten einer interdisziplinär angelegten »Gesellschaftslehre«, sondern nahmen zugleich auch dezidiert gegen die in den Richtlinien genannten Lernziele Stellung, die unter Hinweis auf das Grundgesetz die kritische Beurteilung gesellschaftlicher Strukturen und die Befähigung zur Mitbestimmung im politischen Entscheidungsprozeß in den Mittelpunkt rückten. Der unterrichtspraktische Teil der Richtlinien war dementsprechend vor allem auf die kritische Reflexion von Interessengegensätzen, sozialen Machtverhältnissen und innergesellschaftlichen Konflikten ausgerichtet. Nipperdey und Lübbe sahen in dieser Fokussierung einen, wie sie schrieben, unerträglichen »Konfliktmonismus« am Werk, der von der Gesellschaft nur noch ihr Konfliktpotential übriglasse: »Von der Tatsache des Konsensus, der genauso wie Konflikte das Leben unserer Gesellschaft bestimmt, von der Tatsache, daß Konflikte gelöst und bewältigt werden, davon ist nicht die Rede, das bleibt den Schülern vorenthalten, sie sollen den Konflikt als das Normale erfahren.«[50] Durch die permanente Aufforderung zu moralischer Kritik werde zudem eine »falsche Zweiteilung der Interessen in gute und böse« gefördert, die die Einsicht in den historischen Prozeß verstelle und letztlich einem »Freund-Feind-Modell der Gesellschaft« Vorschub leiste, wie es, so Nipperdey und Lübbe, bereits »der faschistischen Kritik an der liberalen Gesellschaft zugrunde lag«.[51] Im Geiste einer »unaufgeklärten Aufklärung« spreche aus den Rahmenrichtlinien so nur die »Arroganz eines pseudokritischen Bewußtseins, das sich auf Rationalität, Wissenschaft und ›Demokratiegebot‹ des GG beruft, tatsächlich aber auf einer vagen ideologischen Gesellschaftsdeutung, ungeklärten Wertungen, einem irrationalen Veränderungsaktionismus und einer Vielzahl ungeklärter wissenschaftlicher Begriffe beruht«.[52] Am »Ausgang der Schule« – so warnten die Vordenker des BFW – »wartet der Spartakus«.[53]

Der Streit um die hessischen Rahmenrichtlinien, die mehrmals überarbeitet wurden, bevor ein Urteil des Hessischen Staatsgerichtshofs im Dezember 1981 einen kontinuierlichen und eigenständigen Geschichtsunterricht bis zum Abitur festschrieb, zeigt, wie sehr die Geschichtswissenschaft in den frühen siebziger Jahren in die Defensive geraten war: Anstatt bildungsbürgerliche Leitfunktionen zu übernehmen, mußte sie um ihr bloßes Überleben als Unterrichtsfach, um ihre disziplinäre Selbstbehauptung kämpfen. Nicht zufällig trägt eine Vielzahl von Vorträgen und Publikationen der damaligen Zeit die skeptisch fragenden Titel »Wozu noch Historie?«, »Wozu noch Geschichte?«, »Geschichte – wozu?«.[54] Immer drehte es sich dabei um die Frage nach der ›Relevanz‹ geschichtswissenschaftlicher Forschung für die Probleme der Gegenwart, nach der »Funktion der Geschichte in unserer Zeit«, wie ein zeittypischer Aufsatzband tituliert ist.[55] Klagen über den drohenden »Verlust der Geschichte« waren zwar nicht neu und gehörten seit langem zum Repertoire konservativer Kulturkritik,[56] Anfang der siebziger Jahre jedoch war die Lage insofern eine andere, als es sich nun nicht mehr nur um ein Lamento über die Welt außerhalb der Zunft handelte, sondern diese selbst ganz fundamental betroffen war. So hatte Reinhart Koselleck die Frage »Wozu noch Historie?« bereits auf dem Kölner Historikertag 1970 auch im Hinblick auf die Daseinsberechtigung des eigenen Fachs gestellt, dessen Gegenstand unter den systematischen Einzelwissenschaften (Soziologie, Politologie, Linguistik etc.) zunehmend aufgeteilt werde: Es drohe die Abwertung der Historie, so Koselleck, zu einer »Art Hilfs- und Ergänzungswissenschaft« in einer weitgehend »enthistorisierten Fakultät«.[57]

Die Frage nach dem Verhältnis von Geschichtswissenschaft und systematischen Sozialwissenschaften war in der Tat zentral für die innerfachlichen Debatten zu Beginn der siebziger Jahre. So hatten die Gesellschaftswissenschaften nach einem langen Abwehrkampf in den fünfziger und sechziger Jahren ihren Platz im Fächerkanon der deutschen Universität ausbauen und eine dritte akademische ›Kultur‹ jenseits von Natur- und Geisteswissenschaft etablieren können.[58] Die neue Dreiteilung der akademischen Welt erfuhr 1965 in der Frankfurter Antrittsvorlesung von Jürgen Habermas eine theoretische Reflexion, der für jede der drei Fachgruppen ein je spezifisches Erkenntnisinteresse statuierte: Während die Naturwissenschaften auf die »technische Verfügung« über die äußere Welt und die Geisteswissenschaften auf den »Erhalt« und die »Erweiterung« von »Verständigung« hin angelegt seien, zielten die »systematischen Handlungswissenschaften, nämlich Ökonomie, Soziologie und Politik«, so Habermas, auf die Veränderung bestehender sozialer Verhältnisse. Gerade den Sozialwissenschaften komme damit ein, wie er schrieb, »emanzipatorisches« Erkenntnisinteresse zu, das sie gegenüber den Geistes- und Naturwissenschaften auszeichne.[59]

Für die Geschichtswissenschaft stellte sich damit aber – sofern man überhaupt der Typisierung von Habermas folgen wollte – die Frage, zu welchem Wissenschaftstyp sie eigentlich gehörte oder gehören sollte: War sie Teil der hermeneutischen Geisteswissenschaften oder der kritisch-emanzipatorischen Sozialwissenschaften? In dieser Frage lag der eigentliche Kern der von Theodor Schieder als »dritte große Grundlagendiskussion« der deutschen Geschichtswissenschaft bezeichneten Theoriedebatte der frühen siebziger Jahre.[60] In der Diskussion um den Stellenwert der Geschichtswissenschaft zwischen Traditionswahrung und Kritik zeichneten sich im Verlauf der Debatte zwei entgegengesetzte Positionen ab, für die einmal mehr die Namen Hans-Ulrich Wehler und Thomas Nipperdey stehen können. Während Nipperdey, wie wir oben anhand der Diskussion um die hessischen Rahmenrichtlinien gesehen haben, entschieden vor einer Überbetonung des kritischen Aspektes warnte, verortete Hans-Ulrich Wehler die Geschichtswissenschaft dezidiert auf der Seite der ›kritisch-emanzipatorischen‹ Sozialwissenschaften: Mit explizitem Verweis auf die Vordenker der ›Kritischen Theorie‹ unternahm Wehler Ende der sechziger, Anfang der siebziger Jahre den Versuch, Geschichtswissenschaft in ihrem Sinn als eine »kritische Gesellschaftswissenschaft« zu etablieren. Nicht als hermeneutische Geisteswissenschaft wollte er sie länger verstanden wissen, sondern als eine, wie er schrieb, »historische Sozialwissenschaft«, die im engen Verbund mit den benachbarten systematischen Handlungswissenschaften arbeiten und die »emanzipatorische Aufgabe einer kritischen Geschichtswissenschaft« verfolgen sollte.[61] Wehler hoffte, der Geschichtswissenschaft so ihre alte Orientierungsfunktion, wenn auch unter kritischem Vorzeichen, zurückgeben zu können und die »Pflicht« des Historikers zu »politischer Pädagogik«, wie er in Übernahme eines Wortes von Theodor Mommsen schrieb, zu erneuern:[62] »Die emanzipatorische Aufgabe einer derart verstandenen Geschichtswissenschaft«, so heißt es in Wehlers Einleitung zu seinem Buch über *Das Deutsche Kaiserreich* von 1973, »besteht dann darin, ideologiekritisch den Nebel mitgeschleppter Legenden zu durchstoßen und stereotype Mißverständnisse aufzulösen, die Folgen von getroffenen oder die sozialen Kosten von unterlassenen Entscheidungen scharf herauszuarbeiten und somit für unsere Lebenspraxis die Chancen rationaler Orientierung zu vermehren, sie in den Horizont sorgfältig überprüfter historischer Erfahrungen einzubetten«.[63]

Nipperdey sah in Wehlers Entwurf einer ›emanzipatorischen‹ Geschichtswissenschaft hingegen weniger das Erbe Theodor Mommsens, des großen liberalen Althistorikers, verwirklicht als vielmehr dasjenige seines preußisch-nationalistischen Gegenspielers: Wehler, so Nipperdey, verhalte sich wie ein »Treitschke redivivus«, der das Urteil an die Stelle des Verstehens setze. »Die immer neue Entlarvung der Groß- und Urgroßväter (nicht als Personen, aber als Gruppen und Klassen), der unermüdliche Prozeß gegen sie, ein Prozeß, in dem der Historiker Ankläger und Richter und Gesetzgeber in einer Person ist, ist immer noch die große Sache«, urteilte der mittlerweile in München lehrende Nipperdey in einer Rezension von Wehlers *Kaiserreich*-Buch.[64] Gegenüber den Verfechtern der ›historischen Sozialwissenschaft‹, die sich ausdrücklich »jenseits des Historismus« verorteten,[65] plädierte Nipperdey vielmehr für eine behutsame Erneuerung der hermeneutisch-historistischen Position und damit für einen bewußten Verzicht auf »politisch-pädagogische Beurteilung oder Empörung«.[66] Gerade jene, die die »gesellschaftliche Relevanz« der Geschichtsschreibung immerzu im Munde führten und mit vorgefertigten Werturteilen an die Geschichte herangingen, so der BFW-Vorsitzende, verkürzten Funktion und Aufgabe der Historie, die gegenüber den Machbarkeitsphantasien der Gegenwart eher zu Skepsis und Behutsamkeit mahnen sollte: »Diese Relativierung gegenwärtiger Absolutheitsansprüche an die Zukunft, auch wenn sie im Namen der menschlichen Freiheit auftreten, diese Skepsis gegen ein Totum von Wissen und Wißbarkeit, ist gerade die Bedingung dafür, die endliche und relative Freiheit des Menschen und die schöpferischen Möglichkeiten, die Kreativität, in einer offenen Zukunft aufrechtzuerhalten.«[67]

Nipperdeys Rezension von Wehlers *Kaiserreich*-Buch war im ersten Jahrgang der Zeitschrift *Geschichte und Gesellschaft (GG)* erschienen, die u.a. von den beiden Bielefelder Historikern Hans-Ulrich Wehler und Jürgen Kocka gemeinsam mit Wolfgang J. Mommsen und anderen sozialwissenschaftlich orientierten Historikern herausgegeben wurde und mit der sich die ›Bielefelder Schule‹, wie die Vertreter der ›historischen Sozialwissenschaft‹ bald genannt wurden, 1975 eine eigene fachpublizistische Plattform schuf. In den Arbeiten der um die Zeitschrift gruppierten Historiker spielte die Sozialgeschichte, oder besser: ›Gesellschaftsgeschichte‹, wie sie in Abgrenzung zu älteren sozialgeschichtlichen Ansätzen nun genannt wurde, eine zentrale Rolle und ergänzte als zweiter methodischer Pfeiler den ›Primat der Innenpolitik‹, zu dem sich Wehler und andere am Ausgang der Fischer-Kontroverse bekannt hatten.[68] So wurden historische Prozesse von den Vertretern der ›Bielefelder Schule‹ vor allem als Resultate innergesellschaftlicher Spannungen und sozialökonomischer Faktoren gedeutet, denn in ihren Augen spielte die »Gesellschaft im engeren Sinn, also jenes Teilsystem von sozialökonomisch vermittelten Bedürfnissen, Interessen, Abhängigkeiten, Kooperationen und Konflikten«, wie Jürgen Kocka schrieb, eine »maßgebliche« und andere Bereiche, wie Politik und Kultur, »prägende (wenn auch umgekehrt von diesen geprägte) Rolle«.[69] Gerade hinsichtlich der Erklärung des ›deutschen Sonderwegs‹, die sich Wehler und andere am Ende der Fischer-Kontroverse auf die Fahnen geschrieben hatten, erschien der gesellschaftsgeschichtliche Ansatz als methodischer Königsweg, ließen sich mit seiner Hilfe doch die entscheidenden strukturellen Abweichungen der deutschen Nationalgeschichte von den Mustern westeuropäischer Modernisierung deutlich machen, ohne sich – wie Fischer und seine Kontrahenten zehn Jahre zuvor – im historischen Gestrüpp diplomatischer Verwicklungen und persönlicher Verfehlungen zu verlieren. Statt dessen fragten die Protagonisten der ›Gesellschaftsgeschichte‹ nach den großen sozialen Kräften und Tendenzen innerhalb der deutschen Geschichte, nach Elitenbündnissen und den Beharrungskräften vorindustrieller Schichten, die sie für die fehlgeschlagene Demokratisierung des Kaiserreichs und damit für den Fortbestand autoritärer politischer Strukturen in Deutschland verantwortlich machten.[70]

Das Programm der ›historischen Sozialwissenschaft‹, sämtliche geschichtlichen Phänomene unter dem ›Primat der Innenpolitik‹ und der ›Gesellschaftsgeschichte‹ zu betrachten, traf jedoch keineswegs unter allen jüngeren Historikerinnen und Historikern auf ungeteilte Zustimmung. Vor allem aus den Reihen der politikgeschichtlichen Forschung meldete sich früh Argwohn. So warnte Andreas Hillgruber bereits 1972 auf dem Regensburger Historikertag vor einem vom studentischen Zeitgeist getragenen »Überwuchern« der Politikgeschichte durch das gesellschaftsgeschichtliche Modell. Gerade die Analyse politischer Prozesse müsse jedoch »weitere, von der Sozialgeschichte auf Grund ihres andersartigen Ansatzes nicht erfaßbare Elemente der politischen Entscheidungen in ihre Analysen« miteinbeziehen, insbesondere »das Maß an relativer Entscheidungsfreiheit« der politischen Akteure, das eine thesen- und theoriefixierte ›Gesellschaftsgeschichte‹ nicht in den Blick bekomme.[71] Auf Hillgrubers polemisch gewürzte Auseinandersetzung mit dem Bielefelder Modell antwortete Wehler, nicht minder scharf, im ersten Jahrgang von *Geschichte und Gesellschaft*, als er sich dezidiert gegen eine methodische Bevorzugung der Politikgeschichte aussprach, die er lediglich als »Teildisziplin von Gesellschaftsgeschichte« gelten lassen wollte.[72] Dem Bielefelder Historiker antwortete dann ein Jahr später der damals in Frankfurt lehrende Neuzeithistoriker Klaus Hildebrand, der sich ebenso wie Hillgruber für eine eigenständige politik- und diplomatiegeschichtliche Forschung aussprach und Wehlers Modell der ›Gesellschaftsgeschichte‹ in der *Historischen Zeitschrift* als einen

neuen, politisch links orientierten »Herrschaftsanspruch« in der
deutschen Geschichtswissenschaft anprangerte – ein Vorwurf,
den Wehler kurze Zeit später an gleicher Stelle scharf zurück-
wies.[73]
Im Streit um die Reichweite des gesellschaftsgeschichtlichen
Ansatzes zeichnete sich Mitte der siebziger Jahre eine deutliche
Lagerbildung innerhalb der deutschen Geschichtswissenschaft
ab, die den Frontverlauf des zehn Jahre später erbittert geführten ›Historikerstreits‹ bereits vorkonturierte. Während sich auf
der einen Seite die Vertreter der ›historischen Sozialwissenschaft‹ versammelten, die sich im Bewußtsein der Wertgebun-
denheit ihres Standpunktes zur ›Pflicht politischer Pädagogik‹
sowohl in ihrem wissenschaftlichen Werk als auch in ihrem öffentlichen Auftreten bekannten, gruppierten sich auf der anderen Seite nicht minder prominente Neuzeithistoriker wie Thomas Nipperdey, Andreas Hillgruber und Klaus Hildebrand, die
unablässig vor einer Politisierung der Wissenschaft warnten. Im
Unterschied zu den Vertretern der ›Bielefelder Schule‹, die die
Grenze zwischen politisch-sozialer Lebenswelt und Wissenschaft
wenn auch nicht abtragen, so doch im Sinne einer Reflexion auf
ihre ›erkenntnisleitenden Interessen‹ transparent machen wollten, arbeiteten sie im Sinne des bekannten *boundary work* an
einer deutlichen Markierung und Abschottung der Grenze zwischen Wissenschaft und Gesellschaft. Auch wenn außerwissen-
schaftliche Kräfte für die Generierung von Fragestellungen eine
wichtige Rolle spielten, so argumentierte Thomas Nipperdey,
bleibe die »Geltung« wissenschaftlicher Aussagen von ihrer »Ge-
nese« doch unabhängig: Die Objektivität der Erkenntnis werde
allein durch die intersubjektive Überprüfbarkeit verbürgt, nicht
durch den politischen Standort des Forschers.[74] Für Andreas
Hillgruber erübrigte sich damit in der Debatte um die Inhalte die
Kritik an den politischen Hintergrundüberzeugungen des Historikers: »Es gibt folglich keine ›reaktionären‹ oder ›fortschrittlichen‹ Forschungsergebnisse und davon abgeleitet: ›reaktionäre‹
oder ›fortschrittliche‹ Lehrinhalte.«[75]
Jürgen Habermas nannte dieses Denkschema, das die wissenschaftliche Forschung von den Wertdiskussionen innerhalb der
Gesellschaft abzukoppeln versuchte, das »Quarantänemodell«
der Wissenschaft: Nur »durch strenge Isolierung«, so Habermas
bereits 1969, meinten dessen Verfechter, die Wissenschaft »ge-

gen politische Ansteckungsgefahren« immunisieren zu können.[76]
Demgegenüber plädierte er für eine Selbstreflexion der wissenschaftlichen Praxis auf ihre eigenen normativen Grundlagen,
denn die Spielregeln der wissenschaftlichen Kritik verpflichteten
den Wissenschaftler auf Standards des rationalen Argumentierens, für die er auch in der Öffentlichkeit einstehen sollte. »Zu
den Prinzipien geschichtswissenschaftlichen Arbeitens«, so konkretisierte Jürgen Kocka einige Jahre später, gehörten »unbegrenzte und relativ autonome Diskussion, die Ablehnung von
empirisch oder argumentativ nicht hinreichend begründeten Sätzen, die Bereitschaft zur (gegebenenfalls radikalen) Revision
vorwissenschaftlicher Ausgangspunkte« und vieles mehr. Wissenschaft setze damit aber »ein Minimum an Liberalität und
Herrschaftsfreiheit, an Rechtsstaatlichkeit und Aufgeklärtheit
innerhalb der Gesellschaft voraus«, um deren Fortbestand und
Ausbau die Historiker sich bereits in ihrem eigenen fachlichen
Interesse bemühen sollten.[77] Insofern wird man Hans-Ulrich
Wehlers Plädoyer für eine offene wissenschaftliche Streitkultur,
mit dem er 1977 auf die Kritik an seinem *Kaiserreich*-Buch reagierte, auch als einen Beitrag zu der von ihm eingeforderten ›politischen Pädagogik‹ des Historikers in der Öffentlichkeit verstehen dürfen: »Wer sich […] mit zugespitzten Thesen exponiert,
auch selber gern polemisiert, sollte Gegenkritik und -polemik
für eine zu erwartende Reaktion halten. Ich tue das eine und betrachte das andere als eine Selbstverständlichkeit. Das gilt um so
mehr, wenn man der Meinung ist, daß offen ausgetragene Kontroversen auch den wissenschaftlichen Diskurs, an dem wir uns
alle zu beteiligen versuchen, erfahrungsgemäß voranbringen
können. Sie führen ihn jedenfalls oft sichtbarer weiter als die
frühzeitig harmonisierende, sogenannte ausgewogene, tatsächlich aber oft meinungs- und konfliktscheue Darstellung. Insofern fördern Kontroversen, da sie zu einer argumentativen
Auseinandersetzung zwingen, im Effekt die Diskussionsrationalität.«[78]

Zehn Jahre später erreichte der ›Historikerstreit‹, in dem wiederum Habermas, Wehler, Hillgruber und Nipperdey zentrale
Rollen spielen sollten, seinen Höhepunkt. Wiederum ging es um
die Frage nach der gesellschaftlichen Verantwortung des Historikers und nach den Grenzen des Fachs, doch schien die ›Diskussionsrationalität‹ im Vergleich zu den vorangegangenen

Debatten kaum gesteigert. Allerdings entzündete sich die Auseinandersetzung nun zum ersten Mal – nach den Umwegen über die Fischer-Kontroverse und die Theoriedebatte der siebziger Jahre – am zentralen negativen Fixpunkt der jüngeren deutschen Nationalgeschichte: dem Holocaust.

Literaturempfehlungen

Jürgen Habermas, Kleine politische Schriften I–IV, Frankfurt a. M. 1981.

Rüdiger Hohls, Konrad H. Jarausch (Hg.), Versäumte Fragen. Deutsche Historiker im Schatten des Nationalsozialismus, Stuttgart/München 2000.

Thomas Nipperdey, Gesellschaft, Kultur, Theorie. Gesammelte Aufsätze zur neueren deutschen Geschichte, Göttingen 1976.

Hans-Ulrich Wehler, Das Deutsche Kaiserreich 1871–1918, Göttingen 1973.

Wolfgang Wippermann, Faschismustheorien. Die Entwicklung der Diskussion von den Anfängen bis heute, Darmstadt [7]1997.

4. Der ›Historikerstreit‹:
Grabenkampf in der Geschichtskultur

Das Jahr ›1968‹ markiert in der Chronik der bundesrepublikanischen Geschichtswissenschaft nur eine geringe Zäsur. Abge-
sehen von versprengten ›K-Gruppen‹, die den Kampf gegen die
Ordinarienuniversität mit einem Kleinkrieg gegen die Person des
Seminarleiters verwechselten, kehrte in der Geschichtswissenschaft bald wieder Ruhe ein. Bereits 1970 verlief der Historikertag in Köln ohne größere Zwischenfälle: »Versuche einer kleinen
Gruppe, einige Veranstaltungen zu stören«, so war im offiziellen
Tagungsbericht zu lesen, »fanden bei den Teilnehmern keine
Resonanz und wurden bald aufgegeben«.[1] Die Wirkungen der
Studentenproteste waren, wie in anderen Bereichen der Gesellschaft auch, eher langfristiger Natur und überlagerten sich mit
allgemeinen politischen und gesellschaftlichen Strukturver-
änderungen. Auch die Formierung der ›historischen Sozialwissenschaft‹, die in ihrer Sprache einiges aus der Rhetorik der
Studentenproteste und der ›Neuen Linken‹ aufnahm, läßt sich
ursächlich kaum auf den Impuls von 1968 zurückführen, reich-
ten ihre intellektuellen Ursprünge doch weit hinter dieses Datum
zurück.

Wie in anderen Disziplinen kehrte in der Geschichtswissenschaft der Lehrbetrieb schnell wieder in die gewohnten Bahnen
zurück. Ein Hauch von ›Achtundsechzig‹ regte sich in den historischen Instituten erst wieder viele Jahre später, als es den Vertretern der ›Alltagsgeschichte‹ Anfang der achtziger Jahre
gelang, mit ihren methodisch unorthodoxen ›Geschichtswerk-
stätten‹ und Interventionen in den lokalen politischen Raum das
akademische ›Establishment‹ empfindlich zu irritieren.[2] So wie
Anfang der siebziger Jahre Thomas Nipperdey und andere gegen
den ›emanzipatorischen‹ Anspruch der ›Bielefelder Schule‹ zu
Felde gezogen waren, polemisierte nun Hans-Ulrich Wehler
gegen das Auftauchen von »alternativkulturellen ›Barfußhistori-

kern‹« am Rande der Zunft. Neben methodischen Bedenken äußerte er den Verdacht, daß sich unterhalb der »grünlich schil-
lernden Seifenblasen« der ›Alltagsgeschichte‹ ein zutiefst konser-
vatives Geschichtsinteresse erneut zu regen beginne: Der »Ruf
nach ›Geborgenheit‹, ›Heimat‹, ›Wurzeln‹, ›Identität‹« werde
lauter und zeige, daß ein »romantisierender Neohistorismus« in
der Bundesrepublik wieder Raum gewinne.[3] In der Tat: Die Beschäftigung mit der Vergangenheit war Mitte der achtziger Jahre in die Öffentlichkeit zurückgekehrt, allerdings keineswegs so,
wie es sich die Vertreter der ›historischen Sozialwissenschaft‹
zehn Jahre zuvor gewünscht hatten.

›Tendenzwende‹ oder ›Entsorgung der Vergangenheit‹?

Als Wehler zum rhetorischen Schlag gegen die ›Alltagsgeschichte‹ ausholte, lag die Aufbruchstimmung der späten sechziger
und siebziger Jahre bereits einige Zeit zurück. Obwohl ein Großteil der ›Neuen Linken‹ den Gang durch die Institutionen mit
zum Teil bemerkenswertem persönlichem Erfolg angetreten hatte, kamen in linksliberalen Kreisen bereits Mitte der siebziger
Jahre Ängste vor einer neokonservativen »Tendenzwende«
auf.[4] Die Wirtschaftskrise im Gefolge des Ölpreisschocks von
1973, die Ablösung des Visionärs Willy Brandt durch den kühlen
Pragmatiker Helmut Schmidt im Amt des Bundeskanzlers im
Jahr darauf sowie die wachsende Bedrohung durch den links-
extremen Terrorismus, der im Jahr 1977 seinen traumatisieren-
den Höhepunkt fand, schienen den konservativen Fortschritts-
skeptikern recht zu geben; die Zukunftsentwürfe der Linken
wirkten demgegenüber – nicht einmal zehn Jahre nach dem Auf-
bruch von 1968 – bereits seltsam antiquiert: Nicht Visionen, so
Hermann Lübbe, »sondern ernüchterte Zustimmung zum Fäl-
ligen« brauche das Land.[5]
    So einfach ließ sich die Fraktion der ›kritisch-emanzipatori-
schen‹ Denker jedoch die Deutungsmacht über den Zeitgeist
nicht aus der Hand nehmen. Jürgen Habermas und andere
warnten vielmehr eindringlich vor den Gefahren einer ›Neuen
Rechten‹, die die geistige Auseinandersetzung in den Feuilletons
zu beherrschen beginne und, so Habermas, geradezu einen »pa-
ramilitärischen Einsatz an der semantischen Bürgerkriegsfront«
plane.[6] Die »Tendenzschriftsteller«, so schrieb der Frankfurter

Sozialphilosoph in dem von ihm 1979 herausgegebenen Doppel-
band *Stichworte zur ›Geistigen Situation der Zeit‹*, erklärten
mittlerweile offensiv »ihr Interesse an der Besetzung von Wort-
feldern, an Benennungsstrategien, an der Rückeroberung von
Definitionsgewalten, kurz, an Ideologieplanung mit Mitteln der
Sprachpolitik«.[7] Dieser ›Neuen Rechten‹ stellte Habermas mit
seinen *Stichworten* nun ein beeindruckendes Aufgebot linksliberaler Intellektueller entgegen, die es mit ihren Gegnern aus dem
konservativen Lager an polemischem Potential durchaus aufzunehmen wußten.[8]

Aus der Geschichtswissenschaft meldeten sich in den *Stichworten* Hans-Ulrich Wehler, Wolfgang J. Mommsen sowie dessen in Bochum lehrender Bruder Hans Mommsen zu Wort, die
bereits zu dieser Zeit ihre Gegner im späteren ›Historikerstreit‹
anvisierten: Während Wolfgang J. Mommsen zunächst noch
ganz allgemein vor den Gefahren einer konservativen »Tendenzwende« für die politische Kultur der Bundesrepublik warnte,[9]
schlug Wehler bereits an dieser Stelle deutlichere Töne an: Seine
Kritik galt, wie nicht anders zu erwarten, vor allem Andreas
Hillgruber und Klaus Hildebrand, mit denen er bereits einige
Jahre zuvor im Streit um die Politikgeschichte aneinandergera-
ten war.[10] In einem Zeitschriftenessay aus den frühen achtziger
Jahren erneuerte Wehler noch einmal seine Bedenken gegenüber
einer reinen Kabinetts- und Diplomatiehistorie und bezog diesmal neben Hillgruber auch den Erlanger Historiker Michael
Stürmer in seine Kritik mit ein: Dessen Betonung der deutschen
›Mittellage‹ in Europa, so Wehler, befördere eine Restitution
des ›Primats der Außenpolitik‹ und arbeite zugleich einer Wie-
derbelebung geopolitischer Argumentationsweisen vor.[11]

Waren damit bereits Anfang der achtziger Jahre mit Hillgruber, Hildebrand und Stürmer die zentralen Gegner der ›Bielefelder Schule‹ im späteren ›Historikerstreit‹ benannt, so geriet
zunehmend auch Ernst Nolte, auf dessen Werk sich die spätere
Debatte konzentrieren sollte, ins Zielfeld der linksliberalen Hi-
storikerkritik. Während sich Wehler in seinem Beitrag zu den
Stichworten zur ›Geistigen Situation der Zeit‹ zunächst noch
durchaus positiv auf Nolte bezog,[12] waren dem NS-Spezialisten
Hans Mommsen die neueren Akzentsetzungen im Werk des Berliner Zeithistorikers, die diesen in den folgenden Jahren immer
mehr ins Abseits der Zunft führen sollten, nicht verborgen ge-

blieben. »Der Versuch Ernst Noltes«, so Mommsens Stellungnahme in dem Habermas-Band, den Holocaust »mit äußerlich
vergleichbaren Fällen von bewußtem Genozid in Verbindung zu
bringen«, sei in Kollegenkreisen bereits mit einiger Kritik be-
dacht worden.[13] Mommsen spielte hier auf Noltes 1974 erschie-
nenes Werk *Deutschland und der Kalte Krieg* an, in dem der
Berliner Faschismusexperte von einer »Pluralität der Hitlerzeit«
gesprochen hatte, da diese, wie er meinte, ihrem Wesen nach
nicht allein auf Deutschland begrenzt werden könne. Schließlich
sei, um nur ein Beispiel unter mehreren zu nennen, auch der Sta-
linismus, wie Nolte schon damals meinte, gewissermaßen eine
»Art Hitlerzeit« gewesen:[14] »Daß die Politik der systematischen
Ausrottung ganzer Bevölkerungsgruppen nach rein sozialen und
von individueller Zurechnung abstrahierenden Kriterien zuerst
in Sowjetrußland postuliert und praktiziert worden« sei, lasse
»sich schlechterdings nicht leugnen«.[15]

Nolte, der sich für diese und andere in seinem Werk von 1974
zumeist nur kursorisch angedachten Thesen bereits mehr oder
weniger harsche Kritik – u.a. von Felix Gilbert und Lutz Niethammer – eingehandelt hatte,[16] spitzte seine Argumentation im
Laufe der nächsten Jahre immer weiter zu. Bereits Ende 1978
wandte er sich in einem Artikel für die *Frankfurter Allgemeine
Zeitung* dezidiert gegen angebliche »Frageverbote«, die die Auseinandersetzung mit der nationalsozialistischen Judenvernichtung in Deutschland behinderten, insbesondere was die Frage ihrer Vergleichbarkeit mit anderen Genoziden anginge.[17] Seine eigene Position hinsichtlich der Einordnung des Judenmords in die
Geschichte des zwanzigsten Jahrhunderts wurde zwei Jahre später deutlich, als er wiederum in der *FAZ* die These aufstellte,
daß nicht nur – wie er bereits seit längerem behauptet hatte –
der Faschismus im allgemeinen, sondern insbesondere die nationalsozialistische Judenvernichtung vor allem als eine Reaktion
auf den bolschewistischen Terror verstanden werden müsse:
»Auschwitz resultierte nicht in erster Linie aus dem überlieferten
Antisemitismus und war im Kern nicht ein bloßer ›Völkermord‹,
sondern es handelte sich vor allem um die aus Angst geborene
Reaktion auf die Vernichtungsvorgänge der russischen Revolution. Diese Kopie war um vieles irrationaler als das frühere Original, und es fällt schwer, ihr auch nur ein pervertiertes Ethos zu-
zugestehen. Sie war entsetzlicher als das Original, weil sie die

Menschenvernichtung auf eine quasiindustrielle Weise betrieb. Das begründet zwar Singularität, ändert aber nichts an der Tatsache, daß die sogenannte Judenvernichtung des Dritten Reiches eine Reaktion oder verzerrte Kopie und nicht ein erster Akt oder das Original war.«[18] Diese Sätze – zusammen mit Äußerungen Noltes an anderer Stelle, denen zu entnehmen war, daß seines Erachtens in Europa eine Gegenbewegung zum Bolschewismus entstehen »mußte«[19] – wiesen dem nationalsozialistischen Vernichtungswahn letztendlich den Stellenwert einer unvermeidbaren Konsequenz aus dem sozialrevolutionären Projekt der russischen Revolution zu: Der Holocaust war nicht mehr als eine ›Kopie‹, sicherlich eine übersteigerte, aber zugleich doch etwas Nachrangiges, das nicht aus sich selbst heraus, sondern nur in bezug auf sein ›Original‹ erklärt werden könne. Wer vom Holocaust reden wollte, durfte für Nolte vom Bolschewismus also nicht schweigen.

Die eigenwilligen geschichtsphilosophischen Konstruktionen Noltes konnten also, wie Hans-Ulrich Wehler 1988 rückblikkend schrieb, »jedem, der seine wichtigsten Schriften gelesen hatte, bekannt sein, als der ›Historikerstreit‹ begann«.[20] Doch anders als die Fischer-Kontroverse zwanzig Jahre zuvor entzündete sich dieser nicht an dem Werk eines einzelnen Autors, dessen Thesen für innerfachliche Aufregung sorgten und nach einer Weile des kritischen Debattierens Anerkennung oder Ablehnung fanden. Noltes Arbeiten allein hätten den ›Historikerstreit‹ der Jahre 1986/87 wohl kaum hervorrufen können, denn erst Jahre, nachdem er seine Thesen über die *FAZ* verbreitet hatte, wurden diese zum Anlaß einer großen öffentlichen Kontroverse, die letztlich weit über die Diskussion seiner provokativen Ansichten hinausging.

Daß Noltes kausalobsessive Deutungen des Zusammenhangs von Nationalsozialismus und Bolschewismus Mitte der achtziger Jahre überhaupt zum öffentlichen Skandalthema wurden, lag vermutlich weniger an der immer weiteren Zuspitzung seiner Thesen als vielmehr an den inzwischen eingetretenen Veränderungen der kulturpolitischen Situation: Was um 1980 noch als spekulative Marotte eines geschichtsphilosophischen Außenseiters der Zunft hätte abgetan werden können, wurde nun als ein alarmierendes ›Signum der Zeit‹ wahrgenommen, das auf einen Wandel innerhalb der erinnerungspolitischen Lage der Bundes-

republik insgesamt hinzuweisen schien. Denn mit dem Ende der
sozial-liberalen Koalition und der Übernahme der Regierungs-
verantwortung durch Helmut Kohl im Jahr 1982 schien für viele
Beobachter aus dem linksliberalen Spektrum die gefürchtete
›Tendenzwende‹ auf einmal zur politischen Realität geworden
zu sein.

In der Tat hatte der neue, christdemokratische Bundeskanzler
die Überwindung der ›geistig-moralischen Krise‹ in seiner Regie-
rungserklärung zur vorrangigen Aufgabe erklärt. Doch vieles
von der anvisierten ›geistig-moralischen Wende‹ der frühen
Kohl-Ära verblieb im Symbolischen, das sich überdies nicht
gerade als Stärke des neuen Kanzlers erwies. Dies zeigte sich insbesondere im Rahmen der Feierlichkeiten zum 40. Jahrestag des
Endes des Zweiten Weltkriegs im Mai 1985. Bereits im Jahr
zuvor hatte Kohl bei einem offiziellen Besuch in Israel in mißver-
ständlicher Weise von der »Gnade der späten Geburt« gesprochen und damit den Eindruck erweckt, daß er »als erster Bundeskanzler [...] aus der Generation nach Hitler« nun einen
Schlußstrich unter dieses Kapitel der deutschen Geschichte ziehen wolle.[21] Diese Befürchtungen schienen sich im Jahr darauf
zu bestätigen, als Kohl anläßlich des 40. Jahrestages der Kapitulation Deutschlands eine öffentliche Versöhnungsgeste zwischen
ihm und US-Präsident Ronald Reagan auf dem Soldatenfriedhof
in Bitburg inszenierte, an der er auch dann noch festhielt, als sich
herausstellte, daß dort neben Wehrmachtssoldaten auch Angehörige der Waffen-SS begraben lagen, was vor allem in den USA
heftige Proteste gegen die geplante Zeremonie hervorrief.[22]

Kohls Drängen auf einen öffentlichen Versöhnungsritus am
Gräberfeld, wie er ihn bereits zuvor mit dem französischen Präsidenten François Mitterrand in Verdun vorexerziert hatte, sowie seine unbedarfte Rede von der ›Gnade der späten Geburt‹
ließen ihn aus der Sicht linksliberaler Kommentatoren als Vertreter einer geschichtspolitischen Entlastungsoffensive erscheinen, mit der die Bundesrepublik demonstrativ aus der Phase der
›Vergangenheitsbewältigung‹ herausgeführt werden sollte. Für
Jürgen Habermas, der bereits seit langem die vielbeschworene
›Tendenzwende‹ argwöhnisch verfolgte, zeigte sich in Kohls bewußt inszenierter Symbolpolitik, wie er im Mai 1985 in der *Zeit*
schrieb, somit nichts anderes als der Versuch einer »Entsorgung
der Vergangenheit« nach »bewährtem neokonservativem Re-

zept«.[23] Wie anders mußte demgegenüber Bundespräsident
Richard von Weizsäcker erscheinen, der in seiner vielbeachteten
Ansprache vor dem deutschen Bundestag am 8. Mai 1985 den
Tag der Kapitulation Hitlerdeutschlands als »Tag der Befreiung«
bezeichnete und den Bundesbürgern ins Stammbuch schrieb, daß
sie – »ob schuldig oder nicht, ob alt oder jung« – von der Vergangenheit in »Haftung« genommen seien.[24] Daß auch Kohl
mitunter zu ähnlichen Tönen in der Lage war – so etwa während
eines Besuches im ehemaligen Konzentrationslager Bergen-Bel-
sen im April 1985, wo er gegen jeden Versuch einer Verharmlosung der nationalsozialistischen Verbrechen eindeutig Stellung
bezog –, blieb im geistigen Klima dieser Jahre hingegen weithin
ungehört.[25]

Die vergangenheitspolitischen Debatten verdichteten sich Mitte der achtziger Jahre schließlich in der Diskussion um die Pläne
der Bundesregierung zur Errichtung eines zentralen Museums
zur deutschen Nationalgeschichte. Bereits in seiner Regierungs-
erklärung im Herbst 1982 hatte Helmut Kohl die Absicht geäußert, in Bonn ein ›Haus der Geschichte der Bundesrepublik‹
gründen zu wollen, was die Gemüter damals allerdings noch
kaum erregt hatte. Der Protest formierte sich erst zwei Jahre
später, als Kohl auf dem Historikertag im Oktober 1984 ankündigte, zusätzlich zu dem Bonner ›Haus der Geschichte‹ ein großes nationalhistorisches Museum in Berlin errichten zu wollen,
das als Geschenk der Bundesregierung der Stadt zu ihrer
750-Jahr-Feier im Jahr 1987 übergeben werden sollte. Die
Freude über dieses ›Geburtstagsgeschenk‹ hielt sich jedoch in
Grenzen, da der Berliner Senat bereits seit längerem eigene Vorstellungen hinsichtlich der Errichtung eines historischen Ausstel-
lungsgebäudes entwickelt hatte, das als ›Forum für Geschichte
und Gegenwart‹ unterschiedlichen Zwecken und Veranstaltungen, vor allem auch lokalhistorischen Initiativen, zur Verfügung
stehen sollte.[26]

Hinter der Ankündigung des Bundeskanzlers, anstelle des geplanten ›Forums‹ nun ein großes ›Deutsches Historisches Museum‹ errichten zu wollen, sahen viele Kritiker den Versuch, ein
regierungsamtliches Bild der deutschen Nationalgeschichte von
oben statuieren zu wollen. Hans Mommsen, der als Mitglied
einer von der SPD-Fraktion des Berliner Abgeordnetenhauses
einberufenen Expertenkommission gegen diese Pläne dezidiert

Stellung bezog, sah in dem aus Bonn lancierten Museumsprojekt
so auch nichts anderes als den Versuch einer »künstlichen Identi-
tätsstiftung«, um über den Weg eines verordneten Geschichtsbildes einen »neuen historischen Konsens« zu dekretieren.[27]
Mommsens Kritik galt dabei nicht zuletzt der Zusammenset-
zung der Gründungskommission für das Berliner Museum und
hier insbesondere der tragenden Rolle von Michael Stürmer, der
laut Mommsen hinter den Museumsprojekten des Bundeskanzlers stehe.[28] In der Tat genoß der Erlanger Neuzeithistoriker zu
dieser Zeit das besondere Vertrauen von Helmut Kohl, zumal er
sich in mehreren Feuilletonartikeln als Vordenker einer auf die
Stärkung nationaler Identität gerichteten Geschichtspolitik zu
erkennen gegeben hatte. »Geschichte«, so hatte Stürmer bereits
1983 in einem Artikel für die *Neue Zürcher Zeitung* geschrieben, verspreche »Wegweiser zur Identität, Ankerplätze in den
Katarakten des Fortschritts«, und deshalb, so forderte er ein
Jahr später in der *FAZ*, sollten auch die geplanten Museums-
bauten in Berlin und Bonn zunächst und vor allem als »Wegweiser der Vergewisserung« dienen und die »geschichtete Identität«
der Deutschen »befestigen«.[29] In einem weiteren Beitrag für die
FAZ warnte Stürmer im Frühjahr 1986 noch einmal eindringlich
vor einer öffentlichen »Geringschätzung der Geschichte«, denn
in einem »Land ohne Erinnerung« sei, wie er meinte, »alles möglich«. Die »Suche nach der verlorenen Geschichte« sei deshalb
auch kein abstraktes Bildungsstreben, sondern eine notwendige
Bedingung für »die innere Kontinuität der deutschen Republik
und ihre außenpolitische Berechenbarkeit«. »Wer aber meint«,
so Stürmers Warnruf, daß »Orientierungsverlust und Identitäts-
suche«, daß »alles dies auf Politik und Zukunft keine Wirkung
habe, der ignoriert, daß in geschichtslosem Land die Zukunft gewinnt, wer die Erinnerung füllt, die Begriffe prägt und die Vergangenheit deutet«.[30] Kritiker wie Hans Mommsen vermuteten
in diesen Ausführungen den verborgenen geschichtspolitischen
Subtext der regierungsamtlichen Museumspläne. Sowohl mit
dem ›Haus der Geschichte‹ in Bonn als auch mit dem ›Deutschen
Historischen Museum‹ in Berlin solle, so Mommsen, die »Flucht
in vergangene Normalität« angetreten werden. Um sich »den
Wegen nationaler Machtpolitik« wieder anzunähern, solle ein
neues Geschichtsbild etabliert werden, »das das Menetekel der
nationalsozialistischen Epoche in den Wind« schlage.[31]

Die Diskussion über die Museumspläne spitzte sich im Frühsommer 1986 zu und beherrschte im Juni die hochrangig besetzten Frankfurter ›Römerberggespräche‹, die sich unter Beteiligung von Hans und Wolfgang J. Mommsen, Michael Stürmer, Jürgen Habermas und anderen dem Thema »Politische Kultur – heute?« widmeten. Während Stürmer sich in Frankfurt erneut für die Stärkung nationaler Identität aussprach und – im Anschluß an einen Artikel des deutsch-jüdischen Emigranten Franz Oppenheimer in der *FAZ* wenige Tage zuvor – vor den Gefahren einer »kollektiven Schuldbesessenheit« und einer Unfähigkeit »zum aufrechten Gang« warnte, ergriff Hans Mommsen einmal mehr Partei gegen die Museumspläne der Bundesregierung, die, wie er erneut ausführte, ein »verbindliches nationales Geschichtsbild« verordnen wolle.[32] Auch Jürgen Habermas meldete sich bei dieser Gelegenheit zu Wort und wandte sich scharf gegen jegliche Versuche, »die Geschichtswissenschaft (nicht nur über die Gründung von Museen, sondern auch auf dem Wege der dabei entstehenden Hintergrundinterpretationen) ganz funktional einzusetzen«, um über die Erzeugung von »zustimmungsfähigen« Vergangenheiten auf das historische Bewußtsein der Bevölkerung einzuwirken.[33]

Konkreter Anlaß der erneuten Intervention des Frankfurter Sozialphilosophen war dabei weniger Stürmers Redebeitrag zur Identitätsfrage der Deutschen als vielmehr ein Zeitungsartikel Ernst Noltes, den die *Frankfurter Allgemeine Zeitung* termingerecht zu Beginn der ›Römerberggespräche‹ veröffentlicht hatte: »Vergangenheit, die nicht vergehen will«.[34] Die zeitliche Koinzidenz war durchaus beabsichtigt, handelte es sich bei Noltes Essay doch um einen Text, der ursprünglich für die ›Römerberggespräche‹ konzipiert worden war. Unklarheiten in der Absprache mit den Veranstaltern hatten im Vorfeld jedoch dazu geführt, daß das genannte Vortragsthema an Wolfgang J. Mommsen vergeben wurde, woraufhin Nolte seine Teilnahme brüskiert absagte und statt dessen seine Rede – »die geschrieben, aber nicht gehalten werden konnte«, wie die *FAZ* untertitelte – den Kongreßteilnehmern auf diesem Wege zukommen ließ.[35]

Wie auch immer es um die angebliche ›Ausladung‹ von Nolte bestellt gewesen sein mag, über den Umweg der *FAZ* war er gewissermaßen auf dem Podium der ›Römerberggespräche‹ dennoch präsent. Der hinzugefügte Untertitel stilisierte ihn schon

jetzt – noch vor dem eigentlichen Beginn des ›Historikerstreits‹ –
zum Opfer eben jener vermeintlichen ›Frageverbote‹, von denen
er sich bereits seit Jahren verfolgt fühlte: eine *self-fulfilling pro-
phecy*, die von der *FAZ* zur Nachricht erklärt wurde. Noltes
›ungehaltene Rede‹ markiert damit zugleich den Einsatz der
Massenmedien im Streit um die historische Diskussionsordnung
der achtziger Jahre, der bislang auf den rhetorischen Schlagabtausch einzelner Intellektueller begrenzt geblieben war. Die
großen Tages- und Wochenzeitungen spielten fortan eine zentrale Rolle im Meinungskampf, der sich in den folgenden Monaten nicht nur auf ihren Feuilletonseiten darbot, sondern in dem
sie selbst einen aktiven Part übernahmen: Auf der einen Seite die
Frankfurter Allgemeine Zeitung, auf der anderen bald die *Zeit*
und die *Frankfurter Rundschau*.

›Kampfansage‹ und Lagerbildung

Nolte hatte in seiner zwar ›nicht gehaltenen‹, gleichwohl aber
publizierten ›Rede‹ seine bereits seit längerem bekannten Thesen
über die Ursachen des Nationalsozialismus noch einmal deutlich
expliziert und behauptet, daß ein »kausaler Nexus« zwischen
der »sozialen Vernichtung«, die der Bolschewismus unternom-
men habe, und den »biologischen Vernichtungsaktionen des
Nationalsozialismus«, wie er sich ausdrückte, »wahrscheinlich«
sei.[36] Zur Begründung seiner These verwies er auf frühe antibol-
schewistische Texte aus der Zwischenkriegszeit, in denen die
Taten der russischen Revolutionäre und ihre vermeintlich ›asiatische‹ Grausamkeit minutiös ausgestaltet wurden. Vor diesem
zeitgenössischen Lektürehintergrund, so Nolte, müsse »folgende
Frage als zulässig, ja unvermeidbar erscheinen«: »Vollbrachten
die Nationalsozialisten, vollbrachte Hitler eine ›asiatische‹ Tat
vielleicht nur deshalb, weil sie sich und ihresgleichen als poten-
tielle oder wirkliche Opfer einer ›asiatischen‹ Tat betrachteten?
War nicht der ›Archipel GULag‹ ursprünglicher als Auschwitz?
War nicht der ›Klassenmord‹ der Bolschewiki das logische und
faktische Prius des ›Rassenmords‹ der Nationalsozialisten? [...]
Rührte Auschwitz vielleicht in seinen Ursprüngen aus einer Vergangenheit her, die nicht vergehen wollte?«[37]

Für die argwöhnischen Kritiker der ›Tendenzwende‹ schien Noltes *FAZ*-Artikel die schlimmsten Befürchtungen hinsichtlich der unterstellten geschichtspolitischen Entlastungsoffensive der frühen Kohl-Ära zu bestätigen. Nolte, so urteilte Habermas noch während der ›Römerberggespräche‹, gehe es nicht mehr nur um Sinnstiftung und die Stärkung nationaler Identität, sondern um nichts weniger als »den Versuch einer Entexzeptionalisierung von Auschwitz«: Der Holocaust erscheine bei ihm nicht mehr länger als einzigartige Tat, sondern lediglich als »Antwort und Reaktion auf die bolschewistische Vernichtungsdrohung«; damit aber, so Habermas, sei ein »qualitativer Sprung« in der »Bearbeitung unseres Geschichtsbewußtseins« erreicht.[38]

Habermas' Beitrag zu den ›Römerberggesprächen‹ erreichte zunächst nur die dort Versammelten. Auch seine nicht weniger deutlichen Worte auf einem Hearing, das die SPD-Bundestagsfraktion wenige Wochen später zum geplanten Berliner Museumsbau veranstaltete, drangen zunächst noch kaum in die Öffentlichkeit.[39] Erst im Jahr darauf ließen sich seine Wortmeldungen im einzelnen nachlesen.[40] Ein größeres Publikum erreichte Habermas hingegen mit einem Beitrag für die *Zeit*, in der er am 11. Juli 1986 mit scharfen Worten seine – wie der Redakteur Karl-Heinz Janßen auf der ersten Seite ankündigte – »Kampfansage« an den »Revisionismus« deutscher Zeitgeschichtsforscher öffentlich erklärte: »Eine Art Schadensabwicklung. Die apologetischen Tendenzen in der deutschen Zeitgeschichtsschreibung«.[41] Habermas wiederholte an dieser Stelle seine Kritik an Noltes *FAZ*-Artikel, so wie er sie bereits in Frankfurt in groben Zügen skizziert hatte. Zugleich machte er auf einen weiteren Text des Berliner Historikers aufmerksam, den dieser im Jahr zuvor in einem englischsprachigen Sammelband veröffentlicht hatte. In diesem Aufsatz mit dem Titel »Between Myth and Revisionism« hatte Nolte seine Argumentation dahingehend erweitert, daß er nun unter Bezugnahme auf Arbeiten des Holocaustleugners David Irving auf eine Äußerung des Präsidenten der ›Jewish Agency‹, der politischen Interessenvertretung der in Palästina lebenden Juden, verwies, der 1939 erklärt hatte, daß die Juden im Krieg auf der Seite Englands kämpfen würden.[42] In rechtsradikalen Kreisen wurde diese Äußerung immer wieder angeführt, um zu behaupten, daß Hitler ein wie auch immer geartetes Recht besessen habe, die Juden in

Deutschland und in den besetzten Gebieten als seine Kriegsgefangenen zu behandeln; in die seriöse Geschichtswissenschaft
war diese Thesenführung jedoch aus gutem Grund bis dahin
noch nicht vorgedrungen.[43] Nolte machte sich nun aber allen
Ernstes den »Vorwurf«, diese Äußerung »nicht gekannt und ver-
wendet zu haben«, denn sie bleibe, wie er meinte, selbst dann
noch »beachtenswert«, wenn anerkannt werden müßte, daß
»auch der Präsident der Jewish Agency nicht das Recht hatte, so
etwas wie eine Kriegserklärung auszusprechen«.[44]

Schon einige Tage bevor Habermas in der *Zeit* Nolte aufgrund dieser und anderer Äußerungen scharf angriff, hatte sich
Heinrich August Winkler, der damals in Freiburg Geschichte
lehrte, in einem *FAZ*-Leserbrief entschieden gegen die »absur-
den Behauptungen« Noltes über die vermeintliche jüdische
»Kriegserklärung« an Hitler gewandt.[45] Einer breiten Öffentlichkeit wurden Noltes Thesen jedoch erst durch Habermas'
Alarmruf in der *Zeit* bekannt. Als bedrohlich empfand der
Frankfurter Sozialphilosoph dabei nicht nur die Äußerungen
von Nolte selbst, sondern ebenso dessen Unterstützung durch
führende »neokonservative Zeithistoriker« wie Michael Stürmer, der sich, wie Habermas mitteilte, während der ›Römerberggespräche‹ mit Nolte eindeutig »solidarisiert« habe.[46] Stürmers Versuch, durch historische Sinnstiftung die Identität der
Deutschen in die alten nationalen Bahnen zurückzubringen,
flankiere die Revisionsbemühungen Noltes und gefährde in letzter Konsequenz die Grundlagen der politischen Kultur der Bundesrepublik. Denn eine »in Überzeugungen verankerte Bindung
an universalistische Verfassungsprinzipien« habe sich in
(West-)Deutschland »erst nach – und durch – Auschwitz« bilden
können. »Wer uns mit einer Floskel wie ›Schuldbesessenheit‹
(Stürmer und Oppenheimer) die Schamröte über dieses Faktum
austreiben will, wer die Deutschen zu einer konventionellen
Form ihrer nationalen Identität zurückrufen will, zerstört die
einzig verläßliche Basis unserer Bindung an den Westen.«[47]

Doch nicht nur Stürmer wurde von Habermas der Position
Noltes zugeordnet, sondern ebenso Klaus Hildebrand, der Nol-
tes neueren Arbeiten unkritisch Anerkennung gezollt und aus-
gerechnet dessen Aufsatz über »Myth and Revisionism« in der
Historischen Zeitschrift als »wegweisend« empfohlen habe.[48]
Neben den drei bereits genannten – Nolte, Stürmer und Hilde-

brand – geriet schließlich auch Andreas Hillgruber ins Visier der Habermasschen ›Kampfansage‹. Zwar hatte sich dieser bislang weder zu Noltes historiographischen Eigenwilligkeiten geäußert, noch die ›Wende‹-Rhetorik der Bundesregierung publizistisch unterstützt. Was ihn in den Augen von Habermas jedoch kritikwürdig machte, war die Veröffentlichung eines schmalen Bändchens mit dem Titel *Zweierlei Untergang. Die Zerschlagung des Deutschen Reiches und das Ende des europäischen Judentums.*[49] Das Buch bestand aus zwei Aufsätzen Hillgrubers, von denen der eine, längere, sich mit dem Zusammenbruch der deutschen Ostfront 1944/45 beschäftigte, der andere hingegen den geschichtlichen Ort der Judenvernichtung zu bestimmen versuchte. Habermas kritisierte an der Veröffentlichung des »renommierten Zeithistorikers«, daß sich Hillgruber im ersten Teil seines Buches ausführlich dem Schicksal der deutschen Bevölkerung und des deutschen Heeres angesichts der vorrückenden Roten Armee zuwende – ja, sich mit der Perspektive der Deutschen im Osten ausdrücklich identifiziere –, das Schicksal der Opfer in den Konzentrationslagern hingegen zu wenig beherzige, für die jeder Tag des Haltens der Ostfront ein weiterer Tag voll Leid und Tod gewesen sei.[50] Hillgrubers einfühlsame Beschreibung der Lage der deutschen Bevölkerung im Osten kontrastiere dabei auffällig mit der distanzierten Sprache im zweiten Teil, der sich mit der Judenvernichtung beschäftigte: »Schon der Untertitel des Buches signalisiert eine veränderte Perspektive. Der in der Rhetorik von Kriegsheftchen beschworenen ›Zerschlagung des Deutschen Reiches‹ (die anscheinend nur an der ›Ostfront‹ stattgefunden hat) steht das nüchtern registrierte ›Ende des europäischen Judentums‹ gegenüber. Die ›Zerschlagung‹ verlangt einen aggressiven Gegner, ein ›Ende‹ stellt sich gleichsam von selber ein.«[51]

In der Tat unterscheiden sich die beiden Teile des Hillgruber-Bandes sowohl sprachlich als auch quantitativ, was jedoch weniger der Empathiebereitschaft des Autors geschuldet sein dürfte als vielmehr den jeweils unterschiedlichen Entstehungskontexten der beiden Aufsätze: So war der Text über die Ostfront aus einem Vortrag vor der ›Rheinisch-Westfälischen Akademie der Wissenschaften‹ hervorgegangen und reihte sich in die Gedenkveranstaltungen zum 40. Jahrestag des Kriegsendes ein. Hillgruber bezog dabei kritisch Stellung zu der unter anderem von Richard von Weizsäcker eingenommenen Position, der den 8. Mai

1945 als ›Tag der Befreiung‹ bezeichnet hatte. Für Hillgruber hatte dieses Urteil zwar »seine volle Berechtigung für die aus den Konzentrationslagern und Gefängnissen befreiten Opfer«, nicht jedoch für die »Nation als Ganzes«.[52] Um letztere wirklich in den Blick zu nehmen, so Hillgruber, der selbst ostpreußischer Herkunft war, müsse sich der Geschichtsschreiber vielmehr »mit dem konkreten Schicksal der deutschen Bevölkerung im Osten und mit den verzweifelten und opferreichen Anstrengungen des deutschen Ostheeres und der deutschen Marine im Ostseebereich identifizieren«.[53]

Während der erste Teil von *Zweierlei Untergang* somit vor allem geschichtspolitisch motiviert war und im zeitlichen Umfeld des 40. Jahrestages des Kriegsendes auf die Grenzen des ›Befreiungs‹-Diktums hinweisen wollte, blieb der zweite Text, der aus einem Abschlußvortrag auf einer wissenschaftlichen Konferenz hervorgegangen war, gänzlich im Bereich wissenschaftlicher Prosa. Lediglich zum Schluß löste sich Hillgruber von der wissenschaftsinternen Diskussion und zeigte sich erschrocken über die »offenkundige Leichtigkeit, unter den zivilisatorischen Bedingungen des 20. Jahrhunderts Menschen dafür gewinnen zu können, andere Menschen nahezu teilnahmslos umzubringen«.[54] Dies jedoch, so Hillgruber, seien Dimensionen, die letztlich ins »Anthropologische« führten und über die eigentliche Aufgabe des Historikers hinausreichten: »Hier geht es um eine fundamentale Herausforderung an jedermann.«[55]

Habermas sah in dieser anthropologisch-resignativen Schlußwendung nun genau jenes Entlastungsmotiv am Werk, das er zuvor bei Stürmer und Nolte ausgemacht hatte: Der Historiker breche ab und weiche ins allgemein Menschliche aus, um gegen die im ersten Teil des Buches beschriebenen Offiziere und, wie Habermas Hillgruber zitierte, »›bewährten‹ Hoheitsträger der NSDAP« moralisch nicht Stellung beziehen zu müssen. Das »Ziel der mühsamen Revision« wäre »gefährdet, wenn dieses Phänomen am Ende doch noch einer moralischen Beurteilung ausgeliefert werden müßte«.[56]

Habermas' Essay über die »apologetischen Tendenzen in der deutschen Zeitgeschichtsschreibung« war mehr als nur eine ›Kampfansage‹, er war zugleich bereits der Höhepunkt des ›Historikerstreits‹ der Jahre 1986/87. Wie kein zweiter Text hat er die Frontlinien gezogen und die Wahrnehmung strukturiert, so daß bisweilen sogar von einer »Habermas-Kontroverse« gesprochen wurde.[57] In der Tat erreichte Habermas durch seine öffentliche Intervention, was in den schwelenden Debatten über die ›Tendenzwende‹, über ›Bitburg‹ und das Museumsprojekt in Berlin bislang unterblieben war: die Konstruktion des Gegners. Dieser war solange diffus und schemenhaft geblieben, wie man sich allgemein gegen ›Regierungshistoriker‹, ›neorevisionistische Strömungen‹ und ›konservative Ideologieplaner‹ gewandt hatte. Nun wußten die Leser der *Zeit* jedoch genau, wer an welcher Universität an der ›Entsorgung der deutschen Vergangenheit‹ arbeitete. Die Angegriffenen, die sich politisch zwar durchaus nahestanden, fachlich zum Teil jedoch weit auseinander lagen,[58] erschienen nun gewissermaßen als eine Art verschworene »Viererbande«[59], die sich untereinander abgestimmt an die ›Revision‹ des bundesrepublikanischen Geschichtsbildes machte: der Publizist und Politikberater Michael Stürmer, der Heidegger-Schüler und ideengeschichtliche Außenseiter Ernst Nolte, der wissenschaftlich hochrenommierte Andreas Hillgruber und dessen Mitstreiter für eine eigenständige Politikgeschichte Klaus Hildebrand.

Einzig die beiden zuletzt Genannten zogen bereits seit den siebziger Jahren methodisch an einem Strang. So verwundert es nicht, daß ausgerechnet Klaus Hildebrand, der sich in den Augen von Habermas noch am wenigsten hatte zuschulden kommen lassen, als erster der vier Angegriffenen zur Feder griff und sich in einem Beitrag für die *FAZ* schützend vor seinen langjährigen Mitstreiter und Mentor Andreas Hillgruber stellte.[60] Der Bonner Historiker empörte sich insbesondere über die Art und Weise, wie Habermas mit den Texten der von ihm kritisierten Autoren umgegangen sei. Als Beispiel für eine »nahezu verfälschende Zitation«, die »für die tendenziöse Machart des Artikels typisch« sei, verwies er auf die oben zitierte Stelle, in der Habermas behauptet hatte, Hillgruber wolle sich die Darstellung des Geschehens aus der Sicht der »›bewährten‹ Hoheitsträger der NSDAP« zu eigen machen.[61] Schaue man jedoch ins Original, so Hildebrands Richtigstellung, so finde man dort keineswegs das in Anführungszeichen gesetzte Attribut, sondern lediglich die differenzierende Aussage, daß von »den Hoheitsträgern der NSDAP« sich manche in der Not »bewährten [...], andere versagten, zum Teil in erbärmlicher Weise«.[62] Für Hildebrand zeigte sich in dieser Zitierweise – die Habermas im Laufe der Kontroverse von seinen Kritikern immer wieder vorgehalten wurde – nichts weniger als dessen »gestörtes Verhältnis zu Wissenschaft und Forschung« überhaupt.[63] Für Andreas Hillgruber war es schlichtweg ein »einzigartiger wissenschaftlicher Skandal«.[64]

Im Versuch der Angegriffenen, ihren Kontrahenten über formale Methodenkritik aus dem legitimen Diskursfeld auszuschließen, zeichnete sich das bekannte Muster des disziplinären *boundary work* ab. Andere, nicht zuletzt Habermas selbst, sahen in diesem Gegenangriff hingegen einen »ridiküle[n] Wortstreit um sekundäre Tugenden«,[65] der von der eigentlichen Frage, nämlich derjenigen nach der Bedeutung des Holocaust für den politisch-normativen Grundkonsens der Bundesrepublik, ablenken sollte: Eine »Zeitungspolemik« sei eben »keine Arbeit für's Historische Proseminar«.[66]

In seiner »Entgegnung auf Jürgen Habermas« ließ es Hildebrand jedoch nicht mit dieser Richtigstellung bewenden. Im Namen der Meinungsfreiheit, vor allem der Wertfreiheit der Wissenschaft, wandte er sich zugleich gegen »Habermas' platte Politisierung gegenüber den von Ernst Nolte [...] vorgelegten Fragen und Thesen«, ohne allerdings seine Wertschätzung von Noltes Aufsatz aus der *Historischen Zeitschrift* an dieser Stelle noch einmal zu wiederholen.[67] Dennoch hatte sich Hildebrand damit erneut zu dessen Anwalt gemacht und so genau jenes Gruppenbild, das Habermas in seiner ›Kampfansage‹ gezeichnet hatte, in der Öffentlichkeit bestätigt. Seine Hilfestellungen für Hillgruber und Nolte sowie – wenn auch nur am Rande – für Stürmer wären im übrigen nicht einmal nötig gewesen, da sich alle drei selbst mit Leserbriefen in der *Zeit* und der *FAZ* gegen die Schelte von Habermas zur Wehr setzten: Nolte empörte sich über das »Zensorenamt«, das Habermas sich öffentlich anmaße, Stürmer über die neue »Proskriptionsliste«, die der Frankfurter Sozialphilosoph erstellt habe, und Andreas Hillgruber sah sich, als er sich nach der Rückkehr von einer mehrwöchigen Reise erstmals öffentlich zu den Angriffen äußerte, nach eigenem Empfinden einer regelrechten »Rufmordkampagne« ausgesetzt.[68] Wie sehr dabei die Erinnerungen an die ›68er-Zeit‹ auf beiden Seiten zur konfrontativen Lagerbildung beitrugen, ließ sich den hitzigen Stellungnahmen im Sommer 1986 leicht entnehmen: Während Hillgruber in Habermas' ›Kampfansage‹ den

»noch allzu vertrauten« APO-Stil linker Hochschulgruppen, für deren Existenz er den Frankfurter Sozialphilosophen explizit verantwortlich machte, meinte wiedererkennen zu können, sah dieser seine Gegner noch immer »in den suggestiven Feindbildern eines ›Bundes Freiheit der Wissenschaft‹ befangen«.[69]

Das, was später als ›Historikerstreit‹ bezeichnet wurde, spielte sich im Sommer und Herbst des Jahres 1986 somit vor allem als eine polemische Schlacht wechselseitiger Unterstellungen in den Leserbriefspalten der großen Tages- und Wochenzeitungen ab. Angeheizt wurde die Atmosphäre durch die Interventionen von Herausgebern und führenden Redakteuren der jeweiligen Zeitungen und Magazine, in denen sich die Kontroverse abspielte. Nur einen Tag nach der Habermasschen ›Kampfansage‹ in der *Zeit* meldete sich in der *FAZ* Frank Schirrmacher, damals Feuilleton-Redakteur, als Anwalt der Angegriffenen zu Wort, unterstützt – wenige Wochen später – vom zuständigen Herausgeber Joachim Fest, der sich stärker noch, als Hildebrand es getan hatte, schützend vor Nolte stellte.[70] Vom anderen Ende des publizistischen Spektrums griff, ebenfalls umgehend nach Habermas' Auftakt, die Berliner *taz* mit einem Artikel des Heidelberger Erziehungswissenschaftlers Micha Brumlik in die Debatte ein, der Hillgrubers *Zweierlei Untergang* kurzerhand in die Nähe des politischen Denkens Heinrich Himmlers rückte: »Hillgrubers Versuch jedenfalls, die Massenvernichtung gegen die Ostfront aufzuwiegen, stellt nichts anderes dar als das Programm Himmlers aus den letzten Kriegsmonaten.«[71] Anfang September folgte dann der *Spiegel*, der sich ebenfalls die beiden Aufsätze des Kölner Historikers vornahm und Habermas' Kritik polemisch zuspitzte.[72] Anfang Oktober legte Rudolf Augstein dann noch einmal nach und polemisierte unter der Überschrift »Die neue Auschwitz-Lüge« gegen Hillgruber, den er in eine Ecke mit rechtsradikalen Propagandisten stellte: »Wer so denkt und spricht, ist ein konstitutioneller Nazi, einer, wie es ihn auch ohne Hitler geben würde. [...] Jeden Lehrer, der seinen Schülern derlei vermittelt, müßte man des Schuldienstes verweisen.«[73] Damit war ein Tiefpunkt persönlicher Verletzung erreicht, gegen den selbst das eifrigste Leserbriefschreiben nicht mehr ankommen konnte.

Fachzeitschriften spielten in der Debatte, in der persönliche Anfeindungen zunehmend wichtiger erschienen als der Aus-

tausch sachlicher Argumente, kaum eine Rolle. Der Versuch von
Andreas Hillgruber, mit einem Beitrag für *Geschichte in Wissenschaft und Unterricht* die Kontroverse in die Fachorgane zu verlagern, schlug nicht nur fehl, sondern erwies sich aufgrund der
überzogen polemischen Art, mit der sich der Kölner Historiker
darin gegen die Anfeindungen von Habermas zur Wehr setzte,
geradezu als deplaziert.[74] So war der ›Historikerstreit‹ im Grunde weniger ein Streit unter Historikern, in dem es um die Klärung sachlicher Fragen ging, als vielmehr ein Kampf um die publizistische Deutungshoheit über die jüngste Vergangenheit:
Politische Fragen und persönliche Vorlieben, Ängste vor einer
›neokonservativen Tendenzwende‹ und der eigenen Marginalisierung, aber auch persönliche Eitelkeiten und Überempfindlichkeiten spielten eine weit größere Rolle als fachlicher Sachverstand. Es war ein Kampf, wie Hans-Ulrich Wehler es später auf
den Punkt brachte, um die »kulturelle Hegemonie« in der Deutung der jüngeren deutschen Nationalgeschichte.[75] Stürmers
oben zitierte Warnung, daß in »geschichtslosem Land die Zukunft gewinnt, wer die Erinnerung füllt, die Begriffe prägt und
die Vergangenheit deutet«, war so innerhalb weniger Monate
zur allgemein akzeptierten Aufforderung geworden, sich an diesem Kampf um Begriffe und Deutungen vor großem Publikum
zu beteiligen.

Kein Wunder, daß schließlich auch die Rundfunk- und Fernsehanstalten die Quotentauglichkeit der Debatte erkannten, über
die zunehmend auch in der ausländischen Presse ausführlich berichtet wurde.[76] So blieben die Kontrahenten der ersten Runde
nicht lange unter sich: Als ausgewiesener Spezialist für die NS-
Zeit übte Eberhard Jäckel im September 1986 dezidiert Kritik
an Noltes These vom ›kausalen Nexus‹ zwischen bolschewistischem Terror und nationalsozialistischer Vernichtungspolitik
und betonte die historische Singularität des Holocaust.[77] Grundsätzliche Unterstützung erhielt Habermas in den folgenden Wochen und Monaten des weiteren von Jürgen Kocka, Heinrich
August Winkler, Hans und Wolfgang J. Mommsen, auch wenn
sie nicht alle Positionen ihres philosophischen Vordenkers – vor
allem in bezug auf Hillgruber – uneingeschränkt teilten.[78] Kritik
erfuhr Habermas' ›Kampfansage‹ im Herbst 1986 hingegen unter anderem von Hagen Schulze und Thomas Nipperdey in einer
Artikelserie der *Zeit*, die damit trotz ihrer grundsätzlichen Un

terstützung von Habermas auch abweichende Stimmen zu Wort kommen ließ.[79] Immer schroffere Töne waren auf der Seite der Habermas-Kritiker schließlich von Imanuel Geiss zu hören, der sich – angesichts seiner dezidiert antikonservativen Position in der Fischer-Kontroverse für viele unverständlich – nun auf die Seite seiner angegriffenen Fachkollegen stellte.[80]

Wer sich auch immer zum ›Historikerstreit‹ in den Jahren 1986/87 äußerte, wurde einer der beiden Seiten zugeschlagen: *tertium non datur.* Die wissenschaftliche Lagerbildung, die durch die Auseinandersetzung zwischen den Vertretern einer linksliberal ausgerichteten ›historischen Sozialwissenschaft‹ und ihren fachlich und hochschulpolitisch konservativ orientierten Gegenspielern seit den frühen siebziger Jahren vorgezeichnet war, wurde so noch einmal befestigt.

Ein Streit, der nicht vergehen will

Wie angespannt das Diskussionsklima im Herbst 1986 war, zeigte nicht zuletzt der Trierer Historikertag Anfang Oktober, auf dem es nicht gelang, Stürmer zu einer gemeinsamen Podiumsdiskussion mit Hans-Ulrich Wehler zu bewegen.[81] Der Vorsitzende des Historikerverbandes, der Münchner Althistoriker Christian Meier, hatte sich in seiner Eröffnungsansprache vergeblich bemüht, die Wogen zu glätten: Da der Streit nun einmal ausgebrochen sei, so Meier, müsse er auch geführt werden, allerdings auf der Grundlage sachlicher Argumentation und einer grundsätzlichen Liberalität gegenüber der Meinung des Gegners. »Es geht nicht an«, so fügte der Verbandsvorsitzende mahnend hinzu, »daß Historiker sich weigern, Räume zu betreten, in denen bestimmte andere Historiker sich aufhalten – um nicht in Versuchung zu kommen, ihnen die Hand zu geben«.[82] Meiers Ordnungsruf verhallte jedoch ungehört. Einige Wochen später, Ende November, meldete er sich daher in der *FAZ* erneut zu Wort und plädierte dafür, statt sich weiterhin gegenseitig »auf Anklagebänke« zu setzen, nun eine erste »Zwischenbilanz« der Debatte vorzunehmen, schien ihm der »Historikerstreit« doch mittlerweile »im wesentlichen beendet« zu sein.[83]

In der Tat konnte man gegen Ende des Jahres 1986 den Eindruck gewinnen, daß sich die Aufregung der Sommer- und

Herbstmonate gelegt hatte. Im November hatte die *Zeit* ihre
Artikelserie zum ›Historikerstreit‹ für beendet erklärt und –
nachdem sie Ernst Nolte die Gelegenheit gegeben hatte, auf die
gegen ihn gerichteten Vorwürfe zu reagieren[84] – Jürgen Habermas die Möglichkeit zu einem Schlußwort eingeräumt, das dieser nutzte, um noch einmal die grundsätzliche Berechtigung seiner Wissenschaftlerschelte, die er als Fachfremder in aller Öffentlichkeit betrieben hatte, herauszustellen: »Man soll diese
Arena, in der es unter uns Unbeteiligte nicht geben kann, nicht
verwechseln mit der Diskussion von Wissenschaftlern [...]. Die
ehrpusselige Entrüstung über eine angebliche Vermengung von
Politik und Wissenschaft schiebt das Thema aufs ganz falsche
Gleis. [...] Es geht ja nicht [...] um wissenschaftstheoretische
Auseinandersetzungen, nicht um Fragen der Wertfreiheit – es
geht um den öffentlichen Gebrauch der Historie.«[85]

Der wechselseitigen Verständigung diente diese ›Bilanzierung‹
indes wenig, eher der Bestärkung der eigenen Position. Das gleiche gilt übrigens auch für die zahlreichen weiteren ›Schlußwor-
te‹ zur Debatte, die an unterschiedlichen Orten im Verlauf des
Jahres 1987 von Ernst Nolte und Konrad Repgen, Rudolf Augstein, Eberhard Jäckel und anderen publiziert wurden.[86] Gegen
Jahresmitte erschien dann nach einigem Hin und Her schließlich
auch die gewissermaßen ›offiziöse‹ Dokumentation zum ›Historikerstreit‹ im Münchner Piper-Verlag, zu der einige der Haupt-
akteure jeweils noch eigene ›Schlußanmerkungen‹ verfaßt hatten.[87] Der ›Historikerstreit‹ war damit aus der heißen Phase des
unmittelbaren Schlagabtauschs herausgetreten und hatte die
Ebene seiner Selbsthistorisierung erreicht, ging es jetzt doch
nicht mehr nur um die Bestärkung der eigenen Position, sondern
auch darum, die Darstellungsmacht über die bislang zurückge-
legten Etappen der Debatte zu erringen. Das beste Beispiel dafür,
wie sehr eigene Standortbestimmung und Darstellung des Streit-
verlaufs ineinander übergingen, dürfte Hans-Ulrich Wehlers
1988 veröffentlichtes Buch *Entsorgung der deutschen Vergangenheit?* sein. Der Bielefelder Historiker, der sich bis dahin überraschenderweise mit eigenen Beiträgen zur Debatte zurückgehal-
ten hatte, versuchte dem paradoxen Unterfangen gerecht zu
werden, sowohl, wie er schrieb, dem »Wunsch von zahlreichen
Studenten und Lehrern« nach einer Überblicksdarstellung über
die Kontroverse als auch seinem eigenen Interesse nachzukom-

men, »cum ira et studio« in ihr Position zu beziehen, und zwar ausdrücklich auf der Seite von Habermas.[88]

Wehler war weder der erste, der seine Positionsbestimmung zu einem ganzen Buch ausbaute, noch war er der letzte. Bereits zuvor hatte Ernst Nolte seine Sicht der Debatte in einem eigenständigen kleinen Band mit dem Titel *Das Vergehen der Vergangenheit. Antwort an meine Kritiker im sogenannten Historikerstreit* veröffentlicht, ohne von seiner Position dabei im geringsten abzurücken.[89] Nolte war es auch, der den ›Historikerstreit‹, als er bereits beendet schien, im Herbst 1987 in eine zweite Runde führte. Denn während Stürmer und Hildebrand an ihre Schreibtische zurückgekehrt waren und Hillgruber sich bereits mit seiner ›Schlußanmerkung‹ im Piper-Band von der weiteren Debatte, die ihm in ein »uferloses öffentliches Palaver« auszuarten schien, resigniert abgewandt hatte,[90] arbeitete sich der Berliner Ideenhistoriker weiterhin an seinen bekannten Thesen ab. Parallel zur *Antwort* an seine Kritiker legte er 1987 ein über sechshundert Seiten starkes Werk mit dem Titel *Der europäische Bürgerkrieg 1917–1945* vor, in dem er seine bereits Jahre zuvor entwickelten Ideen über den ›kausalen Nexus‹ zwischen Nationalsozialismus und Bolschewismus noch einmal in aller Breite darlegte.[91] Es dauerte nicht lange, und die Debatte setzte erneut ein, wenn auch nicht mit der gleichen Vehemenz wie im Jahr zuvor: Habermas hielt sich diesmal zurück und überließ das Feld fachlich ausgewiesenen Historikern wie Heinrich August Winkler und Hans Mommsen, die – flankiert von Rudolf Augstein – allesamt scharf mit Noltes neuer »Entlastungsoffensive« ins Gericht gingen.[92] Auf der anderen Seite verringerte sich nun hingegen merklich die Unterstützerfront: Weder Hildebrand noch Hillgruber, auch nicht Thomas Nipperdey oder Hagen Schulze eilten Nolte diesmal öffentlich zur Hilfe, der nun mehr oder weniger allein für seine Sache ins Feld zog. Insofern hatte der ›Historikerstreit‹ in seiner zweiten Runde endlich jene Klarheit geschaffen, die durch Habermas' pauschalisierende ›Kampfansage‹ im Jahr zuvor eher verwischt worden war: Nolte stand mit seinen Positionen innerhalb der Fachwissenschaft im Grunde isoliert da.

Selbst die *Frankfurter Allgemeine Zeitung*, die sich zu Beginn des Historikerstreits so eindeutig auf die Seite Noltes gestellt hatte, kündigte ihm einige Jahre später schließlich die Unterstützung auf, nachdem er in einer Fernsehdiskussion Überlegungen zum rechnerischen Zusammenhang von Partisanenbekämpfung und Judenmord angestellt und sich in neueren Veröffentlichungen mit den Thesen notorischer Holocaustleugner ausführlich beschäftigt hatte: Aus Nolte, so der damalige *FAZ*-Redakteur Gustav Seibt im November 1994, spreche nur noch der »Wahn des von ihm erforschten Zeitalters«.[93]

Der ›Fall Nolte‹ glich einem Experiment am Abgrund: Wie weit darf das Bemühen um das historische Verstehen nicht nur der Opfer, sondern auch der Täter gehen? Bedeutet ›Freiheit der Wissenschaft‹, sich mit abstrusen, politisch gefährlichen Vergleichen und Fragestellungen zu beschäftigen? Der in Harvard lehrende Historiker Charles Maier hat in seiner Auseinandersetzung mit Nolte ein einfaches »Prüfkriterium« angegeben, das in diesen Fragen Klarheit verspricht: »Eine echte historische Frage wird die persönliche Meinung so lange nicht beeinflussen, solange sie unbeantwortet bleibt. Eine unechte Frage verfolgt hingegen den Zweck, Meinungen einfach dadurch zu beeinflussen, daß sie überhaupt gestellt wird. Ihr geht es nicht um die Wahrheit einer Behauptung, sondern darum, ob eine als wahr unterstellte Behauptung geäußert werden darf. Sie gibt vor, die Tragfähigkeit einer Hypothese zu erproben, erprobt jedoch in Wirklichkeit die Grenzen eines akzeptablen Diskurses und erreicht ihre Wirkung, weil liberale Gesellschaften es ablehnen, die Redefreiheit einzuschränken. ›War Auschwitz wie der Gulag?‹ ist eine unbeholfene, aber echte Frage. ›Dürfen wir nicht sagen, daß Auschwitz wie der Gulag war?‹ scheint mir eine unechte historische Fragestellung zu sein und kann deshalb die Vorrechte echter historischer Forschung nicht für sich in Anspruch nehmen.«[94]

Nolte selbst sah dies freilich anders und begründete seine rhetorischen Ausflüge in das Reich der Suggestion als einen notwendigen Schritt hin zur »Historisierung« des ›Dritten Reiches‹, das nicht mehr »ausschließlich von seinem Ende und von den Massenverbrechen her gesehen werden« dürfe; vielmehr gelte auch für diesen Abschnitt der deutschen Geschichte, was für das »Historische« schlechthin gelte: es »verstehbar und mindestens zum Teil verständlich« zu machen.[95] Nolte nahm hier eine Gedankenführung des Münchner Zeithistorikers Martin Broszat auf, der von 1972 bis zu seinem Tod im Jahr 1989 das ›Institut für Zeitgeschichte‹ geleitet und bereits vor Beginn des ›Historikerstreits‹

in einem vielbeachteten Essay im Mai 1985 für eine methodische
»Historisierung« des Nationalsozialismus plädiert hatte.[96] An
die Stelle einer unreflektierten Pauschaldistanzierung, die den
wissenschaftlichen Zugriff auf die NS-Zeit letztlich nur er-
schwere, sollte vielmehr, so Broszat, vierzig Jahre nach ihrem
Ende eine Art methodische Normalisierung des wissenschaftlichen Umgangs auch mit dieser Epoche der deutschen Zeitgeschichte treten. Was Broszat forderte, war eine wissenschaftliche Professionalisierung im Umgang mit dem Nationalsozialismus, die Anwendung von sozial- und strukturgeschichtlichen
Methoden, seine Einbettung in epochenübergreifende Fragestellungen und eine differenzierende Sicht auf seine Entwicklungs-
geschichte, die nicht allein von ihrem katastrophalen Ende her
gedeutet werden könne. ›Historisierung‹ des Nationalsozialismus hieß für den Münchner Zeithistoriker jedoch nicht Relativierung deutscher Verbrechen durch ihre Ableitung aus anderen,
möglicherweise sogar verständlichen Ausschreitungen während
des ›Europäischen Bürgerkriegs‹, wie Broszat im Verlauf des Historikerstreits, auch in Abgrenzung zu Nolte, unmißverständlich
deutlich machte.[97]

Der Klärung möglicher Mißverständnisse seines ›Historisierungs‹-Plädoyers diente auch der 1988 veröffentlichte Briefwechsel zwischen Broszat und dem israelisch-amerikanischen
Historiker Saul Friedländer in den vom ›Institut für Zeitgeschichte‹ herausgegebenen *Vierteljahrsheften für Zeitgeschichte*.[98] Die Diskussion zwischen den beiden NS-Spezialisten hob
sich nicht nur aufgrund des sachlichen und intellektuellen Ni-
veaus, sondern ebenso aufgrund des respektvollen Umgangs der
beiden Kontrahenten miteinander vom Großteil der Beiträge
zum ›Historikerstreit‹ positiv ab, auch wenn die »innere Anspannung«, die sich auf beiden Seiten bemerkbar machte, ein deutliches Indiz dafür war, daß vieles in ihrer Korrespondenz unaus-
gesprochen blieb.[99] Während Broszat sein ›Historisierungs‹-Plä-
doyer noch einmal darlegte und dieses auf den Bereich der »wissenschaftlich operierenden Zeitgeschichtsforschung« begrenzt
wissen wollte, um so der »mythischen Erinnerung« der Opfer ihren Raum zu lassen, stellte Friedländer in seiner Entgegnung die
Aufteilung der Geschichte in die beiden Bereiche von Forschung
und Erinnerung grundsätzlich in Frage. Für ihn war der Holocaust aufgrund der unmittelbaren Erschütterung, die von ihm

ausgeht, vielmehr ein historisches »Grenzereignis«, das sich aller normalwissenschaftlichen Verfahren verschließe, und zwar auf seiten der Opfer ebenso wie auf seiten des von Broszat abgegrenzten ›rationalen‹ Diskurses der Geschichtswissenschaft. Im Anblick des Grauens seien ›normale‹ Darstellungsweisen kaum möglich: »Insofern bedarf es eigentlich eines neuen Zugangs in der historischen Beschreibung, eines Zugangs, den wir bislang in unserer historiographischen Arbeit noch nicht recht gefunden haben.«[100] »Auschwitz«, so brachte es der in Deutschland und Israel tätige Zeithistoriker Dan Diner auf den Punkt, sei letztlich »ein Niemandsland des Verstehens, ein schwarzer Kasten des Erklärens, ein historiographische Deutungsversuche aufsaugendes, ja, *außerhistorische* Bedeutung annehmendes Vakuum. [...] Als äußerster Extremfall und damit als absolutes Maß von Geschichte ist dieses Ereignis wohl kaum historisierbar.«[101]

Der ›Historikerstreit‹ war ein Streit um die Repräsentationsfunktion der Geschichtswissenschaft, und zwar in doppelter Hinsicht: Er war ein Streit um die historiographische Deutungshoheit, um die repräsentative Macht über die jüngere deutsche Geschichte und das öffentliche Geschichtsbewußtsein der späten Bonner Republik. Zugleich war er aber auch ein Streit um die legitimen Grenzen der Repräsentation, darüber, wie weit das Bemühen um historisches Verstehen gehen darf und, wichtiger, gehen kann. Mit anderen Worten: Er war ein Streit zwischen Geschichte und öffentlicher Erinnerung, deren Grenzen nicht mehr klar gezogen werden konnten.

Literaturempfehlungen

Jürgen Habermas, Eine Art Schadensabwicklung, Frankfurt a. M. 1987.

Andreas Hillgruber, Zweierlei Untergang. Die Zerschlagung des Deutschen Reiches und das Ende des europäischen Judentums, Berlin 1986.

»Historikerstreit«. Die Dokumentation der Kontroverse um die Einzigartigkeit der nationalsozialistischen Judenvernichtung, München 1987.

Charles S. Maier, Die Gegenwart der Vergangenheit. Geschichte und die nationale Identität der Deutschen, Frankfurt a. M. 1992.

Hans-Ulrich Wehler, Entsorgung der deutschen Vergangenheit? Ein polemischer Essay zum »Historikerstreit«, München 1988.

5. Die überraschte Zunft: Geschichtswissenschaft nach dem Fall der Mauer

Die Ereignisse im Herbst 1989 trafen die westdeutsche Geschichtswissenschaft unvorbereitet. »Vom Historikerstreit zum Historikerschweigen«, kommentierte der in Princeton lehrende Wirtschaftshistoriker Harold James das plötzliche Verstummen bissig: »Der eben noch mächtigen kritischen Historikerschule verschlug es im wörtlichen Sinn die Sprache.«[1] Aber nicht nur die Vertreter der ›historischen Sozialwissenschaft‹, gegen die James sich hier wandte, sondern auch ihre Widersacher aus den konservativen Reihen der westdeutschen Zeitgeschichtsschreibung hatten mit der raschen Rückkehr des Nationalstaates in die deutsche Geschichte nicht gerechnet: »Das Thema von der staatlichen Einheit der Deutschen scheint heute verblaßt, eine Sache der älteren Generation, der Außenseiter, der Gesamtdeutschen von Beruf, der politischen Rhetorik«, so hatte 1985 nicht etwa Hans-Ulrich Wehler, sondern Thomas Nipperdey geschrieben und damit einen unterschwelligen Konsens der westdeutschen Historikerschaft seit den 1970er Jahren zum Ausdruck gebracht. »Historiker«, so hatte er hinzugefügt, »sind keine Propheten«.[2]

Die Wiedervereinigung stand also nicht auf der Agenda der westdeutschen Zeitgeschichtsforschung.[3] Doch der ›Historikerstreit‹ hatte die Wahrnehmung der Ereignisse, die dem Fall der Mauer folgten, entscheidend vorgeprägt. Wenn er die ›deutsche Frage‹ auch nicht im Sinne ihrer gesamtstaatlichen Lösung auf die Foren der politischen Öffentlichkeit der Bundesrepublik zurückgebracht hatte, so doch die Frage nach der nationalen ›Identität‹ der Deutschen, oder vielmehr der Westdeutschen, die sich nach fast vierzig Jahren in ihrem zunächst als Provisorium gedachten Teilstaat recht gut eingerichtet hatten. Insofern traf die deutsch-deutsche Vereinigung die westdeutschen Historiker

doch nicht so ganz unvorbereitet, denn in den Jahren zuvor
waren die politisch-semantischen Frontlinien gezogen und befestigt worden, von denen aus nun – aus sicherer westdeutscher
Stellung – die Rückkehr des Nationalstaats anvisiert werden
konnte.

Die Rückkehr der Nationalgeschichte
und die Fortsetzung des Historikerstreits

Der ›Historikerstreit‹ – das hat das vorangegangene Kapitel gezeigt – kreiste zentral um die Frage der ›kollektiven Identität‹[4]
der westdeutschen Bevölkerung: Nach den Jahren der Vorherrschaft des sozialwissenschaftlichen Diskurses im Gefolge der
Studentenproteste hatte die Geschichtswissenschaft in den achtziger Jahren endlich wieder zu ihrem angestammten Platz als ge-
samtgesellschaftliche Orientierungswissenschaft zurückgefunden. Erstmals seit der Fischer-Kontroverse erregte der Streit der
Gelehrten um die Deutung der Geschichte wieder die Öffentlichkeit. Stritten die Historiker zehn Jahre zuvor noch über die gesellschaftliche ›Relevanz‹ ihres Faches überhaupt, so schienen sie
nun zu ihrem disziplinären Selbstbewußtsein zurückgefunden zu
haben und gaben bereitwillig Auskunft darüber, wie es ihrer
Meinung nach um das historische Selbstverständnis der Teilnati-
on bestellt sein sollte.

Die Frage nach den historischen Wurzeln der ›kollektiven
Identität‹ der Westdeutschen war indes nicht leicht zu beantworten, mangelte es der Bundesrepublik doch an zustimmungsfähigen Traditionen in der deutschen Nationalgeschichte und
damit an einer affektiv-imaginären Bindung an ihr eigenes Herkommen. Gegenüber den Mustern westeuropäischer Staatsent-
wicklung schien die deutsche Geschichte vielmehr bereits im
19. Jahrhundert einen verhängnisvollen ›Sonderweg‹ eingeschla-
gen zu haben, der nicht mit zunehmender Liberalisierung und
Demokratisierung einhergegangen war, sondern auf das kata-
strophale Ende des deutschen Nationalstaats im Nationalsozialismus vorauszuweisen schien. Die gesellschaftliche Verankerung
der Demokratie konnte in der Bundesrepublik also kaum auf die
symbolischen Ressourcen der eigenen Nationalgeschichte zu-
rückgreifen, wie dies etwa in Frankreich, das 1989 die Zweihun-

dertjahrfeiern der Französischen Revolution erlebte, zu beobachten war.

Die Frage, wie mit diesem Traditionsdefizit öffentlich umzugehen sei, wurde von den beiden Fraktionen des ›Historikerstreits‹ unterschiedlich beantwortet: Während Michael Stürmer und Thomas Nipperdey in der fehlenden nationalgeschichtlichen ›Identität‹ der Bundesrepublik eine Gefahr für den politisch-normativen Zusammenhalt der Gesellschaft erblickten, sah Jürgen Habermas gerade im Verzicht auf die traditionellen Formen nationaler ›Identität‹ einen entscheidenden Beitrag zur politischen Erfolgsgeschichte Westdeutschlands: »Die vorbehaltlose Öffnung der Bundesrepublik gegenüber der politischen Kultur des Westens ist die große intellektuelle Leistung unserer Nachkriegszeit«, so Habermas, der hier für eine ganze Generation von westdeutschen Intellektuellen sprach, deren politische Sozialisation in die Entstehungs- und Frühphase der Bundesrepublik fiel.[5] Nicht die Bindung an die Geschichte der Nation, sondern an die Verfassungsnormen der Bundesrepublik bildete seiner Meinung nach den Kern des staatsbürgerlichen Konsenses, der durch eine nostalgische Rückkehr in ein nationales Sonderbewußtsein nur gefährdet werden könne: »Der einzige Patriotismus, der uns dem Westen nicht entfremdet, ist ein Verfassungspatriotismus«, so Habermas in Aufnahme eines Begriffs des Politikwissenschaftlers Dolf Sternberger, der bereits Ende der siebziger Jahre für eine Art ›zweiten Patriotismus‹ geworben hatte: »Das Nationalbewußtsein bleibt verwundet, wir leben nicht im ganzen Deutschland. Aber wir leben in einer ganzen Verfassung, in einem ganzen Verfassungsstaat, und das ist selbst eine Art von Vaterland.«[6]

Die normative Bedeutung des ›Verfassungspatriotismus‹ wurde auch von konservativen Historikern nicht grundsätzlich in Abrede gestellt, doch betonten diese die Notwendigkeit einer nationalgeschichtlichen Unterfütterung des Begriffs, um seinen Inhalten affektive Bindekraft zu verleihen: »So richtig und begrüßenswert die Berufung auf den Verfassungspatriotismus als *raison d'être* der Bundesrepublik Deutschland ist, so problematisch ist es, ihn polemisch und kategorisch gegen ›nationale Identität‹ abzusetzen«, schrieb beispielsweise der Berliner Historiker Hagen Schulze, der darauf verwies, daß schon »die Verfassungspatrioten der ersten deutschen Republik dem mächtigen emotio-

nalen Appell der Nationalsozialisten nichts Wirksames entgegenzusetzen hatten«. Insofern sei es durchaus eine Frage der
»politischen Prävention, wenn Historiker sich dieser Frage an-
nehmen und nüchtern und rational dazu Stellung beziehen, um
nicht anderen und vielleicht gefährlicheren Kräften das Thema
zu überlassen«.[7]

Jene Fachvertreter, die sich im ›Historikerstreit‹ hinter Habermas gestellt hatten, taten sich allerdings schwer, dieser Aufforderung Folge zu leisten, schien ihnen doch die ganze »Identi-
tätssüchtigkeit« ihrer Kollegen, wie Hans-Ulrich Wehler in polemischer Zuspitzung schrieb, nichts anderes als ein »Irrweg hin
zu einem notdürftig gereinigten Nationalismus« zu sein.[8] Auch
Jürgen Kocka mochte dem Appell zu mehr nationaler Identitäts-
stiftung nicht folgen, sah er hierin doch vor allem die Gefahr einer Delegitimierung des westdeutschen Staates: »Denn im Licht
einer stark betonten gesamtdeutschen, eben nationalen Identität
erscheint die Bundesrepublik leicht als ungeliebtes Provisorium,
als defizitär. [...] Die allzu betonte nationalhistorische Erinnerung kann destabilisieren.«[9]

Bereits Anfang der 1980er Jahre hatte Wehler deshalb davor
gewarnt, aus einem historisch längst überholten Nationalstaats-
bewußtsein konkrete politische Schritte ableiten zu wollen: »Die
deutsche Einheit ist dahin, das ist das Erbe des NS-Regimes.«[10]
Eine ähnliche Position vertrat während des ›Historikerstreits‹
Heinrich August Winkler, der 1986 in einem Beitrag für die
Frankfurter Rundschau apodiktisch erklärte: »Angesichts der
Rolle, die Deutschland bei der Entstehung der beiden Weltkriege
gespielt hat, kann Europa und sollten auch die Deutschen ein
neues Deutsches Reich, einen souveränen Nationalstaat, nicht
mehr wollen. Das ist die Logik der Geschichte [...].«[11] Die Antwort aus dem Lager der Habermas-Gegner erfolgte, knapp ein
Jahr später, im *Rheinischen Merkur* nicht weniger apodiktisch,
diesmal vorgetragen von dem Bonner Neuzeithistoriker Konrad
Repgen: »Natürlich weiß jeder, daß der verfassungsmäßige Auftrag, ›in freier Selbstbestimmung die Einheit und Freiheit
Deutschlands zu vollenden‹, nicht heute und morgen zu Ende gebracht werden kann [...]. Aber Verzicht? Die ›Logik der
Geschichte‹ lehrt, daß die Völker ihre Freiheit und Einheit nur
bewahren können, wenn sie es wollen.«[12]

Der kurze, in zwei Leserbriefen fortgesetzte Schlagabtausch zwischen Winkler und Repgen[13] zeigt bereits, daß sich hinsichtlich der ›deutschen Frage‹ im ›Historikerstreit‹ nicht zwei unterschiedliche konkrete Handlungsoptionen gegenüberstanden, sondern vielmehr zwei widerstreitende diskursive ›Logiken‹: Für Winkler war die Teilung Deutschlands das Ergebnis des deutschen ›Sonderwegs‹, der damit gewissermaßen an sein Ende gekommen war. Die Zweistaatlichkeit schien nach der ›Logik der Geschichte‹ der Preis zu sein für den konstitutionellen Neuanfang der Bonner Republik, die – im westeuropäischen und US-amerikanischen Verfassungsverständnis verankert – die Demokratie zumindest in einem Teil Deutschlands zur breit akzeptierten politischen ›Normalität‹ werden ließ. Auch Repgen stellte die Westbindung der Bundesrepublik nicht in Frage, doch ließ seine ›Logik der Geschichte‹ den Nationalstaat als einen Wert an sich, als etwas weiterhin Verpflichtendes erscheinen. In dieser Sicht der Dinge bildete die staatliche Einheit der Nation die politische ›Normalität‹ im Leben der Völker, und die deutsche Zweistaatlichkeit erschien als Sonderfall.

Mit diesen beiden Positionen, für die hier nur stellvertretend die Namen Winkler und Repgen stehen, waren die Weichen für die Wahrnehmung der Herbstereignisse 1989 gestellt: Auf der einen Seite sammelten sich in Fortsetzung des ›Historikerstreits‹ jene, die den Prozeß der staatlichen Einigung mit der Warnung begleiteten, im Taumel nationaler Begeisterung die Errungenschaften des westdeutschen ›Verfassungspatriotismus‹ nicht preiszugeben. Auf der anderen Seite standen hingegen jene, die Deutschland wieder in die Bahnen ›normaler‹ nationalstaatlicher Entwicklung einbiegen und damit – wie Hans-Peter Schwarz formulierte – endlich ein »Ende der Identitätsneurose« kommen sahen: »Die bundesdeutschen Intellektuellen und Bildungsbürger kamen nämlich bisher mit ihrer deutschen Identität nicht zurecht, weil das Volk und der Staat in einem Zustand kollektiver Anomalie lebten«, so der Bonner Zeithistoriker im *Rheinischen Merkur* im September 1990. »Erst durch den Beitritt der DDR am 3. Oktober erhält die Bundesrepublik alles, was ihr bisher fehlte: das ganze deutsche Staatsvolk und klare Grenzen, die im Inland gleicherweise akzeptiert sind wie von den Nachbarn. Der dünnblütigen, wenn auch wohlmeinenden Professorenfiktion des Verfassungspatriotismus bedarf es nun nicht mehr. Staats-

volk, Staatsgebiet und Staatsgewalt fallen wieder zusammen.
[...] Es ist also eine vollendete, endlich normale Bundesrepublik,
die der Einigungsvertrag bringt.«[14]

Ähnlich äußerten sich Michael Stürmer, der mit dem »deutschen November« 1989 die »Normalität« in die deutsche Geschichte zurückkehren sah,[15] sowie Thomas Nipperdey, der
1990 bei einem Vortrag auf der Wartburg den dort versammelten Studenten und Professoren zurief: »Das neue einig Vaterland
entspricht der historischen und der moralischen, der politischen
und praktischen Vernunft.«[16] Jürgen Habermas notierte demgegenüber bereits zwei Wochen nach der Öffnung der Mauer
seine Befürchtung, daß eine »entschieden auf ›Wiedervereinigung‹ zusteuernde Politik« trotz aller Freude über die Öffnung
der Grenze letztlich »den inneren Zustand der Bundesrepublik
belasten« könne.[17] Im Frühjahr 1990 warnte er daher in einem
Zeit-Artikel vor einem neuen »pausbäckigen DM-Nationalismus«, der im schnellen wirtschaftlichen »Anschluß« der DDR
die normativen Aspekte der Vereinigung aus dem Blick verliere:
»Eine Identifizierung mit den Grundsätzen und den Institutionen
unserer Verfassung verlangt aber eine Agenda des Vereinigungs-
prozesses, auf der das nicht-mediatisierte Recht der Bürger auf
Selbstbestimmung Vorrang genießt, und zwar Vorrang vor einem clever in die Wege geleiteten, letztlich nur administrativ
vollzogenen Anschluß, der sich an einer wesentlichen Bedingung
für die Konstituierung *jeder* Staatsbürgernation vorbeimogelt –
an dem öffentlichen Akt einer in beiden Teilen Deutschlands
wohlüberlegt getroffenen demokratischen Entscheidung der
Bürger selbst.«[18] Dem selbstbewußten Ruf, daß Deutschland
endlich wieder auf dem Weg sei, ein ›normaler‹ Nationalstaat zu
werden, konnte Habermas auch später – nach dem ohne Verfas-
sungsdiskussion und Volksentscheid erfolgten Beitritt der neuen
Länder zur Bundesrepublik – nichts abgewinnen, im Gegenteil:
»Die aufatmend-triumphierende Feststellung ›Wir sind endlich
wieder ein normaler Nationalstaat‹ sinnt uns eine Perspektive
an, aus der die eben noch gefeierte ›Erfolgsgeschichte‹ der
Bundesrepublik als der eigentliche ›Sonderweg‹ erscheint«, so
Habermas 1992. Denn häufig genug gehe die »Formel von der
›Verabschiedung der alten Bundesrepublik‹« mit einem seltsamen »Gefühl der Erleichterung« einher, das hinter dem neuen
deutschen Selbstbewußtsein stecke: »Wir müssen aus unserer

Nischenexistenz heraus, brauchen uns nicht mehr als moralische Musterschüler zu überanstrengen, dürfen uns nicht an den harten Realitäten vorbeidrücken, sollen uns nicht länger zieren, eine europäische Führungsrolle zu übernehmen, und so weiter.«[19]

Wie schon in den Jahren zuvor wußte Habermas sich in seinem kritischen Blick auf die intellektuellen Klimaveränderungen in der Bundesrepublik mit den führenden Protagonisten der ›Bielefelder Schule‹ einig. Denn so schweigsam, wie Harold James meinte, waren sie im Herbst 1989 dann doch nicht gewesen. Noch bevor die Mauer fiel, hatte sich Hans-Ulrich Wehler in der *Frankfurter Rundschau* zu Wort gemeldet und für eine pragmatische und behutsame Lösung der ›deutschen Frage‹ im Rahmen einer »gesamt-europäischen Konföderation« plädiert.[20] Ähnlich wie Habermas stellte sich Wehler im weiteren Verlauf der Debatte gegen die Deutung der Ereignisse von 1989/90 als einer Rückkehr in die ›Normalität‹ des deutschen Nationalstaates: »Normal« oder »natürlich«, so Wehler, seien an sich bereits »für jeden Historiker Tabuworte«: »Alles ›Normale‹ ist im Grunde das Ergebnis sehr spezifischer historischer Entwicklungen, die zeitweilig als allgemeinverbindlich ausgegeben werden. Einen ›normalen‹ Nationalstaat, einen ›natürlichen‹ Nationalismus kann es daher, so gesehen, nicht geben. [...] Deshalb kann es auch keine Rückkehr zur ›Normalität‹ des deutschen Nationalstaats, des deutschen Nationalgefühls geben.«[21]

Auch Heinrich August Winkler hatte bereits im Sommer 1989 vor einer überstürzten Wiedervereinigungsrhetorik gewarnt, die seiner Meinung nach weniger den Bürgern in der DDR zugute komme als der »deutschnationalen Klientel in der Bundesrepublik«.[22] Doch auch der Freiburger Historiker, der noch kurz zuvor so nachdrücklich für die Akzeptanz der Zweistaatlichkeit plädiert hatte, mußte spätestens im Winter 1989/90, als der Ruf: ›Wir sind *das* Volk‹ durch ›Wir sind *ein* Volk‹ übertönt wurde, erkennen, daß die ›Logik der Geschichte‹ eben doch noch nicht ihr letztes Wort gesprochen hatte: »Marx mag tot sein, aber die Dialektik lebt. Jedenfalls ist die Geschichte noch immer gut für überraschende Volten und schwer auflösbare Widersprüche.« So falle den Deutschen »in den Schoß, woran sie kaum mehr geglaubt, worauf sie auch nicht hingearbeitet haben: ein neuer deutscher Nationalstaat«.[23] So sehr Winkler diese Volte der Geschichte begrüßte, so skeptisch blieb allerdings auch er, in ihr

eine Rückkehr in deutsche ›Normalität‹ erblicken zu wollen:
»Was sich heute in Deutschland vollzieht, kann schon deshalb
keine Rückkehr zu nationalgeschichtlicher Normalität sein, weil
es diese in Deutschland nie gegeben hat«, so Winkler im Rückgriff auf das bekannte ›Sonderweg‹-Theorem.[24] Worum es jetzt
gehe, sei vielmehr die vollständige Ablösung von den Traditionen
des nationalgeschichtlichen ›Sonderwegs‹ der Deutschen in Europa und die Stabilisierung und Weiterentwicklung dessen, was
in Westdeutschland bereits seit 1945 erfolgreich geleistet worden sei. Dazu gehöre aber auch, so Winkler, die Fortentwicklung
des bundesrepublikanischen »Verfassungspatriotismus« hin zu
einem »Patriotismus der Solidarität«: »Nationale Solidarität
darf nicht als exklusive und auch nicht als die höchste Solidarität
verstanden werden. Aber sie ist eine Solidaritätsstufe, die die Deutschen so wenig überspringen können wie andere Nationen.«[25]

Ähnlich wie Winkler zeigte sich schließlich auch Jürgen
Kocka, für den das »Projekt ›Nationalstaat‹« bislang nicht zu
»den großen Erfolgen der deutschen Geschichte« gehört hatte,[26]
von den »bewegenden Momenten« im Herbst 1989 beeindruckt
und wandte sich gegen eine allzu einfache Gleichsetzung von
»nationaler Solidarität« und »Chauvinismus«. Nationale und de-
mokratische Forderungen hätten 1989/90 vielmehr »in engster
Allianz« gestanden, »ähnlich wie 1848, aber im Gegensatz zum
wilhelminischen Reich, zu Weimar und zur NS-Diktatur: die be-
merkenswerte Revision eines alten Musters«.[27] Damit sei aber
ein Stück deutschen ›Sonderweges‹ an sein Ende gekommen und
eine nationalstaatliche Erweiterung der Bundesrepublik in Sicht,
die diese nicht von den politischen Werten des Westens abkoppe-
le. Denn jedes »Stück Entwestlichung«, so Kocka im Oktober
1990, sei »als Preis für die Vereinigung zu hoch«. In »Erinnerung
an den deutschen Sonderweg, seine katastrophalen Folgen und
sein kostenreiches Ende um 1945« unterstützte der mittlerweile
an der Berliner Freien Universität unterrichtende Sozialhistoriker somit letztlich den offiziellen Regierungskurs und trat für
eine Vereinigung nach westdeutschem Modell ein, d.h. als »Integration der DDR in die Bundesrepublik«, nicht aber »als Kompromiß zwischen Westen und Osten, nicht als Zusammenwach-
sen auf mittlerem Grund«.[28]

Kocka und Winkler formulierten in ihren Beiträgen zur
Vereinigungsdebatte damit Positionen, die die alten Gräben des

›Historikerstreits‹ zunehmend hinter sich ließen und einem neuen Konsens innerhalb der ›Berliner Republik‹ vorarbeiteten: Nicht mehr länger ging es um die Alternative von nationalem und ›Verfassungspatriotismus‹, sondern um die Harmonisierung beider, um die Ausweitung des, wie Sternberger geschrieben hatte, bereits vor 1989 erreichten ›ganzen Verfassungsstaates‹ auf die bislang fehlenden Gebiete der DDR zu einem neuen ›ganzen‹ Nationalstaat, der die 1945 im westlichen Teilstaat eingeschlagene Abkehr vom deutschen ›Sonderweg‹ fortsetzen und konsolidieren sollte. In seinem im Jahr 2000 erschienenen magistralen Werk *Der lange Weg nach Westen*, einer Gesamtdarstellung der deutschen Nationalgeschichte der letzten zweihundert Jahre, brachte Heinrich August Winkler, der inzwischen an die Berliner Humboldt-Universität gewechselt war, diesen neuen historischen Konsens, in dem sich beide Lager des ›Historikerstreits‹ wiederfinden konnten, auf den Punkt: »Im Jahr 1945 endete der antiwestliche Sonderweg des Deutschen Reiches. 1990 endeten der postnationale Sonderweg der alten Bundesrepublik und der internationalistische Sonderweg der DDR.«[29]

Das Ende der DDR-Geschichtswissenschaft: Abwicklung oder der ›kurze Weg nach Westen‹?

Mindestens ebenso überrascht wie ihre westdeutschen Kollegen nahmen die Historiker der DDR die Ereignisse im Sommer und Herbst 1989 in ihrem Staat zur Kenntnis. Zur Dynamik der friedlichen Revolution trugen sie hingegen kaum etwas bei. Unter den Meinungsführern der Bürgerrechtsbewegung sucht man die Namen führender DDR-Historiker vergeblich. Wie korrumpiert manchem Ostdeutschen die staatlich gegängelte Geschichtsschreibung im eigenen Land erschien, läßt sich einer Rede Christoph Heins vom September 1989 entnehmen, in der der Schriftsteller das später vielzitierte Wort von der »fünften Grundrechenart« der Historiker prägte. Diese, so Hein, bestehe darin, daß »zuerst der Schlußstrich gezogen und das erforderliche und gewünschte Ergebnis darunter geschrieben« werde, bevor die eigentliche Rechenoperation beginne: »In einer Geschichtsbetrachtung, die dieser Grundrechenart huldigt, wird mit Auslassungen, Vernachlässigungen und scholastischen

Rösselsprüngen gearbeitet, es wird verschwiegen und geglättet,
um aus dem Labyrinth der Geschichte möglichst fleckenlos und
schnell zu jenem Ausgang in der Gegenwart zu gelangen, der
dem gewünschten Selbstverständnis am nächsten kommt.«[30]
    Auch wenn die Geschichtswissenschaft der späten DDR als
ganze sicherlich nicht auf diesen einfachen Generalnenner zu
bringen ist, so war sie doch in großem Maße parteilich gebun-
den. Von einer grundsätzlichen Autonomie der Zunft, wie sie in
der Bundesrepublik bestand, war die staatlich gelenkte Geschichtswissenschaft der DDR weit entfernt. Auch der Prozeß einer kritischen Selbstprüfung setzte unter DDR-Historikern im
Jahr 1989 erst relativ spät ein.[31] So fand das Präsidium der ›Historiker-Gesellschaft der DDR‹ erst nach dem Fall der Mauer
den Mut, in einer öffentlichen Erklärung mehr »Offenheit in der
Geschichtsschreibung« und ein Ende der »direkten Einmischung
politischer Institutionen in die geschichtswissenschaftliche Forschung und Diskussion« zu fordern.[32] Der einsetzende Klärungsprozeß galt indes zunächst rein äußeren Fragen, der Aufarbeitung der sogenannten ›weißen Flecken‹, der Tabus der bisherigen
Forschung, den Parteisäuberungen und stalinistischen Deforma-
tionen im eigenen politischen System, dessen Fortbestand gleichwohl kaum jemand in Frage stellte.[33] Die institutionelle, aber
auch personelle Erneuerung der DDR-Geschichtswissenschaft
ließ demgegenüber auf sich warten. Zwar kam es an der Basis, in
einzelnen Instituten und Fachbereichen, immer wieder zu Re-
formversuchen, die Beharrungskräfte erwiesen sich dennoch als
stärker, als es mancher Reformer im Überschwang der friedlichen Revolution vermutet hätte. Zumindest die ›Historiker-Gesellschaft der DDR‹ kam über eine »nacheilende Wahrnehmung
und Anerkennung der neuen Wirklichkeit« kaum hinaus: Auf ihrer ersten größeren Mitgliederversammlung seit dem Fall der
Mauer wählte sie im Februar 1990 zwar ein neues Präsidium
und bekannte sich zur Freiheit der Wissenschaft, zugleich aber
auch zur Verfassung der DDR. Brisanteres, wie etwa die Rehabilitierung ausgegrenzter Historiker, wurde hingegen auf später
vertagt.[34]
    Jüngeren Kräften, die sich zum Teil in der Bürgerrechtsbewe-
gung engagiert hatten oder doch zumindest mit dieser sympathi-
sierten, ging dieser Erneuerungsprozeß zu schleppend. Bereits
am 10. Januar 1990 riefen zwei von ihnen, Armin Mitter und

Stefan Wolle, beide Mitarbeiter am Institut für Allgemeine Geschichte der Akademie der Wissenschaften der DDR, zur Bildung einer »Arbeitsgruppe Unabhängiger Historiker« auf. Mit harten Worten attackierten die beiden das sozialistische Establishment im eigenen Fach: »Jahrzehntelang erstickte ein ungenießbarer Brei aus Lüge und Halbwahrheit jede freie geistige Regung. Scholastische Albernheiten und abgestandene Gemeinplätze wurden als ›einzige wissenschaftliche Weltanschauung‹ ausgegeben. [...] Natürlich haben die meisten Produzenten von historischen Entstellungen und leicht durchschaubaren Lügen nicht wirklich an deren Wahrheitsgehalt geglaubt. Aber sie sind an ihrer eigenen Verlogenheit moralisch und geistig zerbrochen.«[35] Mit dieser nicht nur fachlichen, sondern auch und vor allem persönlichen Degeneration, so die beiden Kritiker, müsse jetzt ein für allemal Schluß gemacht werden: »Worauf es jetzt ankommt, ist eine deutliche Abgrenzung derjenigen Historiker, die dem widerstanden haben und bereit sind, neue Wege zu gehen. Denn überall – in allen Institutsdirektionen, in jeder Zeitschriftenredaktion, in allen Verlagslektoraten – sitzen noch die alten Leute. Überall herrschen noch die alten Machtstrukturen und Mentalitäten. [...] Es geht um die Brechung auch des geistigen Machtmonopols der SED. Es geht um die Wiederherstellung der Würde eines Berufsstandes.«[36]

Der Aufruf fand in den folgenden Wochen das Interesse jüngerer Wissenschaftler und Studierender, die sich im April 1990 in Berlin zum »Unabhängigen Historiker-Verband« (UHV) zusammenschlossen. Als seine wichtigste Aufgabe definierte der neue Verein laut Satzung, »die Freiheit der Geschichtsforschung in Inhalt und Methode intensiv zu fördern«, wozu insbesondere die »Befreiung der historischen Wissenschaft von jeder ideologischen Bevormundung« gehöre.[37] Das strukturelle Problem des UHV bestand allerdings von Anbeginn an darin, daß er sich vor allem aus jüngeren Wissenschaftlerinnen und Wissenschaftlern zusammensetzte, die vor 1989 innerhalb der Geschichtswissenschaft der DDR eher marginalisiert und zum Teil in ihren Karrierechancen behindert worden waren. Hinsichtlich ihrer innerfachlichen Reputation standen die UHV-Mitglieder somit weit hinter ihren arrivierten älteren Kollegen aus der ›Historiker-Gesellschaft‹ zurück, von denen nicht wenige über internationale Kontakte und wichtige Diskussionserfahrungen mit westlichen

Historikern verfügten.[38] Ihre Wahrnehmung in der nunmehr zu-
sammenwachsenden gesamtdeutschen *scientific community*
wurde dadurch erheblich erschwert, sofern sie nicht selbst lautstark und mit öffentlichen Protesten auf sich aufmerksam machten. Dieser Eindruck mußte zumindest von einer öffentlichen
Vortragsveranstaltung an der Technischen Universität Berlin im
Mai 1990 zurückbleiben, auf der »aktuelle Problemstellungen«
der DDR-Geschichtswissenschaft dem Westberliner Publikum
vorgestellt werden sollten. Vertreter des UHV waren dazu nicht
eingeladen worden, wohl aber Walter Schmidt, der langjährige
Direktor des ›Zentralinstituts für Geschichte‹ an der Ostberliner
Akademie der Wissenschaften, der bereits lange vor dem Fall der
Mauer auf Einladung westdeutscher Historiker in die Bundesrepublik gereist war. Schmidt gab sich bei dieser Gelegenheit
durchaus selbstkritisch und forderte eine methodische und inhaltliche Erneuerung der DDR-Historiographie auf der Grundlage eines grundsätzlichen Meinungspluralismus. Den Vertretern
des UHV, die im Publikum gleichwohl zugegen waren, reichte
dies freilich nicht: Nach einem heftigen Wortwechsel mit
Schmidt und den Veranstaltern, die es versäumt hatten, die
UHV-Vertreter aufs Podium zu bitten, verließen diese unter Protest den Saal.[39]

Noch deutlicher wurde die Konfrontation zwischen der alten
Garde der DDR-Geschichtswissenschaft und dem UHV in den
Auseinandersetzungen um die eigene Vergangenheit innerhalb
der ›Sektion Geschichte‹ an der Ostberliner Humboldt-Universität. Führende Mitglieder des UHV wie Stefan Wolle, Bernd
Florath und Rainer Eckert waren in den siebziger Jahren Opfer
von politisch motivierten Relegationen geworden und forderten
nun den Rücktritt der an den damaligen Strafaktionen beteiligten Professoren.[40] Mitte Oktober 1990 kam es im Filmsaal der
Humboldt-Universität zu einem ersten öffentlichen Schlagabtausch zwischen den Gemaßregelten und einem der damals
Verantwortlichen, dem Faschismus-Experten Kurt Pätzold.
Nachdem ein Bericht über verschiedene Fälle von politischer
Maßregelung und Repression an der Geschichtssektion verlesen
worden war, trat der auch außerhalb der DDR bekannte Historiker ans Mikrofon und hob zu einer Verteidigungsrede an, die
zwar durchaus Selbstkritik und auch die Bitte um Entschuldigung enthielt, ihre Adressaten jedoch verfehlte: Zu selbstbewußt

habe der Redner seine Erklärungen abgespult, wo doch »nur das Stocken, das Ringen um jeden Satz seinen Worten Resonanz« hätte geben können, wie der Westberliner Historiker Götz Aly anschließend in einem Bericht für die *taz* kommentierte: »Kein Beifall. Kein Widerspruch. Kälte. Unfähigkeit zum gemeinsamen Gespräch.«[41] Auch weitere Diskussionsversuche konnten daran nichts ändern. Für die Vertreter des UHV war es mit einer bloßen Entschuldigung für die erlittenen Repressionen nicht getan: »Leute, die dafür Verantwortung tragen, können als Hochschullehrer nicht mehr geduldet werden«, so Stefan Wolle kurz und knapp im November 1990.[42]

Noch bevor der innere Klärungsprozeß der ostdeutschen Geschichtswissenschaft richtig begonnen hatte, entfaltete der deutsch-deutsche Vereinigungsprozeß schließlich seine eigene wissenschaftspolitische Dynamik, die der Selbsterneuerung der ostdeutschen Historikerschaft nur wenig Spielraum ließ und letztlich auf die nahezu vollständige Abwicklung der geschichtswissenschaftlichen Institutionen der DDR hinauslief. So sah Artikel 38 des Ende August 1990 unterzeichneten Einigungsvertrags die »Einpassung von Wissenschaft und Forschung (der DDR) in die gemeinsame Forschungsstruktur der Bundesrepublik Deutschland« vor, womit dem inneren Reformprozeß bereits zu dieser Zeit sowohl institutionell als auch zeitlich enge Grenzen gesetzt waren.[43] Zudem wurden von westdeutscher Seite dem Selbstreinigungsprozeß der DDR-Geschichtswissenschaft nicht allzu große Erwartungen entgegengebracht, zu sehr schien die ostdeutsche Zunft mit den Herrschaftsstrukturen des SED-Staates innerlich verflochten gewesen zu sein: »Die Geschichtswissenschaft der DDR war vor dem 9. November 1989 eine Herrschaftswissenschaft, der vor allem aufgegeben war, für die Legitimierung des SED-Regimes zu sorgen.«[44] Dieser Einschätzung des westdeutschen Historikerverbandes vom September 1990 wird vermutlich kaum jemand seiner Mitglieder ernsthaft widersprochen haben. »Im Zweifel lieber abwickeln«, forderte daher der Münchner Althistoriker Christian Meier, der eindringlich davor warnte, zuviel Zeit bei der Angleichung der Wissenschaftssysteme verstreichen zu lassen.[45]

Mit dem raschen Ende der DDR stellte sich für den westdeutschen Historikerverband nun allerdings die Frage, wie in Zukunft mit den ostdeutschen Kollegen – nicht zuletzt auch hin-

sichtlich ihrer Verbandsmitgliedschaft – umzugehen sei. Auf
dem Bochumer Historikertag 1990 kam es hierüber zu einer hitzigen Diskussion, zumal die anwesenden UHV-Vertreter noch
einmal deutlich auf die ihrer Meinung nach sachlichen und persönlichen Defizite der Protagonisten der bisherigen DDR-Geschichtswissenschaft hinwiesen: »Diese Herren sind nicht demo-
kratiefähig«, urteilte Armin Mitter während einer Podiumsdiskussion unnachgiebig.[46] Ein von Heinrich August Winkler und
anderen beantragter zweijähriger Aufschub für beitrittswillige
Historiker aus der DDR fand allerdings keine Mehrheit unter
den Verbandsmitgliedern, die schließlich dem Vorschlag Wolfgang J. Mommsens folgten, den ostdeutschen Kollegen nach individueller Prüfung den Beitritt schon jetzt zu ermöglichen. Zugleich wurde jedoch die Erwartung ausgesprochen, daß jene,
»die sich durch ihre Tätigkeit im Dienst des SED-Regimes kom-
promittiert haben«, auf eine Aufnahme aus freien Stücken ver-
zichteten.[47]

Schwieriger als die Regelung der internen Angelegenheiten
des Historikerverbandes erwies sich die Frage, wie die im Einigungsvertrag festgelegte ›Einpassung‹ der ostdeutschen Wissen-
schaftsinstitutionen in die Forschungsstrukturen der Bundesrepublik erfolgen sollte. Schon das quantitative Gewicht an Per-
sonal und Einrichtungen ließ eine vollständige Eingliederung der
ostdeutschen Historiker in die bestehenden Strukturen der Bundesrepublik als unrealistisch erscheinen. Das galt insbesondere
für den im Vergleich mit der Bundesrepublik überproportional
ausgebauten Bereich der außeruniversitären Forschung, die in
der DDR nach sowjetischem Vorbild in der Akademie der Wissenschaften (AdW) zentral zusammengefaßt war. Nach den Be-
stimmungen des Einigungsvertrages sollte die Akademie mit ihren insgesamt über 130 Instituten und rund 32 000 Beschäftigten
mit einer Übergangsfrist bis Ende 1991 aufgelöst werden.
Parallel zur institutionellen Abwicklung wurde vom Wissenschaftsrat, dem höchsten Beratungsgremium der Bundesregierung im Bereich der Hochschul- und Wissenschaftsplanung, eine
inhaltliche Evaluierung der einzelnen AdW-Institute und ihrer
Mitarbeiter durchgeführt, an der rund 500 Wissenschaftlerinnen
und Wissenschaftler aus der Bundesrepublik und dem Ausland
sowie einige wenige aus der ehemaligen DDR teilnahmen.[48] Die
Gespräche zwischen den einzelnen Gutachtern und den Beschäf-

tigten der AdW wurden dabei, wie Dieter Simon, der damalige Vorsitzende des Wissenschaftsrates, rückblickend eingesteht, nicht immer mit dem nötigen Fingerspitzengefühl geführt. Dennoch wurde die Gesprächsatmosphäre von den Evaluierten insgesamt als durchaus fair bezeichnet, wie eine Umfrage unter Mitarbeitern einiger naturwissenschaftlicher Institute ergab.[49] Auch der ostdeutsche Historiker und international renommierte Spezialist für die Zeit des Ersten Weltkriegs Fritz Klein, der im Sommer 1990 aus dem Ruhestand geholt und mit der Leitung des Akademie-Instituts für ›Allgemeine Geschichte‹ beauftragt worden war, schloß sich diesem Urteil an: Die westdeutschen Gutachter, die unter Leitung von Jürgen Kocka die Evaluierung der geisteswissenschaftlichen Institute der AdW durchgeführt hatten, seien keineswegs »feindselig, verletzend oder arrogant« aufgetreten, allerdings, so bemängelte Klein, schienen sie mit den Publikationen der Mitarbeiter seines Instituts nur wenig vertraut gewesen zu sein.[50]

Aus dem Personalbestand der beiden Akademie-Institute für allgemeine und deutsche Geschichte empfahl die Arbeitsgruppe des Wissenschaftsrats schließlich die Weiterbeschäftigung von etwa 85 der insgesamt über 200 wissenschaftlichen Mitarbeiterinnen und Mitarbeiter.[51] Über ein eigens aufgelegtes ›Wissenschaftler-Integrationsprogramm‹ sollten die positiv evaluierten Forscherinnen und Forscher in die bestehende universitäre Wissenschaftslandschaft der neuen und alten Länder eingegliedert werden, was jedoch nur in sehr wenigen Fällen zu Festanstellungen führte. Nur jeder Vierte aus den abgewickelten geistes- und sozialwissenschaftlichen Akademie- und Universitätsinstituten, so bilanzierte Jürgen Kocka 1995, »scheint mit einer sicheren Stellung im eigenen Feld überlebt zu haben«.[52]

Während die Auflösung der Akademie der Wissenschaften der DDR einen deutlichen Einschnitt in die Transformationsgeschichte des ostdeutschen Wissenschaftssystems bedeutete, gestaltete sich die Neustrukturierung der Universitäten zum Teil um vieles langwieriger. Besonders kompliziert erwies sich die Situation an der Humboldt-Universität: Der Berliner Senat hatte die vollständige Abwicklung des Fachbereichs Geschichte vorgesehen und dazu eine eigene »Struktur- und Berufungskommission« ins Leben gerufen, die Vorschläge zur Neubesetzung des Fachbereichs erarbeiten sollte. Die Kommission unter Leitung

des Münchner Historikers Gerhard A. Ritter, der neben drei
westdeutschen Fachvertretern ebenso viele ostdeutsche Historiker, eine Vertreterin des akademischen Mittelbaus und ein Stu-
dentenvertreter angehörten, erreichte vom Berliner Senat die
Neuausschreibung von zwanzig Professuren, die schließlich jedoch bis auf wenige Ausnahmen an Westdeutsche gingen: Als
neuer Institutsdirektor wurde 1991 Heinrich August Winkler
berufen, Angehörige des ›Unabhängigen Historiker-Verbandes‹
erhielten Mitarbeiterstellen. Während die Neugestaltung der Fakultät somit einerseits durchaus voranschritt, versuchten andererseits die alten Kräfte, die vom Senat verfügte Abwicklung
aufzuhalten. So hatte die Universitätsleitung unmittelbar nach
Bekanntgabe des Abwicklungsbeschlusses eine verwaltungs-
rechtliche Klage eingereicht, der in zweiter Instanz stattgegeben
wurde. Auf dieser Grundlage existierte der alte Lehrkörper neben dem neuen noch eine Zeitlang weiter: Kurt Pätzold beispielsweise verteidigte noch bis in die zweite Jahreshälfte 1992
hinein seinen Platz, bevor auch er gehen mußte und die alte ›Sektion Geschichte‹ ihr definitives Ende fand.[53]

Die im Einigungsvertrag festgelegte ›Einpassung‹ des DDR-
Wissenschaftssystems in die Forschungsstruktur der Bundesrepublik erwies sich für die ostdeutsche Geschichtswissenschaft
somit letztlich als deren institutionelle wie personelle Abwicklung. Auch auf diesem Gebiet vollzog sich die Vereinigung, wie
Jürgen Kocka geschrieben hat, als »Integration – und Auflösung
– der DDR in die Bundesrepublik«, und zwar »nach deren
Regeln«.[54] Gleichwohl läßt sich die Abwicklung der DDR-
Geschichtswissenschaft kaum als eine bundesrepublikanische
Erfolgsgeschichte präsentieren. Dagegen spricht nicht nur der
enorme Stellenabbau, der keineswegs nur politisch Belastete
betraf, sondern häufig bloßen Sparzwängen geschuldet war,
sondern auch und vor allem, daß mit dem Transfer des westdeutschen Wissenschafts- und Hochschulsystems in die neuen
Länder nicht nur dessen Vorzüge, sondern zugleich auch dessen
Mängel übernommen wurden. Die Chance zur Neugestaltung
wurde bis auf wenige Ausnahmen vertan.

›Wem gehört die DDR-Geschichte?‹

Das Ende der DDR bescherte der Zeitgeschichtsforschung in Deutschland den freien Zugang zu einem bis dahin recht stiefmütterlich behandelten Studienobjekt: der zweiten deutschen Diktatur. Während die DDR-Forschung innerhalb der akademischen Zeitgeschichtsschreibung der ›alten‹ Bundesrepublik ein eher marginales Dasein fristete und vor allem in interdisziplinären, häufig politik- und sozialwissenschaftlich ausgerichteten Forschungszusammenhängen beheimatet war, setzte Anfang der 1990er Jahre ein regelrechter *run* der Historiker auf den Aktennachlaß des untergegangenen Staates ein, der nun entgegen den üblichen Archivsperrfristen mehr oder weniger unverzüglich der Forschung zugänglich gemacht wurde. Eine Erhebung aus dem Jahr 1994 für die Enquete-Kommission des Deutschen Bundestages »Aufarbeitung von Geschichte und Folgen der SED-Diktatur in Deutschland« weist bereits zu dieser Zeit mehr als 750 laufende Forschungsprojekte zur DDR-Geschichte aus. Heute dürften weite Teile der DDR-Vergangenheit zu den am besten erforschten Feldern der deutschen Zeitgeschichte gehören. Über den historischen Ort der zweiten Diktatur innerhalb der National- oder gar der europäischen Geschichte sind die Meinungen jedoch weiterhin geteilt: Zu selten blicken DDR-Forscher über die Grenzen ihres Gegenstandes hinaus.[55]

Ein zentraler Aspekt der Auseinandersetzung mit der DDR-Vergangenheit, die Aufarbeitung von staatlicher Repression und Willkür, war zu einem beträchtlichen Teil das Werk der Betroffenen selbst, die sich mit dem voranschreitenden Zerfall ihres Staates in zahlreichen Bürgerkomitees und Initiativgruppen zusammenschlossen. Das bekannteste Beispiel hierfür dürfte das ›Bürgerkomitee 15. Januar‹ sein, das sich am Abend der Erstürmung der Stasi-Zentrale in der Berliner Normannenstraße gebildet hatte, um die dortigen Aktenbestände vor ihrer Vernichtung zu retten. Als Sachverständige für die Sicherung des Schriftgutes wurden vom ›Runden Tisch‹ Armin Mitter und Stefan Wolle bestellt, die wenige Tage zuvor ihren Aufruf zur »Bildung einer Arbeitsgruppe Unabhängiger Historiker« veröffentlicht hatten. Innerhalb kurzer Zeit stellten sie einen ersten Band mit Stasi-Dokumenten zusammen, der in der niedergehenden

DDR bald zum Bestseller wurde.[56] Einige Monate später, im August 1990, traten Mitter und Wolle erneut an die Öffentlichkeit und riefen diesmal zur »Bildung einer Forschungsstätte zur Geschichte der DDR und ihrer Repressivorgane« auf. Als Vorbild, so die beiden unabhängigen Historiker, »könnte das in München ansässige Institut für Zeitgeschichte dienen, dessen Entstehungsgeschichte einen ähnlichen Ursprung« habe.[57]

Einstweilen blieb dieser Aufruf jedoch ohne Konsequenzen, obwohl er auf dem Bochumer Historikertag durchaus ein gewisses Echo fand.[58] Zwar wurden die Stasi-Akten mit dem 3. Oktober 1990 in die Obhut einer eigens errichteten Bundesbehörde unter Leitung Joachim Gaucks, eines führenden Mitglieds der DDR-Bürgerrechtsbewegung, gegeben; von einem IfZ-Ost war die ›Gauck-Behörde‹, wie sie bald nur noch genannt wurde, jedoch weit entfernt. Denn im Unterschied zur frühen Bundesrepublik, in der sich die zeithistorische Erforschung der NS-Vergangenheit im Münchner Institut gewissermaßen zentralisiert hatte, war die Aufarbeitung der DDR-Vergangenheit nach 1990 von Anfang an durch eine deutliche Pluralität, ja Konkurrenz verschiedener Forschungsinstitutionen und methodischer Ansätze geprägt. Neben der ›Gauck-Behörde‹, in deren Forschungsabteilung auch Mitter und Wolle ihre Arbeit zunächst fortsetzen konnten, sowie den zahlreichen privaten Initiativen und Dokumentationszentren sind hier vor allem das ›Hannah-Arendt-Institut für Totalitarismusforschung‹ in Dresden, der ›Forschungsverbund SED-Staat‹ an der FU Berlin sowie nicht zuletzt die 1993 errichtete Berliner Zweigstelle des Münchner IfZ zu nennen.[59]

Zu den neugegründeten Forschungseinrichtungen, die sich vorrangig mit der DDR-Geschichte beschäftigten, gehörte auch der seit Anfang 1992 von Jürgen Kocka zunächst in Berlin, dann in Potsdam aufgebaute ›Forschungsschwerpunkt Zeithistorische Studien‹, das spätere ›Zentrum für Zeithistorische Forschung‹. Der ›Forschungsschwerpunkt‹ (FSP) wurde auf Empfehlung des Wissenschaftsrates eingerichtet, um einem Teil der positiv evaluierten Mitarbeiterinnen und Mitarbeiter der ehemaligen Akademie-Institute der DDR eine befristete Weiterbeschäftigung unter Hinzuziehung westdeutscher Kollegen und international renommierter Gastwissenschaftler zu ermöglichen.[60] Gegen diesen Versuch, die Geschichte des SED-Staates und seiner Gesellschaft unter personeller Beteiligung von ostdeutschen Histori-

kern, die zum Teil bereits vor 1989 zu Fragen der deutschen
Zeitgeschichte gearbeitet hatten, aufzuarbeiten, formierte sich
ab Mitte 1993 massiver Protest von seiten des ›Unabhängigen
Historiker-Verbandes‹. Bereits bei der Gründung des ›For-
schungsschwerpunktes‹ hatte sich der UHV irritiert gezeigt, bei
der konzeptionellen Ausrichtung nicht miteinbezogen worden
zu sein.[61] Eineinhalb Jahre später – das Scheitern des ›Wissen-
schaftler-Integrationsprogramms‹ zeichnete sich ab – wurde der
Ton rauher, zumal mittlerweile von westdeutscher Seite Stimmen laut geworden waren, die Kocka und andere sozialdemo-
kratisch orientierte Historiker bezichtigten, mit ihrer Haltung
zur ›deutschen Frage‹ in den siebziger und achtziger Jahren den
Interessen der SED vorgearbeitet zu haben.[62] Die *Frankfurter
Allgemeine Zeitung*, die bereits im ›Historikerstreit‹ den konservativen Gegnern der ›Bielefelder Schule‹ eine publizistische Plattform geboten hatte, machte sich diesen Gestus im Sommer 1993
zu eigen und insinuierte in einem Bericht über die erste größere
Tagung in Potsdam, auf der sich der FSP der Fachöffentlichkeit
vorstellte, daß sich Kocka dem personellen Neuanfang innerhalb
der ostdeutschen Zeitgeschichtsforschung verschließe; statt dessen setze er »auf die ehemaligen Nachwuchskader und Professoren aus den Hochschulen und aufgelösten Akademie-Instituten
der DDR«, deren Veröffentlichungen aus der Zeit vor 1990 man
in Potsdam jedoch lieber verschweige.[63] Einige Wochen später
legte die *FAZ* noch einmal nach und bot nun Armin Mitter und
Stefan Wolle die Möglichkeit, ihrerseits den ›Forschungsschwerpunkt‹ einer rigorosen vergangenheitspolitischen Kritik zu unterziehen. Am Potsdamer Institut, so die beiden Vertreter des
UHV, wimmle es nur so von ehemaligen »Funktionären und
Wasserträgern des SED-Regimes«, die sich nun den »Großkopfe-
ten« des westdeutschen »Historiker-Establishments« – gemeint
war Kocka – andienten.[64] Die Redaktion der *FAZ* setzte, um
den Nachrichtenwert für das gesamtdeutsche Feuilletonpubli-
kum zu erhöhen, als Titel hinzu: »Der Bielefelder Weg«. Die
sprachliche Nähe zum ›Bitterfelder Weg‹, zur SED-Kulturparole
vom Ende der fünfziger Jahre, sollte den Kurzschluß zwischen
der Bielefelder Historikerschule und den DDR-Machthabern
auch für jene herstellen, die bislang von UHV und FSP noch
nichts gehört hatten: »Jürgen Kocka und die alten Kader«, lautete dementsprechend eine Zwischenüberschrift.[65]

Die Antwort des Angegriffenen erschien zwei Wochen später, ebenfalls in der *FAZ*, und der ›ostdeutsche Historikerstreit‹, wie er bald genannt wurde, war – zwei Jahre nach der Abwicklung der DDR-Geschichtswissenschaft – eröffnet: »Keine Frage«, so Kocka, daß viele Historiker in der DDR, aber auch zu anderen Zeiten der deutschen Geschichte, »durch Teilnahme an Repression und durch praktische Verletzung zentraler Prinzipien der Wissenschaft unakzeptabel geworden« seien. Dennoch warnte er vor einem Pauschalurteil: »Professionelle Leistungsfähigkeit und Belastungen geringen oder mittleren Grades gehen oft Hand in Hand. Man lebte und arbeitete in einer Diktatur, kaum einen der Älteren hat dies ganz unbeschädigt gelassen. Oppositionelle Historiker vor 1989 kann man kaum finden, auch unsere beiden Kritiker gehören nicht dazu. [...] In Zweifelsfällen wird man auf die Kraft der wissenschaftlichen Diskussion vertrauen, die nicht mehr nach den Regeln des Alten Systems, sondern nach denen freier Wissenschaft abläuft, sehr unterschiedliche Positionen einbeziehen muß und langfristig aufklärende Wirkung haben kann. Auch Wissenschaftler können lernen.«[66]

Mitter und Wolle gaben sich damit nicht zufrieden. In ihrer Replik, die wiederum zwei Wochen später in der *FAZ* erschien, verwiesen sie auf ihren eigenen wissenschaftlichen Werdegang und dessen Behinderung durch die Partei: »Dafür, daß es in der DDR keine ›oppositionellen Historiker‹ gab, haben die gleichen Leute gesorgt, die jetzt hämisch darauf hinweisen.« Während kritische Stimmen unterdrückt worden seien, hätten »die alten Kader« nach 1989 von ihren Westkontakten profitiert, die ihnen heute das Überwintern an Forschungseinrichtungen wie dem FSP ermöglichten. Dessen Forschungsbilanz erinnere fatal an die »goldenen Zeiten der realsozialistischen Faultierfarmen«: »Wenn eine Reform noch möglich wäre, müßte diese Einrichtung für die Erforschung der Geschichte der DDR einer gänzlich anderen Konzeption folgen. In den entscheidenden Gremien sollten ehemalige DDR-Bürgerrechtler ein deutliches Gewicht haben.«[67]

Die Auseinandersetzung um den Potsdamer ›Forschungsschwerpunkt‹ ging noch einige Wochen hin und her, flankiert durch Leserbriefe und Stellungnahmen von westdeutschen Historikern, Angehörigen des UHV, Mitarbeitern des FSP und vielen anderen mehr.[68] Es war ein Streit, in dem gleichzeitig um

»Stellen, Strukturen, Finanzen und Deutungskompetenz« gerungen wurde; es war ein »Verteilungskampf mit kognitiven Mitteln«, der jedoch häufig genug in der Skandalisierung einzelner Wissenschaftlerbiographien steckenblieb.[69] Jene, die bereits in der DDR auf der Karriereleiter vorangeschritten waren, betonten die Enge ihrer wissenschaftlichen Handlungsspielräume, die Notwendigkeit des schützenden Zitats und der Übernahme historiographischer Klischees, um Freiräume für die eigene Forschung zu erhalten; ihre Kritiker sahen in diesem Verhalten hingegen eine Anbiederung an die Macht der Partei, einen freiwilligen Kotau, der mehr der eigenen Karriereplanung als den objektiven Umständen geschuldet gewesen sei und ihr wissenschaftliches Werk nachhaltig belaste.

In einem Streitgespräch zwischen Stefan Wolle und Jürgen Kocka für die Berliner *Wochenpost* Ende Oktober 1993 wurden die unterschiedlichen Positionen im Umgang mit dem personellen Erbe der DDR-Geschichtswissenschaft noch einmal in aller Schärfe deutlich. Während Kocka ausdrücklich betonte, daß die Stellenbesetzung am ›Forschungsschwerpunkt‹ nach wissenschaftlichen Kriterien und den Vorgaben des Wissenschaftsrates ordnungsgemäß erfolgt sei, unterstrich Wolle, daß ihm die rein fachliche Qualifikation als Ausweis für wissenschaftliche Tauglichkeit nicht ausreiche:»Ein Historiker sollte eben nicht nur ein guter Fachmann sein, sondern durch seine gesamte Haltung zu den Dingen politische Integrität bieten.«[70]

In der Kontroverse um den Potsdamer ›Forschungsschwerpunkt‹ prallten damit letztlich zwei entgegengesetzte Bewertungslogiken aufeinander: Während Kocka die wissenschaftliche Qualifizierung von Historikern, die sich in der DDR kein größeres Fehlverhalten hatten zuschulden kommen lassen, nicht nach außerwissenschaftlichen, letztlich politischen Kriterien messen lassen wollte, statuierte Wolle gewissermaßen ein moralisches *a priori*, dessen Akzeptanz er zur Vorbedingung für die Teilnahme am wissenschaftlichen Diskurs erklärte. Auch der ›ostdeutsche Historikerstreit‹ war insofern ein Streit um die legitimen Grenzen der Zunft, ein *boundary work* eigener Art. Nur ging es diesmal nicht um die wissenschaftliche Reputation von ›Barfußhistorikern‹ oder um die Zulässigkeit trivialisierender Vergleiche, sondern um nichts weniger als die politisch-moralische Integrität der jeweiligen Wissenschaftlerpersönlichkeit. Die Frage, um die die Debatte damals kreiste, lautete zugespitzt: Müssen Zeithistoriker, da sie nun einmal ›Mitlebende der Geschichte‹ sind, einen »verbindlichen Moralkodex« erfüllen – wie es aus dem Umfeld des UHV angedacht wurde[71] – oder können auch »böse Historiker«, wie Dieter Simon antithetisch formulierte, »gute Geschichte« schreiben?[72]

Einfach war diese Frage weder damals zu beantworten, noch ist sie es heute. Denn Moral und Wissenschaft lassen sich weder völlig voneinander trennen noch unmittelbar aufeinander beziehen. Was darf ein Historiker sich persönlich oder politisch zuschulden kommen lassen, ohne seine wissenschaftliche Arbeit zu diskreditieren? War die Schwelle bereits erreicht, wenn jemand die offizielle Deutung der Niederschlagung des Aufstandes vom 17. Juni 1953 wiederholte, sich dadurch aber möglicherweise Freiräume für Kritischeres schuf?[73] Oder war das Maß erst dann voll, wenn sich – wie im Falle eines FSP-Mitarbeiters, der das Potsdamer Institut daraufhin verlassen mußte – der Verdacht einer inoffiziellen Stasi-Mitarbeit erhärtete? Oder hätte man selbst noch in diesem Fall Vorsicht walten lassen müssen, war doch – abgesehen von einigen Dokumenten aus seiner Jugendzeit – von den inkriminierenden Dokumenten nur noch ein leerer Aktendeckel übriggeblieben?[74]

Abschließende politisch-moralische Bewertungen fallen schwer, denn anders als für wissenschaftliche Forschungsergebnisse im strengen Sinne gibt es für normative Beurteilungen kein verbindliches Prüfverfahren. Sie sind Teil des *context of persuasion*, der persönlichen, aber auch gemeinschaftlichen Überzeugungen und Voreingenommenheiten, nicht aber des *context of justification*, in dem das ›Vetorecht der Quellen‹ (R. Koselleck) regiert. Bei der normativen Bewertung der Vergangenheit und ihrer Interpreten hilft die bloße Empirie nicht weiter, vielmehr muß um sie immer wieder neu gestritten werden. Das macht die Unruhe im ›öffentlichen Gebrauch der Historie‹ aus: Die Moral der Geschichte bleibt auch dann noch strittig, wenn ihr Ende bereits erzählt ist.

Literaturempfehlungen

Rainer Eckert, Wolfgang Küttler, Gustav Seeber (Hg.), Krise – Umbruch – Neubeginn. Eine kritische und selbstkritische Dokumentation der DDR-Geschichtswissenschaft 1989/90, Stuttgart 1992.

Rainer Eckert, Ilko-Sascha Kowalczuk, Isolde Stark (Hg.), Hure oder Muse? Klio in der DDR. Dokumente und Materialien des Unabhängigen Historiker-Verbandes, Berlin 1994.

Wolfgang Jäger, Ingeborg Villinger (Hg.), Die Intellektuellen und die deutsche Einheit, Freiburg 1997.

Jürgen Kocka, Vereinigungskrise. Zur Geschichte der Gegenwart, Göttingen 1995.

Udo Wengst (Hg.), Historiker betrachten Deutschland. Beiträge zum Vereinigungsprozeß und zur Hauptstadtdiskussion, Bonn 1992.

6. Die Goldhagen-Debatte: Zeitgeschichte zwischen Medien und Moral in den 1990er Jahren

Die deutsche Vereinigung hatte bei nicht wenigen westdeutschen Intellektuellen die Befürchtung aufkommen lassen, mit der Rückkehr des Nationalstaats in die deutsche Geschichte sollten deren dunkle Kapitel nun endgültig ›entsorgt‹ werden. Nur wenige Wochen nach dem 3. Oktober 1990 warnte beispielsweise Karl-Heinz Janßen in der *Zeit* eindringlich vor dem Verlangen, die jüngste Vergangenheit »ad acta zu legen«.[1] Der Feuilleton-Redakteur der Hamburger Wochenzeitung, der bereits die Fischer-Kontroverse kommentiert und Habermas' Auftakt zum ›Historikerstreit‹ lanciert hatte, bekräftigte vielmehr den durch eben jene Debatten gewonnenen geschichtspolitischen Konsens der alten Bundesrepublik: »Unsere Nation trägt an einer doppelten Kriegsschuld. Der Zweite Weltkrieg war die Fortsetzung des Ersten, der abermalige Versuch Deutschlands, nach der Weltherrschaft zu greifen«, schrieb Janßen in deutlicher Reminiszenz an die Fischer-Kontroverse, deren Errungenschaften, so klang es, dreißig Jahre später in die Berliner Republik transferiert werden sollten.[2]

Als wiederum die *Zeit* sechs Jahre später den bislang letzten größeren zeithistorischen Streitfall in der deutschen Medienöffentlichkeit auslöste, zeigte sich jedoch, daß Befürchtungen dieser Art gänzlich unbegründet waren: Die Aufnahme der Thesen des jungen US-amerikanischen Politologen Daniel Goldhagen, der in seiner Dissertation über die Täter des Holocaust diese als »ganz gewöhnliche Deutsche« beschrieben hatte, machte deutlich, daß von einer voranschreitenden ›Entsorgung‹ der NS-Vergangenheit im vereinigten Deutschland keine Rede sein konnte.[3] Die Zustimmung, mit der Goldhagen gerade von der jüngeren Generation in der Bundesrepublik begrüßt wurde, gab manchem

Kommentator eher Anlaß zur Sorge, ob in Deutschland die Bereitschaft zur Übernahme historischer Schuld nicht inzwischen die Fähigkeit zum kritischen Umgang mit zeitgeschichtlicher Literatur übersteige.

Mit der Kontroverse um Goldhagen, an der sich Historiker aus Ostdeutschland übrigens kaum beteiligten – zumindest fanden sie kaum Gehör –, schien Mitte der 1990er Jahre die Auseinandersetzung um die zweite deutsche Diktatur wieder hinter die Erinnerung an die erste zurückzutreten. Die Bundesrepublik kehrte damit gewissermaßen, wie Rainer Eckert im September 1996 mit einigem Bedauern schrieb, zu ihrem »Normal-Diskurs« zurück.[4] Doch die Goldhagen-Debatte ging weit über deutsch-deutsche Befindlichkeiten hinaus: Sie war die erste größere zeithistorische Kontroverse in Deutschland, die in einem transnationalen Kommunikations- und Erinnerungsraum ausgetragen wurde.[5]

Auftakt von außen: Holocaust-Gedenken in den USA

Die Fischer-Kontroverse, der ›Historikerstreit‹, die Debatten um die deutsch-deutsche Vereinigung: Sie alle waren hausgemachte Streitfälle der bundesrepublikanischen Öffentlichkeit. Die Goldhagen-Debatte von 1996 wurde hingegen aus dem Ausland importiert und läßt sich ohne ihren Entstehungskontext in den USA kaum verstehen. Denn von hier ging in den letzten Jahrzehnten des 20. Jahrhunderts ein fundamentaler Wandel im öffentlichen Umgang mit dem Holocaust aus, der diesen zum globalen ›Erinnerungsort‹ schlechthin werden ließ.[6] Während die Überlebenden der Shoa in anderen Teilen der Welt um ihr öffentliches Erinnerungsrecht zum Teil sehr lange kämpfen mußten, wurde ihnen in den USA seit den 1970er Jahren eine immer größere gesellschaftliche Aufmerksamkeit entgegengebracht, in deren Folge aus einer jüdischen Erinnerung, wie Peter Novick geschrieben hat, letztlich eine »amerikanische« wurde: Zunehmend identifizierten sich auch solche Bevölkerungsgruppen mit dem Leiden der europäischen Juden, die selbst mit dem Geschehen in keinerlei historischer Verbindung standen.[7] Anders als in Israel oder in der Bundesrepublik mit ihren jeweils besonderen nationalen Perspektiven auf das Ereignis nahm das Gedenken an

die Ermordung der europäischen Juden im öffentlichen Erinne-
rungshaushalt der USA somit letztlich einen transnationalen,
universalen Bedeutungsgehalt an. Über die massenmediale Ge-
staltung dieser Erinnerung konnte das Holocaustgedächtnis
schließlich von allen geteilt werden, die zur Empathie fähig waren, und zwar weltweit: In einer Welt voller kultureller und politischer Wertunterschiede bietet die Erinnerung an den Holocaust als das absolut Böse in der Weltgeschichte, wenn auch nur
ex negativo, einen klaren moralischen Anhaltspunkt.

Als Beispiel für die erfolgreiche moralische Universalisierung
der Holocaust-Erinnerung in den USA, aber auch darüber hinaus, mag Steven Spielbergs Kinoerfolg *Schindlers Liste* von 1993
dienen: Hier wird der Kampf mit dem absolut Bösen in den Ge-
stalten des sich zum Guten bekehrenden Oskar Schindler und
des dem Bösen verfallenen Lagerkommandanten Amon Goeth
geradezu personifiziert. Der geschichtliche Hintergrund des
Holocaust fordert den Zuschauer zur existentiellen Rolleniden-
tifikation auf:»Schindler sind alle, die retten wollen. Goeth sind
alle, die töten wollen, und die Juden sind die Opfer überall. Hier
wird die Massenkultur zur Trägerin der Erinnerung. Ein öffentlicher Raum zur Diskussion über moralische Fragen wird geschaffen, an dem sich alle Zuschauer beteiligen können.«[8]

Im gleichen Jahr, in dem *Schindlers Liste* in die Kinos kam,
eröffnete in Washington das *United States Holocaust Memorial
Museum*. Als »moralischer Kompaß«, so hofften die Verantwortlichen, solle das Museum, mit dessen Eröffnung das Holo-
caustgedenken in den USA gewissermaßen zur gesamtstaatlichen
Aufgabe erklärt wurde, auch eine Anleitung zur historisch-politischen Urteilsbildung geben.[9] Neben dem eigentlichen Ausstel-
lungsbetrieb organisiert das Museum bis heute ein beachtliches
Begleitprogramm mit eigenen Filmreihen, Lesungen, wissenschaftlichen Kolloquien und vielem mehr. Am 8. April 1996 präsentierte hier Daniel Jonah Goldhagen sein kurz zuvor erschie-
nenes Buch *Hitler's Willing Executioners* vor einem Publikum
von etwa 600 Zuhörern, vor Mikrophonen und Fernsehkameras
sowie im Beisein fachlich ausgewiesener Kommentatoren der
Öffentlichkeit.[10]

Das Buch, das es rasch in die Bestsellerlisten schaffte, war aus
Goldhagens politikwissenschaftlicher Dissertation an der Har-
vard-Universität hervorgegangen und beanspruchte nicht weni-

ger, als eine neue Antwort auf die Frage nach den Ursachen des
Holocaust zu geben: »Dieses Buch ist eine Kriegserklärung«, so
wurde Goldhagen Anfang April 1996 in der *New York Times* zitiert: »Ich beschreibe darin die konventionellen Deutungen. Und
erkläre sie alle für falsch.«[11] Goldhagens amerikanischer Verleger warb bereits im Vorfeld der Veröffentlichung mit der Ankündigung, das Buch werde den Blick auf den Holocaust fundamental ändern – eine Erwartungshaltung, die sich ebenfalls
bei seinen ersten US-amerikanischen Rezensenten fand: »Sein
Buch ist eines der seltenen neuen Werke, die das Prädikat wegweisend verdienen«, hieß es beispielsweise unmittelbar nach seinem Erscheinen Ende März 1996 – ein Urteil, dem auch Elie
Wiesel nur zustimmen konnte: Goldhagens Werk enthalte »be-
stürzende und überraschende Wahrheiten, die die Deutschen zu
lange nicht wahrhaben und mit denen sie sich auch nicht ausein-
andersetzen wollten«. In Deutschland, so der Auschwitzüberle-
bende und Friedensnobelpreisträger, sollte es daher »in jeder
Schule gelesen werden«.[12]

Was aber war nun das Neue an Goldhagens Untersuchung,
daß sie unmittelbar nach ihrem Erscheinen ein so großes und zunächst so zustimmendes Medienecho fand? Die Antwort auf diese Frage liegt vermutlich weniger in den mitgeteilten Sachverhal-
ten als vielmehr in der Art und Weise ihrer Präsentation. Denn
Goldhagen näherte sich dem Holocaust nicht, wie es in der wissenschaftlichen Historiographie lange Zeit üblich gewesen war,
über mehr oder weniger abstrakte Berechnungen und Rekon-
struktionsversuche von Entscheidungs- und Umsetzungswegen,
sondern über die Beschreibung der konkreten Mordsituationen,
die er zum Teil sehr plastisch schilderte. Im einzelnen untersuch-
te er anhand von drei Fallbeispielen – den Mordaktionen des Polizeibataillons 101, der Tötung durch physische Erschöpfung in
den Arbeitslagern sowie den Todesmärschen von KZ-Häftlingen
in den letzten Kriegsmonaten – die Situationen und Momente, in
denen die Täter ihren Opfern in bewußter Mordabsicht begegneten: »Der Weg in den Wald bot jedem Täter die Gelegenheit
zum Nachdenken«, so heißt es, um nur ein Beispiel zu nennen, in
Goldhagens Beschreibungen der Taten des Polizeibataillons. »Er
schritt Seite an Seite mit seinem Opfer, konnte das menschliche
Wesen neben sich mit den Vorstellungen in seinem Kopf vergleichen. Neben einigen der Deutschen gingen gewiß Kinder […].

Welche Gedanken und Gefühle bewegten diese Männer jetzt, da sie Seite an Seite mit einem vielleicht acht- oder zwölfjährigen Mädchen marschierten [...]? Das Töten selbst war eine grausame Angelegenheit. Nach dem gemeinsamen Gang durch den Wald mußte jeder Deutsche seine Schußwaffe auf den Hinterkopf des Opfers richten, das nun mit gesenktem Kopf dastand.«[13]

Goldhagen, der dieser Geschichte weitere Details um »Blut, Knochensplitter und Gehirnmasse« hinzufügte, stellte in seinem Buch erneut die fundamentale Frage, wie solche Taten möglich waren. Was verursachte die absichtsvolle Grausamkeit, mit der die Täter ihren Opfern zu Leibe rückten? Die herkömmlichen Erklärungen – Befehlsnotstand, Autoritätshörigkeit, Gruppenzwang etc. – lehnte Goldhagen kategorisch ab. Da die grausamsten Szenen sich seiner Meinung nach nur gegenüber jüdischen Opfern abspielten, kam für ihn als Erklärung nur ein aggressiver, auf Vernichtung angelegter Antisemitismus als Motiv in Frage. Allerdings handelte es sich für Goldhagen bei den Tätern keineswegs nur um eine kleine Gruppe fanatisierter Antisemiten, sondern vielmehr um einen repräsentativen Querschnitt der deutschen Bevölkerung. Am Beispiel des Polizeibataillons 101 konnte er zeigen, daß die Täter nur zu etwa einem Drittel Mitglieder der NSDAP waren: »In ihrer überwältigenden Mehrheit waren sie vielmehr ganz gewöhnliche Deutsche, ob sie nun in der Partei waren oder nicht – dann sogar erst recht.«[14] Aus der Tatsache, daß es sich bei den Angehörigen des Polizeibataillons mehrheitlich um ›ganz gewöhnliche Deutsche‹ handelte, zog er den problematischen Umkehrschluß, daß auch andere ›ganz gewöhnliche Deutsche‹ sich genauso verhalten hätten: »Was diese *ganz gewöhnlichen* Deutschen taten, war auch von anderen *ganz gewöhnlichen* Deutschen zu erwarten«, so Goldhagens Schlußfolgerung, der in der Vernichtung der Juden letztlich nur ein »nationales Projekt« der Deutschen vermuten konnte.[15] So schien ihm die gesamte deutsche Gesellschaft – wie er im Anfangs- und Schlußteil seines über siebenhundert Seiten starken Buches darzulegen versuchte – von einem tief in der deutschen Geschichte verankerten »eliminatorischen Antisemitismus« durchzogen, der letztlich auf die vollständige Auslöschung der jüdischen Bevölkerung und Kultur ausgerichtet gewesen sei. »Das deutsche Volk«, so Goldhagens Fazit, »hat das nationalsozialistische Bild von den Juden in seinen wesentlichen Aspekten nahezu einmütig akzeptiert«, so daß »die meisten Deutschen hätten werden können, was eine ungeheure Zahl ganz gewöhnlicher Deutscher tatsächlich wurde: Hitlers willige Vollstrecker«.[16]

Goldhagen war nun weder der einzige noch der erste, der sich mit dem Täterprofil des Holocaust beschäftigt hatte. Bereits 1992 hatte Christopher R. Browning ebenfalls das Reserve-Polizeibataillon 101 einer genaueren Analyse unterzogen und war dabei ähnlich wie später Goldhagen auf die Tatsache gestoßen, daß die Täter aufgrund ihrer Sozialstruktur und politischen Prägungen eher dem Durchschnitt der Bevölkerung als Vorstellungen von fanatisierten Massenmördern entsprachen.[17] Die Radikalisierung der Angehörigen des Bataillons führte Browning jedoch weniger auf ihre antisemitische Prägung, geschweige denn auf einen national verwurzelten ›eliminatorischen Antisemitismus‹ zurück als vielmehr auf einen mit dem Mordauftrag selbst sich radikalisierenden sozialen Gruppendruck. Nationale Differenzen waren nach Browning dabei weniger ausschlaggebend als eine grundsätzlich in vielen Gesellschaften anzutreffende Gehorsamsbereitschaft, die der Autorität mehr Respekt entgegenbringt als dem Leiden der Opfer. Für Browning waren die Täter des Polizeibataillons 101 daher »ganz normale Männer«, für Goldhagen – der sein Werk über weite Strecken in direkter Entgegensetzung zu Browning angelegt hatte – waren sie hingegen ›ganz normale Deutsche‹.[18]

Bei der Buchvorstellung von *Hitler's Willing Executioners* im Washingtoner *Holocaust Memorial Museum* trafen beide Positionen aufeinander. Während Goldhagen seine These vom ›eliminatorischen Antisemitismus‹ der Deutschen präsentierte, wies Browning, der als Diskutant eingeladen worden war, dies mit Hinweis auf die Beteiligung von Nichtdeutschen an den Tötungseinsätzen zurück. Denn laut Browning gehörten zum Polizeibataillon 101 ebenfalls vierzehn Luxemburger, von denen nicht bekannt sei, daß sie sich anders als ihre deutschen Kollegen verhalten hätten.[19] Goldhagens These: »keine Deutschen, kein Holocaust« stand somit schon damals auf unsicherem Grund und fand auch in den USA unter ausgewiesenen Fachhistorikern nur wenig Unterstützung.[20] Das Publikum stand dennoch auf seiten des jungen Harvard-Dozenten und nahm die Ausführungen seiner Kritiker auf der Buchvorstellung Anfang April 1996 nur widerwillig zur Kenntnis.[21] Das ›Goldhagen-Phänomen‹, das auch in Deutschland später beobachtet werden konnte, war somit bereits kurz nach dem Erscheinen des Werkes in den USA geboren: Auf der einen Seite das wissenschaftliche Establishment arrivierter Fachwissenschaftler, auf der anderen Seite der jugendliche *newcomer*, dessen ergreifende Schilderungen und moralisch-anklagende Sprache das emotionale Anliegen des Publikums genau zu treffen schienen: *Hitlers willige Vollstrecker*, so schrieb ein ehemaliger Dachau-Häftling im September 1996 an Goldhagen, »wird *das Buch* werden, das einzige Buch, das man lesen muß, um die Dynamik des Holocaust zu verstehen. Indem Sie dieses Buch schrieben, entfernten Sie die Verkrustungen, die fünfzig Jahre des Revisionismus dem Schiff des Todes angelegt haben, das der Holocaust war. Sie stellen die historische Wahrheit fest!«[22]

An der Unterstützung durch das Publikum änderte sich auch dann nur wenig, als zunehmend Einwände gegen Goldhagens Quellenauswahl und seinen Umgang mit der Sekundärliteratur aufkamen. Gegen seine schärfste wissenschaftliche Kritikerin, Ruth Bettina Birn, die im Auftrag des kanadischen Justizministeriums zum Teil über die gleichen Quellenbestände geforscht hatte, ging Goldhagen 1997 sogar juristisch vor.[23] Seine Kritikerin ließ sich jedoch durch die Androhung von Schadenersatzforderungen nicht beirren und publizierte im Jahr darauf ihre Einwände erneut, diesmal in einem gemeinsam mit dem New Yorker Politikwissenschaftler Norman G. Finkelstein veröffentlichten Buch: *Eine Nation auf dem Prüfstand. Die Goldhagen-These und die historische Wahrheit*.[24] Während sich Birn als ausgewiesene Spezialistin auf die wissenschaftliche Kritik an Goldhagens Buch konzentrierte, griff ihr Mitautor – ebenfalls auf der Grundlage einer im Jahr zuvor veröffentlichten ausführlichen Rezension – über den wissenschaftlichen Kontext zum Teil weit hinaus und hob zu einer fundamentalen Kritik der von ihm so bezeichneten »Holocaustindustrie« an.[25] Denn Goldhagens Erfolg, so Finkelstein, verdanke sich weniger seiner wissenschaftlichen Leistung als vielmehr einem politisch gewollten und ökonomisch vermarkteten Erinnerungsdiskurs, der vor allem auf die Unterstützung zionistischer Interessen in den USA gerichtet sei: »Die jüngste große Holocaust-Show ist Daniel Jonah Goldhagens *Hitlers willige Vollstrecker*«, so ließ sich dann zwei Jahre später in Finkelsteins zornigem Essay *Die Holocaust-Industrie* lesen, in dem der New Yorker Politologe diesmal nicht nur zu einer Kritik Goldhagens, Elie Wiesels und anderer jüdischer Intellektueller anhob, sondern auch die großen jüdischen Interessenverbände und ihr Finanzgebaren im Umgang mit internationalen Entschädigungsgeldern ins Visier nahm.[26] »Die organisierten Juden Amerikas«, so sein Pauschalurteil, hätten »den Massenmord der Nazis ausgebeutet, um Kritik an Israel und an ihrer eigenen unhaltbaren Politik abzuwehren« – ein Satz, so kurz und apodiktisch, wie man ihn bislang nur in antisemitischen Veröffentlichungen vermutet hätte, nicht jedoch bei einem Autor, dessen Eltern – wie übrigens auch der Vater von Daniel Goldhagen – selbst zu den Überlebenden des Holocaust zählten.[27]

Als Finkelsteins antizionistischer Rundumschlag im Jahr 2001 auf den deutschen Buchmarkt kam, war es um die eigentliche Goldhagen-Debatte hierzulande bereits wieder still geworden.[28] Dennoch liest sich die Streitschrift gegen die *Holocaust-Industrie* in mancherlei Hinsicht geradezu wie eine Steigerung von *Hitlers willige Vollstrecker*, wenn auch mit umgekehrtem Vorzeichen: Finkelstein hatte die moralische Verve, mit der Goldhagen gegen die etablierte Historikerschaft zu Felde gezogen war, im Grunde nur gegen diesen selbst gewandt im Namen einer höheren normativen Verpflichtung, die jede Form von Geschäftemacherei mit der Erinnerung verbiete. So moralisiert Finkelstein gewissermaßen den Moralisierer, auch auf die Gefahr hin, daß seine Kritik auf das sprachliche Niveau des Ressentiments zurückfällt. Mit dieser Drehung der Moral um die eigene Achse verliert der historische Gegenstand jedoch immer mehr an Interesse: An die Stelle kognitiver Wissensfragen treten normative Bewertungsfragen, die sich bei Goldhagen auf die Rolle der Täter und ihr gesellschaftliches Umfeld, bei Finkelstein auf die Politisierung der Erinnerungen der Opfer und ihrer Nachkommen richten.

Das Goldhagen-Syndrom:
Zeithistoriker und ›ganz gewöhnliche Deutsche‹

Bereits wenige Tage nach der Buchvorstellung von *Hitler's Willing Executioners* in Washington erreichte die Goldhagenwelle Deutschland: Am 11. April 1996 veröffentlichte die *Zeit* in ihrem ›Dossier‹ längere Auszüge aus dem Buch, das bis dahin nur in der amerikanischen Originalausgabe vorlag.[29] Volker Ullrich, der zuständige Redakteur der Hamburger Wochenzeitung, sorgte in einem Leitartikel für das entsprechende *agenda setting*: »Die großen historischen Debatten beginnen immer mit einer Provokation. Das war Anfang der sechziger Jahre so, als der Hamburger Historiker Fritz Fischer mit seinem Buch ›Griff nach der Weltmacht‹ die konservative Zunft herausforderte. Das war so Mitte der achtziger Jahre, als Jürgen Habermas in dieser Zeitung mit seiner Antwort auf Ernst Nolte und andere Geschichtswissenschaftler den Anstoß gab für den ›Historikerstreit‹ [...]. Zehn Jahre später ist nun der Auftakt gesetzt für den zweiten, für einen noch schärferen Historikerstreit.«[30]

Damit war die Goldhagen-Debatte, noch bevor sie in Deutschland überhaupt begonnen hatte, in eine Reihe mit den großen zeithistorischen Kontroversen der Bundesrepublik, mit der Fischer-Kontroverse und dem ›Historikerstreit‹, gerückt worden, gleichsam als das dritte Kapitel einer Serie, das jene, die bereits die beiden ersten Episoden verfolgt hatten, nun mit Spannung erwarten durften, zumal die entscheidenden Reizwörter der Vorgängerdebatten von Ullrich wieder aufgegriffen wurden: Goldhagen rede zwar nicht von »Kollektivschuld«, in der Sache komme er dem Vorwurf allerdings recht nahe, auch argumentiere er eher »wie ein Staatsanwalt denn als Historiker«, sein Buch sei verstörend für alle, die sich in »der neuen ›Normalität‹« Deutschlands fünfzig Jahre nach Kriegsende eingerichtet hätten.[31]

Mit der Vorveröffentlichung von Auszügen aus der deutschen Übersetzung von *Hitler's Willing Executioners* behauptete die *Zeit*, die bereits 1986 den ›Historikerstreit‹ eröffnet hatte, zehn Jahre später erneut ihren publizistischen Führungsanspruch. Den überregionalen Tageszeitungen und Zeitschriften blieb nur noch zu reagieren, die Erstmeldung hatte die Hamburger

Wochenzeitung für sich gesichert – und das, obwohl in den Tagen zuvor in anderen deutschen Zeitungen von Goldhagens Buch
bereits die Rede gewesen war.[32] Das einzige, was die größeren
Tageszeitungen und Zeitschriften in Deutschland nun noch tun
konnten, war, die Herausforderung anzunehmen und – wie etwa
die *Süddeutsche Zeitung* – den Sensationsanspruch durch weitere Reizwörter zu überbieten oder aber – wie etwa die *Frankfurter Allgemeine Zeitung*, die *taz* oder *Der Spiegel* – ihn lautstark zurückzuweisen. Innerhalb einer Woche hatten sich die
führenden Printmedien der Bundesrepublik zum Fall Goldhagen
klar und deutlich positioniert: Zwei Tage nach dem *Zeit*-Auf-
macher sprach Josef Joffe in der *Süddeutschen Zeitung* von
einer neuen »Sonderweg«-These und schloß sich trotz nicht ver-
borgener Kritik an Goldhagen der Aufforderung Elie Wiesels an,
das Buch zur »Pflichtlektüre« zu machen, habe sich das »Rad der
Historiographie« doch »um 360 Grad« gedreht: »Nach diesem
streitbaren und umstrittenen Buch wird es nicht mehr so einfach
sein, das einzigartige Verbrechen unter der Rubrik ›im deutschen
Namen‹ abzulegen.«[33] Wiederum zwei Tage später meldete sich
dann die *FAZ* zu Wort und erklärte die ganze Aufregung um
Goldhagens Buch für unbegründet, habe es mit »Wissenschaft
und mit Beweisfähigkeit« doch nur wenig zu tun: »In den fünfziger Jahren, deren Luft das Buch atmet, hätten ›Hitlers willige
Vollstrecker‹ gewiß weniger Aufsehen und weit mehr betretenes
Schweigen hervorgerufen«, kommentierte der Mitherausgeber
Frank Schirrmacher.[34] Ähnlich urteilte Rudolf Augstein im *Spiegel*, der sich ansonsten nur selten mit der *FAZ* einig wußte: Daß
die Deutschen die Juden mit Leidenschaft gehaßt hätten, sei »natürlich purer Unsinn«, so Augstein, der scheinbar kein Interesse
an einer Neuauflage des ›Historikerstreits‹ verspürte: »Man
wird Goldhagen am Ende nur bescheinigen, daß er gut schreibt,
aber ahistorisch denkt. Die Debatte, ob Auschwitz nun ein ein-
maliges Verbrechen war, kann doch nun, weil erledigt, nicht jedes Jahr neu aufgerollt werden.«[35] Eine neue wissenschaftliche
Kontroverse wollte schließlich auch die Berliner *taz* nicht für
möglich halten: »Goldhagens ›überwältigende Beweise‹ (Elie
Wiesel) für die doch wohl nicht so taufrische These von der
deutschen Kollektivschuld [...] bestehen im wesentlichen aus einer Aneinanderreihung von Anekdoten«, urteilte hier die Film-
kritikerin Mariam Niroumand zwei Tage nach dem Vorabdruck

in der *Zeit*. Mehr als »eine Art ›Pulp Fiction‹ mit soziologischem Tarncode« habe Goldhagen nicht zu bieten: »Was aber die Hamburger *Zeit* geritten haben mag, dieses Machwerk mit dem Startschuß für einen ›neuen Historikerstreit‹ zu versehen«, lohne »einen Moment verwunderten Nachdenkens«.[36] Für die Konkurrenz vom Berliner *Tagesspiegel* stand die Antwort bereits fest: »Die ›Zeit‹, in der vor zehn Jahren ein paar kluge Artikel zum Historikerstreit standen, wollte sich endlich mal wieder gegen die pfiffiger gewordene Konkurrenz in Szene setzen [...]«. Goldhagen habe die perfekte Gelegenheit geboten, »mal wieder die gute Gesinnung zur Schau zu stellen«.[37] Noch bevor die Debatte um Goldhagens Thesen in Deutschland wirklich einsetzte, war damit bereits die rekursive Schließung des Mediensystems erfolgt: Statt die Meldung der *Zeit* zu wiederholen oder zu erweitern, wurde nun bereits die redaktionelle Entscheidung des Hamburger Wochenblattes, Goldhagen eine publizistische Plattform in Deutschland zu bieten, selbst zum Nachrichtenwert und Volker Ullrich zu Goldhagens »Mentor« in Deutschland stilisiert.[38]

Den ersten Schlagabtausch über Goldhagens Buch lieferten sich somit in Deutschland nicht anders als in den USA vor allem Journalisten und Zeitungsredakteure. Die Fachhistoriker meldeten sich größtenteils erst später zu Wort, mit Ausnahme von Norbert Frei, der bereits am Abend nach der Vorveröffentlichung in der *Zeit* nach eigenem Bekunden eine »Nachtschicht« einlegte, um seine bereits seit längerem mit der Redaktion der *Süddeutschen Zeitung* abgesprochene Rezension von Goldhagens Buch fertigzustellen.[39] Der damals noch am Münchner ›Institut für Zeitgeschichte‹ tätige Historiker urteilte in seiner Besprechung, die zwei Tage später erschien, ebenfalls recht skeptisch über Goldhagens Buch und die *Zeit*-Initiative: Zwar stimmte er Goldhagen durchaus zu, daß die »Mentalität des Genozids« in Deutschland weiter verbreitet gewesen sei, als es selbst die Fachwissenschaft lange Zeit wahrhaben wollte. Dies rechtfertige allerdings noch nicht die Rede vom Holocaust als ›nationalem Projekt‹ der Deutschen; auch Goldhagens zugespitzter »Sonderwegs-These« konnte Frei nichts abgewinnen: »Ob uns angesichts dieser sensationsheischenden These ein neuer, ›noch schärferer Historikerstreit‹ ins Haus steht als vor zehn Jahren, wie Volker Ullrich jetzt in der *Zeit* prognostiziert, darf immer-

hin bezweifelt werden. Letztlich ist zu wenig wirklich neu an
Goldhagens Buch, und zu einhellig wird die Fachkritik wahrscheinlich ausfallen, wenn seine extrem deterministische Darstellung erst einmal sorgfältig gelesen worden ist. Vielleicht ist es
kein Zufall, daß unter denen, die das Werk zum Zwecke seiner
mediengerechten Einführung mit zitierfähigem Vorab-Lob be-
dachten, keine Fachleute sind.«[40]

Der Münchner Zeithistoriker griff hier auf die bekannten
Formeln des disziplinären *boundary work* zurück, um die Deutungshoheit der ›Fachkritik‹ gegenüber den vorschnellen und
unberufenen Stimmen von ›Nicht-Fachleuten‹ hervorzuheben.
Diesen Gestus machte sich übrigens auch die Redaktion der
Frankfurter Rundschau zu eigen, die sich ebenfalls früh um Reaktionen von Expertenseite bemühte und beanstandete, daß in
der amerikanischen Debatte bislang meist nur »jüdische Nicht-
Historiker, sprich Journalisten und Kolumnisten unter sich«
diskutiert hätten, ohne auf das Urteil der Fachwissenschaft zu
vertrauen.[41] Um es selbst besser zu machen, ließ die *FR* in den
folgenden Wochen eine stattliche Zahl von Historikern und anderen Kulturwissenschaftlern zu Wort kommen (u. a. Gertrud
Koch, Hanno Loewy und Jörn Rüsen), um Goldhagens Thesen
einer kritischen Prüfung zu unterziehen. Im Aufgebot der Ex-
pertinnen und Experten kam die *Frankfurter Rundschau* jedoch
nicht gegen die *Zeit* an, die in einer eigenen Goldhagen-Serie
u. a. Eberhard Jäckel, Hans-Ulrich Wehler und Ulrich Herbert
aufbieten konnte. Bis auf wenige Ausnahmen überwog aber
auch in der *Zeit*-Serie unter den Fachwissenschaftlern eine eindeutig ablehnende Haltung. Zwar wurde zugestanden, daß
Goldhagen durchaus die richtigen Fragen stelle, doch herrschte
Übereinstimmung, daß er darauf die falschen Antworten gebe.
Für Eberhard Jäckel war Goldhagens Dissertation »einfach ein
schlechtes Buch«, für Ulrich Herbert zumindest »kein gutes
Buch«, noch dazu »voller Fehler und Übertreibungen«.[42] Hans-
Ulrich Wehler folgte schließlich einmal mehr den bekannten Linien disziplinärer Grenzziehung und meinte im Falle Goldhagens
sogar ein »Versagen des akademischen Prüfungsfilters« und die
Nichtbeachtung fachwissenschaftlicher »Kontrollmechanismen«
beanstanden zu können, auf deren »Funktionstüchtigkeit« sich
gerade »der nicht spezialisierte Leser« jedoch verlassen können
müsse.[43]

Ähnlich kritisch waren schließlich auch die ersten Reaktionen in den Fachzeitschriften, die allerdings erst mit erheblicher Zeitverzögerung auf den Meinungsmarkt kamen und daher eher als abschließende Resümees denn als Beiträge zur aktuellen Debatte wahrgenommen wurden.[44] Wo und wann auch immer sich die Fachvertreter in Deutschland zur Goldhagen-Debatte äußerten – bis auf wenige Ausnahmen waren sie sich in ihrer ablehnenden Haltung einig: »Was an den Thesen des Buches richtig ist, ist nicht neu, und was neu ist, ist nicht richtig«, so brachte es der Berliner Antisemitismusexperte Reinhard Rürup auf den Punkt.[45] Insofern war es auch nicht verwunderlich, daß die Organisatoren des 41. deutschen Historikertages, der im September 1996 in München stattfand, lieber über die Geschichte der DDR debattieren wollten als über *Hitlers willige Vollstrecker*. Erst als aus dem Publikum lautstark Interesse daran angemeldet wurde, kam es zu einer spontan organisierten Podiumsdiskussion, auf der die »Einheitsfront der entrüsteten Wissenschaftler«, wie der israelische Historiker Moshe Zimmermann spottete, sich noch einmal ihrer ablehnenden Haltung gegenüber Goldhagen vergewisserte.[46]

In der Tat hatte es seit der Fischer-Kontroverse unter deutschen Zeithistorikerinnen und Zeithistorikern nicht mehr einen so großen Konsens gegeben wie während der Goldhagen-Debatte.[47] An der kritisch-ablehnenden Haltung konnte auch Goldhagens ausführliche, über sechs Zeitungsseiten sich erstreckende Antwort an seine deutschen Kritiker, die Anfang August 1996 in der *Zeit* erschien, nichts ändern. Ohne auch nur ansatzweise auf die kritisierten Punkte mit empirischen Befunden einzugehen, holte er zu einem wenig überzeugenden Rundumschlag aus und attestierte seinen Kritikern ein Scheitern »auf der ganzen Linie«: Ihre Vorwürfe seien »hohl«, und »um die wichtigsten Themen« drückten sie sich herum. Statt dessen reagierten sie geradezu »mit einer Wut, die an Menschen denken läßt, die jemanden zum Schweigen bringen wollen, weil er an ein lang bewahrtes Tabu zu rühren wagte«.[48] Selbst innerhalb der *Zeit* schien Goldhagen damit über die Stränge geschlagen zu haben: »Ich bin der Meinung, daß die *Zeit* viel zuviel Aufhebens von dem Buch gemacht hat«, ließ die Mitherausgeberin Marion Gräfin Dönhoff wenige Wochen später verlauten.[49]

Goldhagens Antwort an seine Kritiker erschien kurz vor der Auslieferung der deutschen Übersetzung von *Hitler's Willing Executioners*, die Anfang August 1996 in die Buchläden kam und sofort die Bestsellerlisten erklomm. Im Vorwort zur deutschen Ausgabe hatte Goldhagen noch einmal ausdrücklich dargelegt, daß er die Vorstellung einer deutschen Kollektivschuld »kategorisch« ablehne und auch keineswegs einem unveränderlichen »Nationalcharakter der Deutschen« das Wort rede. Gerade innerhalb der letzten fünfzig Jahre habe sich die politische Mentalität der Deutschen vielmehr entscheidend gewandelt: »Die politische Kultur der Bundesrepublik und die meisten Deutschen sind inzwischen als von Grund auf demokratisch zu bezeichnen«, so Goldhagens Versöhnungsangebot an seine deutschen Kritiker, das er noch einmal Anfang August in einem *Spiegel*-Gespräch mit Rudolf Augstein unterstrich. Gerade die jungen Deutschen, die die Zeit des Nationalsozialismus nicht mehr selbst erlebt hätten, so Goldhagen, »sollten sich nicht von der Vergangenheit gequält fühlen müssen«.[50]

Zu einer Beruhigung der Debatte kam es durch diesen Beschwichtigungsversuch allerdings nicht. Als Goldhagen Anfang September 1996 zu einer Lesereise nach Deutschland kam, ging die Kontroverse um sein Buch vielmehr in die zweite Runde und wurde nun vollends zu einem Medienereignis, das weit über die Feuilletonseiten der großen Tages- und Wochenzeitungen hinausreichte und geradezu seine eigene Erlebniswirklichkeit erzeugte. Denn während von seiten der Fachwissenschaft über den Autor und sein Buch bereits in den Monaten zuvor alles gesagt zu sein schien, erlebte das Publikum die Goldhagen-Debatte nun – gewissermaßen in ihrer zweiten Auflage – als einen Streit zum Anfassen, an dem es selbst im Beisein der Kontrahenten durch Applaus und Zwischenrufe aktiv teilnehmen konnte: »In den letzten Tagen ist Goldhagen zum ersten Mal in Deutschland aufgetreten, und die Aufmerksamkeit war gewaltig. Vor den Hamburger Kammerspielen parkten fünf Lastwagen des Fernsehens, in Berlin versuchten Leute vor der Jüdischen Gemeinde noch eine Karte zu ergattern wie in Bayreuth«, berichtete die *FAZ* im September 1996.[51] Der jugendlich-telegene Harvard-Dozent sprach in Hamburg, Berlin, Frankfurt und München, stets in überfüllten Sälen, er wurde von Guido Knopp zu einer Gesprächsveranstaltung des ZDF eingeladen und stellte sich den

Fragen von Geschichtsstudenten der Freien Universität in Berlin. Immer schlug ihm dabei eine Welle der Sympathie entgegen, gerade unter den jüngeren Teilnehmern, so daß, wie die *Zeit* und die *FAZ* übereinstimmend schrieben, seine Lesereise einem regelrechten »Triumphzug« glich.[52]

Goldhagen, so schien es, kam als »Wunderheiler« nach Deutschland, seine Buchvorstellungen wirkten wie eine mediale und moderne Aufbereitung »pietistischer Gemeindeerweckung«.[53] Die Rollen von Gut und Böse waren für das Publikum bereits im Vorfeld eindeutig verteilt: auf der einen Seite der aufrechte und tapfere Prophet einer unliebsamen Wahrheit, auf der anderen Seite die etablierte Priesterschaft, die dem jugendlichen Herausforderer den Zutritt zum Tempel verwehrte. Das immer gleiche Rollenskript der Diskussionsveranstaltungen sah Verständigung nicht vor, statt dessen herrschte das serielle Gesetz von Medienproduktionen, wie die wiederholten Zusammenkünfte von Goldhagen und seinem inzwischen bedeutendsten Kritiker in Deutschland, Hans Mommsen, unter Beweis stellten. Als Goldhagen in Berlin Station machte, traf er nachmittags mit dem Bochumer Historiker zunächst auf einer Diskussionsveranstaltung zusammen, von dort aus fuhren beide ins Fernsehstudio des SFB, um die Diskussion vor laufenden Kameras mit den gleichen Argumenten noch einmal zu wiederholen, später trafen sie nochmals in Aschaffenburg aufeinander, diesmal für das ZDF.[54] Gerungen wurde nicht mehr um die Sache, sondern um Einschaltquoten und die Gunst des Publikums, das geschickt miteinbezogen wurde: »Gibt es jemand hier im Saal«, fragte Goldhagen in bewußter Mißdeutung seines Gesprächspartners, »der mit Professor Mommsen meint, daß Leute, die Juden morderten, nicht wußten, was sie taten?« Während der Mißverstandene sich nur noch, wie Volker Ullrich anschließend in der *Zeit* berichtete, mit »hochrotem Kopf und zornbebender Stimme« gegen die Insinuation der Verharmlosung zur Wehr setzen konnte, stellte sich der Berliner Historiker Arnulf Baring geschickter an. Nachdem seine Kritik an Goldhagen beim Publikum ebenfalls auf Ablehnung gestoßen war, behalf er sich mit Anbiederung: »Wissen Sie, ich mag den Mann ja, ich finde ihn sympathisch.«[55]

Nicht alle deutschen Zeithistoriker, die zum Streitgespräch mit Goldhagen geladen worden waren, agierten so geschickt.

Mehrheitlich tappten sie in die »Goldhagen-Falle« des Mißverständnisses, der nur derjenige entgehen konnte, der an seiner persönlichen Sympathie für den Kritisierten und an seinem eigenen moralischen Empfinden keinen Zweifel ließ.[56] »Gegenüber den Realitäten des Judenmords«, so kommentierte Stephan Speicher in der *FAZ*, »wirkt alle Differenzierung leicht unpassend«: »Dann ist das stärkste Wort das richtige, und das stärkste Wort spricht, oder besser: schreibt Goldhagen.«[57] Fachwissenschaftlich mag offen artikulierte Anteilnahme ohne Relevanz sein; eine Geschichtsschreibung, die an den emotionalen Bedürfnissen des Publikums vorbeischreibt, wird dieses jedoch niemals erreichen. Diejenigen Leser, die sich durch Goldhagen angesprochen fühlten, wird Hans Mommsen vermutlich kaum überzeugt haben, als er Ende August 1996 in einem Artikel für die *Zeit* über die Ursachen des Holocaust schrieb: »Die auf Dauerkonkurrenz sich auflösender Institutionen ausgerichtete Struktur des Regimes trieb, zusammen mit einer negativen Selektion politischer Interessenwahrnehmung, einen kumulativen Radikalisierungsprozeß in eine Richtung voran, an deren Ende zwangsläufig die Liquidierung der Juden stand.«[58] Wissenschaftlich gesehen mochte der Bochumer Zeithistoriker recht haben; sein Sprachduktus entsprach jedoch kaum dem Lesebedürfnis eines Publikums, für das der Holocaust vor allem eine moralische Größe war, deren Herausforderung zunächst auf anderem Gebiet als dem rein kognitiven lag.

Goldhagens Lesereise war der Höhepunkt der medialen Ereigniskette um sein Buch in Deutschland. Danach flaute das Interesse merklich ab. Seine zweite Monographie, die im Jahr 2002 auf den Buchmarkt kam und sich mit der Rolle der katholischen Kirche während des Holocaust beschäftigte, konnte trotz großer Werbekampagnen des Verlages nicht mehr an den Erfolg von 1996 anschließen.[59] Die öffentliche Aufmerksamkeit war allerdings schon ein halbes Jahr nach seinem ›Triumphzug‹, als Goldhagen im März 1997 erneut nach Deutschland kam, um den »Demokratiepreis« der *Blätter für deutsche und internationale Politik* entgegenzunehmen, deutlich geringer geworden, und dies, obwohl die Laudatio auf den Preisträger kein Geringerer als Jürgen Habermas hielt, der sich bis dahin von der Goldhagen-Debatte eher ferngehalten hatte.[60] Zwar waren auch dem Frankfurter Sozialphilosophen die Mängel des Buches nicht entgangen, doch hielt er allein schon die »öffentliche Resonanz«, die das Buch in der Bundesrepublik gefunden hatte, für preiswürdig. Goldhagen, so Habermas, habe die »kritische Einstellung gegenüber Eigenem« in Deutschland gefördert und sich damit um die politische Kultur des Landes verdient gemacht, denn der Umgang mit historischer Schuld spiegele immer auch »die Normen, nach denen wir uns gegenseitig als Bürger dieser Republik zu achten willens« seien.[61]

Einen neuen ›Historikerstreit‹ hat Goldhagen zwar nicht ausgelöst, doch hat die Debatte um sein Buch die Grenzen der Fachkommunikation in der Mediengesellschaft deutlich demonstriert: Um sich auf den Foren des öffentlichen Geschichtsdiskurses Gehör zu verschaffen, reicht rationale, wissenschaftliche Kritik allein nicht aus. Das Publikum wählt vielmehr nach eigenen Wünschen seinen Favoriten, auch wenn dieser aus der Zunft nur schlechte Noten erhält. Spätestens in der Goldhagen-Debatte mußten die deutschen Zeithistoriker erkennen, daß sie im ›öffentlichen Gebrauch der Historie‹ das Prärogativ der Deutungsmacht verloren hatten.

Vom Täterschock zur neuen ›Konsensgeschichte‹: Die ›Wehrmachtsausstellung‹

Habermas war nicht der einzige, der anläßlich der Preisverleihung im März 1997 eine Lobrede auf Goldhagen hielt. Ihm folgte als zweiter Redner des Abends Jan Philipp Reemtsma, der Direktor des seit 1984 mit privaten Mitteln aufgebauten ›Hamburger Instituts für Sozialforschung‹, der positiv hervorhob, daß Goldhagen die Beschäftigung mit den Tätern des Holocaust endgültig aus der Fixierung auf wenige Hauptschuldige und die NS-Funktionselite gelöst habe: »Die Furcht vor der Betrachtung des Jedermann« und die Angst vor der Möglichkeit, im Täter »den eigenen Großvater, Vater oder Onkel (oder die Tante und die Mutter) wiederzuerkennen«, sei von Goldhagens Werk durchbrochen worden zugunsten der »Bereitschaft, sich diesem Erkenntnisrisiko auszusetzen«.[62] In diesem Zusammenhang erwähnte Reemtsma auch die Ausstellung »Vernichtungskrieg. Verbrechen der Wehrmacht 1941 bis 1944«, die in den Jahren zuvor in seinem Haus konzipiert und seit 1995 bereits in mehre-

ren Städten Deutschlands und Österreichs gezeigt worden war.
Denn auch in der Ausstellung, so Reemtsma, gehe es letztlich
»um eine Schnittstelle von Regime und Bevölkerung, die Wehrmacht, und um den Jedermann«.[63]

Die Ausstellung präsentierte anhand von drei Fallbeispielen –
dem Partisanenkrieg in Serbien, der Besatzungsherrschaft in
Weißrußland und dem Vormarsch der 6. Armee – die Beteiligung
der Wehrmacht an der Ermordung der osteuropäischen Juden
und anderen Kriegsverbrechen. Mit der massenhaften Präsentation von zeitgenössischen Fotografien, auf denen gedemütigte
Opfer, Leichen und Tötungsaktionen in Gegenwart von Wehrmachtssoldaten zu sehen waren, durchbrach die Ausstellung in
einer Art verspätetem Wahrnehmungsschock die verbreitete Le-
gende von der ›sauberen Wehrmacht‹.[64] Innerhalb der wissenschaftlichen Forschung war die Beteiligung der Wehrmacht an
den Verbrechen des Vernichtungskrieges in Osteuropa zwar bereits seit längerem bekannt, die breite Öffentlichkeit hatte davon
jedoch kaum Notiz genommen.[65] Den Ausstellungsmachern ging
es deshalb vor allem darum, die öffentliche Auseinandersetzung
mit diesem Kapitel deutscher Gewaltgeschichte anzuregen; eine
Pauschalverurteilung der über 17 Millionen Wehrmachtssoldaten, wie später häufig behauptet wurde, war von ihnen nicht
intendiert, auch wenn die Art und Weise der Ausstellungspräsen-
tation – die massenhafte Aneinanderreihung schockierender Fotos mit zum Teil unzureichenden Bildunterschriften – diese Ver-
mutung durchaus nahelegen konnte: »Die Ausstellung will kein
verspätetes und pauschales Urteil über eine ganze Generation
ehemaliger Soldaten fällen«, hieß es ausdrücklich zu Beginn des
Katalogs. »Sie will eine Debatte eröffnen über das – neben
Auschwitz – barbarischste Kapitel der deutschen und österreichi-
schen Geschichte, den Vernichtungskrieg der Wehrmacht 1941
bis 1944.«[66]

Als die Ausstellung im Frühjahr 1995 in Hamburg eröffnet
wurde, hielt sich das öffentliche Interesse zunächst in Grenzen.
Zwar berichteten die *Zeit* und andere Presseorgane ausführlich
über die Ausstellung und die zugrundeliegenden historischen
Sachverhalte, als eine Provokation langgehegter Tabus wurde sie
damals jedoch noch kaum wahrgenommen. Das änderte sich
erst, als durch die Goldhagen-Debatte die öffentliche Wahrnehmung für die Beteiligung ›ganz normaler Deutscher‹ am Holo-

caust spürbar sensibilisiert war.[67] Nun strömten die Besucher zu Hunderttausenden in die Ausstellung, die in den Orten, an denen sie gezeigt wurde, für hitzige Debatten unter Besuchern und Stadträten, in der lokalen und überregionalen Presse, an Küchentischen und Schulen sorgte. An den Ausstellungsorten wurden umfangreiche Rahmenprogramme mit Lesungen und Vorträgen organisiert, Besucher suchten auf den Fotografien nach ihren Großvätern und Vätern, in Leserbriefen wurden Fälschungsvorwürfe erhoben und Pauschalurteile gefällt, Veteranenverbände demonstrierten gegen die Verunglimpfung von Soldaten, Rechtsradikale und Neo-Nazis zeigten sich gewaltbereit, Gegendemonstrationen formierten sich: Die Ausstellung war zum politischen und medialen Ereignis geworden. Bis 1999 zog sie über 800 000 Besucher an, mehr als 10 000 Presseartikel sollen sich mit ihr beschäftigt haben.[68]

Ihren Höhepunkt erreichte die Auseinandersetzung um die ›Wehrmachtsausstellung‹, wie sie bald nur noch verkürzt genannt wurde, im Frühjahr 1997, als sie in München Station machte. Schon im Vorfeld hatte sie für eine enorme Polarisierung der politischen Lager innerhalb der Stadt gesorgt, als bekannt wurde, daß die Ausstellung im Münchner Rathaus gezeigt werden sollte. Als Oberbürgermeister Christian Ude die Ausstellung am 24. Februar 1997 unter großem Medieninteresse eröffnete, versammelten sich Mitglieder der Münchner CSU um ihren Vorsitzenden Peter Gauweiler, der einen Kranz am Grabmal für den Unbekannten Soldaten niederlegte, um unter dem Beifall von Gleichgesinnten gegen die angeblich bösartige Verunglimpfung tapferer deutscher Wehrmachtssoldaten zu protestieren: Jan Philipp Reemtsma, Erbe eines bedeutenden Tabakindustriellen, so hatte Gauweiler bereits im Vorfeld angeraten, solle lieber »eine Ausstellung machen über die Toten und Verletzten, die der Tabak angerichtet« habe.[69] Der Besucherandrang ließ sich mit diesen und anderen Aktionen freilich nicht stoppen, im Gegenteil: Über 88 000 Menschen haben in München die Ausstellung besucht und dafür nicht selten mehrere Stunden Wartezeit in Kauf genommen: »Tausende von Menschen versammeln sich Tag für Tag, fast drei Wochen lang«, so die Beobachtung eines Mitarbeiters des Hamburger Instituts in München. »Ob morgens um zehn oder um sechs Uhr abends, es ist immer das gleiche Bild: In kleinen Gruppen, zu fünft oder zu sechst, diskutieren sie, umringt von Neugierigen, die mal verhalten zuhören, mal ein Argument aufschnappen und zum Anlaß nehmen, ihrerseits mit Umstehenden ein Gespräch zu beginnen. So ist der Platz ständig in Bewegung, ein experimentelles Arrangement, das eine sich selbst erneuernde Spannung voraussetzt, aber nur vereinzelt zu Aggressionen führt. Es überwiegen die leisen Töne, auch dort, wo Flugblattverteiler der Friedensinitiative auf den Grauhaarigen im Lodenmantel treffen, der stumm ein in Fraktur beschriftetes Plakat hochhält: ›Keine Diffamierung unserer tapferen Wehrmachtssoldaten‹.«[70]

Wenige Wochen nach der Ausstellungseröffnung in München debattierte schließlich auch der Deutsche Bundestag über die Ausstellung und die Ereignisse in der bayerischen Landeshauptstadt. Während sich die Redner der Fraktionen von SPD und Bündnis 90/Die Grünen hinter die Ausstellungsmacher stellten und mit Gauweilers Geschichtspolitik in München hart ins Gericht gingen, machte der CDU-Politiker Alfred Dregger aus seiner Ablehnung der Ausstellung keinen Hehl: »Diejenigen, die versuchen, die deutsche Wehrmacht pauschal als verbrecherische Organisation darzustellen«, so Dregger in Übersteigerung der Ausstellungsthese, »sagen nicht die Wahrheit. Sie hetzen und verleumden.«[71]

Die Debatte um die sogenannte ›Wehrmachtsausstellung‹ war vor allem eine politische. Historiker haben sich an ihr zunächst nur am Rande beteiligt.[72] Das änderte sich erst, als sich die in vielen Leserbriefen und Ausstellungskommentaren angeklungenen Fälschungsvorwürfe 1999 an einzelnen Fotos zu konkretisieren schienen. Der polnische Historiker Bogdan Musial und sein ungarischer Kollege Krisztián Ungváry konnten in akribischen Detailstudien zu einzelnen Fotos zeigen, daß auf ihnen keine Wehrmachtsopfer, sondern Ermordete des sowjetischen Geheimdienstes NKWD zu sehen waren.[73] Während Musial dies für mindestens neun Fotos meinte im einzelnen nachweisen zu können, ging Ungváry in seiner Kritik so weit, daß er auf nur 10% aller ausgestellten Fotos Beweise für die Beteiligung von Wehrmachtssoldaten an Kriegsverbrechen zu erkennen glaubte. Die Untersuchungen der beiden Historiker führten in der Öffentlichkeit – nicht zuletzt durch die Berichterstattung in den Medien[74] – zu einem erheblichen Glaubwürdigkeitsverlust der Ausstellungsmacher, obwohl weder Musial noch Ungváry die

Beteiligung der Wehrmacht an Hitlers Vernichtungskrieg grundsätzlich in Frage gestellt hatten. Selbst angesehene Historiker
wie Horst Möller, der Direktor des ›Instituts für Zeitgeschichte‹
in München, sprachen jetzt von offensichtlichen »Geschichtsklit-
terungen« und beurteilten die Ausstellung als »im Kern« verfehlt.[75] Andere, wie Norbert Frei, versuchten demgegenüber, an
die Grundaussage der Ausstellung zu erinnern, die durch die Kritik an einzelnen ausgestellten Fotos nicht tangiert werde: »Keine
noch so lange Reihe falscher Bildunterschriften, Irrtümer und
peinlicher Fehler vermag die Kernaussage der Ausstellung zu wi-
derlegen, dass es ein rassischer Vernichtungskrieg war, den die
Deutschen seit 1939 im Osten führten, und dass die Wehrmacht
darin eine ›aktive Rolle‹ spielte.«[76]

Die Ausstellungsmacher, die zunächst mit juristischen Mitteln
gegen Musial vorzugehen versucht hatten, konnten schließlich
über die Kritik an den fälschlich zugeordneten Fotos nicht hin-
weggehen, wollten sie das wissenschaftliche Renommee des
Hamburger Instituts nicht langfristig gefährden. Jan Philipp
Reemtsma trennte sich daher Anfang November 1999 von seinem bisherigen Projektleiter und stellte die Ausstellung unter ein
Moratorium. Gleichzeitig berief er eine internationale Expertenkommission unter Vorsitz des Stuttgarter Zeithistorikers Gerhard Hirschfeld ein, die die vorgebrachten Anschuldigungen
überprüfen und Vorschläge für eine Überarbeitung unterbreiten
sollte. In ihrem Abschlußbericht, den sie ein Jahr später vorlegte,
stellte die Expertengruppe fest, daß die Ausstellung »erstens
sachliche Fehler, zweitens Ungenauigkeiten und Flüchtigkeiten
bei der Verwendung des Materials und drittens vor allem durch
die Art der Präsentation allzu pauschale und suggestive Aussagen« enthalte. Vom Vorwurf der Manipulation und Fälschung
wurden die Ausstellungsmacher jedoch ausdrücklich freigespro-
chen: Weniger als zwanzig, wenngleich zentrale Fotos der insgesamt über 1400 gezeigten gehörten laut Kommissionsbericht
nicht in die Ausstellung, deren Grundaussage damit »der Sache
nach richtig« sei.[77]

Nach der Vorlage des Abschlußberichts wurde die Ausstellung
von einem neuen Team des Hamburger Instituts von Grund auf
überarbeitet und in einer vollständig veränderten Darstellungs-
form im November 2001 der Öffentlichkeit erneut präsentiert.
Die neue Version, die von der ästhetischen Schockwirkung der

ersten bewußt Abstand nahm und auf sachliche, textvermittelte Information setzte, fand diesmal überraschenderweise allgemeine Akzeptanz, was um so erstaunlicher war, als sie, wie Volker Ullrich in der *Zeit* schrieb, gerade in ihrer »Sachlichkeit« ein »noch dunkleres Bild des NS-Militärs« zeigte als die erste Fassung.[78] Diese, so schien es, hatte in ihrer Überspitzung eine Bresche in die öffentliche Wahrnehmung geschlagen, von der die zweite Version nun profitieren konnte. Die These von der Beteiligung der Wehrmacht an Kriegsverbrechen und am Holocaust erregte nun kaum noch öffentlichen Widerspruch; von einer umkämpften Geschichtsdeutung hatte sie sich vielmehr zum akzeptierten Wissensbestand gewandelt. Nach den Auseinandersetzungen der Jahre 1997 bis 2000 war die Streitgeschichte der ersten Version so gewissermaßen einem »Stück Konsensgeschichte« gewichen, wie Michael Jeismann in der *FAZ* kommentierte.[79] Die Eröffnung der zweiten Ausstellung markierte damit den Moment, an dem »die nationalsozialistische Vergangenheit ihre unmittelbare, biographisch verankerte Virulenz« in der Bevölkerung verlor und sich einer distanzierenden Historisierung öffnete: »Kein Schlußstrich [...], sondern die gelungene Metamorphose einer Vergangenheitswahrnehmung, die nun selbst historisch wird.«[80] Damit aber kam auch ein Kapitel deutscher Historikerkontroversen an sein Ende.

Literaturempfehlungen

Daniel Jonah Goldhagen, Hitlers willige Vollstrecker. Ganz gewöhnliche Deutsche und der Holocaust, Berlin 1996.

Johannes Heil, Rainer Erb (Hg.), Geschichtswissenschaft und Öffentlichkeit. Der Streit um Daniel J. Goldhagen, Frankfurt a. M. 1998.

Martin Kött, Goldhagen in der Qualitätspresse. Eine Debatte über ›Kollektivschuld‹ und ›Nationalcharakter‹ der Deutschen, Konstanz 1999.

Heribert Prantl (Hg.), Wehrmachtsverbrechen. Eine deutsche Kontroverse, Hamburg 1997.

Julius H. Schoeps (Hg.), Ein Volk von Mördern? Die Dokumentation zur Goldhagen-Kontroverse um die Rolle der Deutschen im Holocaust, Hamburg 1996.

Ausblick: Das Ende der Streitgeschichte?

Der Durchgang durch die wichtigsten Streitfälle der zeithistorischen Forschung der letzten fünfzig Jahre zeigt, daß in der Bundesrepublik Deutschland Zeitgeschichte immer auch ein Stück öffentliche Streitgeschichte war. Stärker als in anderen Disziplinen der Geschichtswissenschaft wurden Forschungs- und Interpretationskontroversen auf den Foren der Massenkommunikation ausgetragen, ja zum Teil erst durch die Massenmedien angestoßen. So ist das Feuilleton immer mehr zu einem beliebten Publikationsort von Zeithistorikerinnen und Zeithistorikern geworden, das es ihnen erlaubt, rascher und breiter an die Öffentlichkeit zu treten, als es auf den herkömmlichen Wegen der Fachkommunikation möglich ist. Die vielgeschmähte ›Medialisierung‹ oder gar ›Feuilletonisierung‹ des zeithistorischen Diskurses muß dabei nicht notwendigerweise auf Kosten der Forschungsarbeit und des wissenschaftlichen Reflexionsniveaus gehen. Wohl aber verändert sie das Selbstbild der professionellen Historikerschaft: An die Stelle des von sozialen Zwängen und Erwartungen freien Forschers, der – wie Humboldt es wollte – in Einsamkeit und Freiheit seinen Studien nachgeht, ist die Figur des Historikers als *public intellectual* getreten, der mit seinen Interventionen in den Massenmedien die öffentlichen Deutungskämpfe um Gegenwart und Vergangenheit ganz erheblich mitgestaltet.[1]

In Deutschland hat diese Rolle noch keine allzu lange Tradition. Bis weit ins 20. Jahrhundert hinein verstanden sich deutsche ›Gelehrte‹ vor allem als Berater der Mächtigen und weniger als kritische Intellektuelle, die auf dem Markt der Meinungen agieren. Noch 1975 konnte Helmut Schelsky mit seiner Polemik gegen die »Priesterherrschaft der Intellektuellen« in der Bundesrepublik hohe Auflagenerfolge feiern.[2] Fritz Fischer hatte demgegenüber bereits Ende der sechziger Jahre eine Neudefinition der Rolle von Historikern in der Öffentlichkeit gefordert: Anstatt sich mit der Aura des Lehrmeisters des Staatsmannes zu umgeben, sollten sie »Lehrmeister des Staatsbürgers« sein, um, wie er schrieb, diesen vorzubereiten auf die »Teilnahme an der Kontrolle der Macht«.[3] Das aber bedeutete, den angestammten Platz im Vorzimmer der politischen Macht aufzugeben und sich auf die unsicheren Foren der gesellschaftlichen Massenkommunikation zu begeben. Wer den ›Staatsbürger‹ erreichen wollte, mußte sich auf dessen Kommunikationswege einlassen und den Widerspruch ›Unberufener‹ akzeptieren lernen. Darüber war sich selbst Gerhard Ritter schon Mitte der fünfziger Jahre im klaren, auch wenn er seinen Abscheu kaum verbergen konnte: »[...] der neuere Historiker sitzt niemals unter einer Glasglocke, sondern muß durch Wind und Wetter der Zeit marschieren. Das bedeutet im Zeitalter der Massendemokratie, daß er ununterbrochen durch Dreckpfützen watet, die ihn bespritzen. Um das zu überstehen, dazu gehört ein dicker Gummimantel von Wurstigkeit und guter Humor.«[4]

Die streitende Generation

Zeitgeschichte als öffentliche Streitgeschichte betrieben zu haben, war mehr noch als das Werk Fischers und seiner Widersacher das Verdienst der ihnen nachfolgenden Generation junger Neuzeithistoriker in der Bundesrepublik Deutschland. Gemeint ist die Generation der um 1930 Geborenen wie Hans und Wolfgang J. Mommsen (beide Jg. 1930), Imanuel Geiss (Jg. 1931) oder Hans-Ulrich Wehler (ebenfalls Jg. 1931). Aber auch Martin Broszat (Jg. 1926), Thomas Nipperdey (Jg. 1927) und Eberhard Jäckel (Jg. 1929) müssen zu dieser Generation gezählt werden, ebenso wie Arnulf Baring (Jg. 1932), Hans-Peter Schwarz (Jg. 1934) und Wolfgang Schieder (Jg. 1935), vielleicht sogar, wenn auch als Nachzügler, Heinrich August Winkler und Michael Stürmer (beide Jg. 1938) sowie Jürgen Kocka und Klaus Hildebrand (beide Jg. 1941), die allerdings eigentlich schon einer anderen Altersgruppe angehören. Mit Jürgen Habermas (Jg. 1929) und Ralf Dahrendorf (Jg. 1929), aber auch mit Martin Walser (Jg. 1927), Günter Grass (Jg. 1927) und Hans Magnus Enzensberger (Jg. 1929) hat diese Generation seit den sechziger

Jahren die intellektuelle Kultur der Bundesrepublik auch außerhalb des Geschichtsdiskurses maßgeblich geprägt.

Paul Nolte nennt diese Alterskohorte die »lange Historikergeneration« der Bundesrepublik, die mit einem »ausgeprägten Selbstbewußtsein« daran gegangen sei, das Fach in der »Öffentlichkeit zu profilieren und zu positionieren«.[5] Zu dieser Altersgruppe gehören sowohl Angehörige der berühmten Flakhelfer-Generation (1926–1929) als auch Jahrgänge, die am Krieg selbst nicht mehr aktiv teilgenommen haben.[6] Aber auch die jugendlichen Helfer der Flugabwehrartillerie haben nicht mehr den gleichen Krieg gekämpft wie ihre Väter und älteren Brüder in den besetzten Gebieten außerhalb des ›Reichs‹. Statt dessen erlebten sie das Kriegsende und die Zerbombung der deutschen Städte in der Heimat. Zusammen mit den nachfolgenden Geburtsjahrgängen bildeten sie die vielzitierte ›vaterlose Generation‹, die in Abwesenheit ihrer gefallenen, verwundeten oder internierten Väter sehr schnell Verantwortung für sich und andere in der ›Zusammenbruchgesellschaft‹ übernehmen mußte. Das zunehmende Selbstbewußtsein, mit der diese Generation an den demokratischen Neuaufbau nach 1945 heranging, verdankte sich dabei nicht zuletzt jener zweifelhaften ›Gnade der späten Geburt‹ (Helmut Kohl, Jg. 1930), die es den zwischen 1926 und 1936 Geborenen ermöglichte, sich durch die nationalsozialistische Vergangenheit – wie Martin Broszat einmal formulierte – als »zwar betroffen, aber kaum belastet« wahrzunehmen.[7] In der Tat stellten sie die erste Alterskohorte dar, die die Auseinandersetzung mit dem Nationalsozialismus öffentlich nicht zu scheuen brauchte, da ihre Angehörigen kaum mit unangenehmen Enthüllungen aus ihrer eigenen Biographie vor 1945 zu rechnen hatten, wie beispielsweise noch Fritz Fischer (Jg. 1908), der den Umweg über die Kriegszieldebatte des Ersten Weltkriegs gegangen war.[8]

In den oben skizzierten zeitgeschichtlichen Kontroversen haben sich die Historiker dieser ›langen Generation‹ nicht nur als Fachwissenschaftler, sondern zugleich als Intellektuelle in der Öffentlichkeit profiliert, die zu grundsätzlichen Fragen der Bildungs- und Kulturpolitik – man denke nur an den vehementen Einspruch Thomas Nipperdeys gegen die hessischen ›Rahmenrichtlinien‹[9] – Position bezogen. Noch die kürzlich erfolgten Stellungnahmen von Hans-Ulrich Wehler gegen den EU-Beitritt der Türkei stehen für diesen selbstbewußten Habitus, mit dem sich Neuzeithistoriker in der Bundesrepublik immer wieder zu Fragen geäußert haben, die weit außerhalb ihrer eigenen Fachkompetenz liegen.[10] Wehler selbst hat sich mehr als einmal zu dieser öffentlichen Rolle als *public intellectual* bekannt: »Historiker sollen sich öffentlich äußern, wobei sie sich nicht in der Arena der Wissenschaft, sondern in einer anderen Arena mit anderen Regeln bewegen. Ich habe so oft als Junge von Amerikanern gehört: Wenn Eure Väter und Großväter früher gesprochen hätten, wäre die ›braune Pest‹ nicht über Euch gekommen. Daher habe ich mir gesagt: Lieber einmal zu oft die Klappe auftun als einmal zu wenig. Das ist eine Generationserfahrung, die man bei vielen anderen auch findet.«[11]

Wehler formuliert hier das Selbstverständnis einer Historikergeneration, die trotz der vielen Polemiken und Kontroversen, die ihre Vertreter untereinander ausgetragen haben, doch von einem breiten politischen Konsens getragen war, der sich der gemeinsamen negativen Erfahrung des Kriegsendes und einer positiven Aufnahme des transatlantischen Wertetransfers verdankte. Weder die Westbindung stand vor und nach 1989 unter ihnen zur Debatte noch die Relativierung des Holocaust. Selbst Ernst Nolte (Jg. 1923 und damit einer früheren Generation angehörend) hat das Ausmaß der Judenvernichtung in seinen Schriften nie in Frage gestellt. Allerdings blieb er mit seiner verstehenden Herangehensweise an die ideologischen Motive der Täter ein Einzelgänger unter den deutschen Historikern. Seine Fürsprecher im ›Historikerstreit‹ folgten ihm nicht in allen seinen Thesen, doch forderten sie ein öffentliches Rederecht auch für ihn auf der Grundlage genau jener demokratischen Streitkultur, zu deren Schutz andere ihn auszugrenzen versuchten. Die grundsätzliche Legitimität der öffentlichen Debatte stand unter den Angehörigen der streitenden Generation nie zur Disposition, wohl aber die Argumente und Regeln, mit denen sie ausgetragen wurde. Die liberale Konfliktfähigkeit, die Ralf Dahrendorf 1965 in seinem Buch über *Gesellschaft und Demokratie in Deutschland* eingefordert hatte, war zwanzig Jahre später in der historisch-politischen Kultur der Bundesrepublik als normative Leitvorstellung unter den *public intellectuals* allgemein akzeptiert: »Da kein Mensch alle Antworten kennt«, so Dahrendorf, »kommt viel darauf an, die Diktatur der falschen Antworten zu vermeiden. Der einzige Weg aber, dies wirksam zu tun, liegt darin, dafür zu sorgen, daß es zu allen Zeiten und in allen Bereichen möglich bleibt, mehr als eine Antwort zu geben. Konflikt ist Freiheit, weil durch ihn allein die Vielfalt und Unvereinbarkeit menschlicher Interessen und Wünsche in einer Welt notorischer Ungewißheit angemessen Ausdruck finden kann.«[12]

Mit der Fischer-Kontroverse erblickte die öffentlich streitende Historikergeneration der um 1930 Geborenen intellektuell gewissermaßen das Licht der Welt, führte ihre Initiation in die Zunft doch geradezu über die öffentliche Debatte der Thesen Fischers. Dies gilt insbesondere für Imanuel Geiss; aber auch Andreas Hillgruber und Wolfgang J. Mommsen sowie später Hans-Ulrich Wehler positionierten sich mit ihren Schriften zum späten Kaiserreich in der Debatte, die fast die gesamten sechziger Jahre durchzog und den Dissens zum wissenschaftlichen Alltag werden ließ. Wer über den Ersten Weltkrieg schrieb, konnte dies nicht mehr länger ohne Anmerkungen und Bezug zur aktuellen Debatte tun. An die Stelle der narrativen Selbstverständlichkeit trat nun die Vorstellung von Geschichte als Problem, für dessen Lösung unterschiedliche Interpretationsansätze entwickelt und miteinander verglichen werden mußten.

Mehr noch als die Fischer-Kontroverse prägte die anschließende Auseinandersetzung mit den Studentenprotesten Ende der sechziger, Anfang der siebziger Jahre das Streitverhalten der damals Dreißig- bis Fünfundvierzigjährigen, die inzwischen auf gut dotierte Lehrstühle vorgerückt waren oder diese doch als frisch Habilitierte zumindest anstrebten. Für eine Teilnahme am studentischen Protest waren sie auf der Karriereleiter bereits zu weit vorangeschritten, andererseits waren sie jedoch zu jung, um den studentischen Aktivisten resigniert das Feld zu überlassen und sich in die Nische altehrwürdigen Gelehrtentums zurückzuziehen. In dieser Zeit liegt der Beginn einer lang anhaltenden Fraktionierung innerhalb der ›langen Historikergeneration‹, die sich in der Auseinandersetzung mit den Studentenprotesten in zwei große Lager spaltete: Während auf der einen Seite sich die zukünftigen Protagonisten einer sozialwissenschaftlich fundierten, theoriegeleiteten Geschichtswissenschaft sammelten, die sich die von den Studenten auf die Agenda gesetzten Schlagworte ›Kritik‹ und ›Emanzipation‹ zu eigen machten, verharrten auf der anderen Seite viele ihrer Fachkollegen in einer deutlichen

Abwehrstellung oder engagierten sich im publizistischen Gegenangriff.

Wie stark das jeweilige öffentliche Konfliktverhalten der beiden zerstrittenen Lager durch die Erfahrungen der späten sechziger, frühen siebziger Jahre auch in der Folgezeit geprägt war,
zeigte nicht zuletzt der ›Historikerstreit‹, in dem die alten Ani-
mositäten gegen die Studentenproteste erneut durchschienen.
Der ›Historikerstreit‹ war in der Tat die späte Schlüsseldebatte
dieser Generation, in der das eigene Rollenverständnis als *public
intellectual* sich spät, aber vehement Bahn brach.[13] So fruchtlos
diese Debatte in wissenschaftlicher Hinsicht auch gewesen sein
mag: In ihr wurden nichtsdestotrotz zentrale Fragen des Selbstverständnisses der Zunft verhandelt. Bei aller Diskussion der
Problematik der Einzigartigkeit des Holocaust, der Legitimität
des Vergleichs und der ›Historisierung‹ der NS-Vergangenheit
ging es immer auch um die Frage nach der Verantwortung des
Historikers vor der Gesellschaft: Die Vertreter der ›historischen
Sozialwissenschaft‹ sahen sich in der Tradition der politischen
Aufklärung, angetreten, das ›unvollendete Projekt der Moderne‹
(Habermas) voranzutreiben und Kritik und Vernunft an die Stelle von Herkommen und Tradition zu setzen. Auf der anderen
Seite standen die Anhänger einer konservativ-bewahrenden Sicht
auf die Geschichte, die sich um die ›Dissonanzen des Fortschritts‹
(Stürmer) sorgten und den Historiker zum Sachwalter historischer Identität machen wollten. Die doppelte Aufgabe der Geschichtswissenschaft, sowohl »Traditionskritik« als auch »Rekonstruktionsversuch« zu sein,[14] hatte sich so gewissermaßen in
zwei Fraktionen aufgespalten, die das Bild der Zunft bis in die
neunziger Jahre hinein prägten, wie die Auseinandersetzung um
die Rückkehr des Nationalstaates in die deutsche Geschichte
nach 1989 zeigte.

Die deutsch-deutsche Einigung schuf zugleich aber auch
Freiräume für eine neue Konsenszone, in der die traditionelle
Entgegensetzung von Demokratie und Nationalstaat historio-
graphisch an Virulenz verlor und einer stärker integrierten Sicht
auf die Geschichte der Deutschen Platz gab. Zu demonstrativer
Einhelligkeit gelangten die beiden Fraktionen der zerstrittenen
Generation jedoch erst wieder in der Goldhagen-Debatte, als das
Buch des jungen Harvard-Dozenten Mitte der neunziger Jahre
auf den geschlossenen Abwehrkonsens der deutschen Histori-

kerschaft stieß. Soviel Einmütigkeit hatte es in der deutschen Zeitgeschichtsforschung seit der Fischer-Kontroverse nicht mehr gegeben. Wenn es dennoch eine Debatte dieses Namens gab, dann weniger zwischen deutschen Historikerinnen und Historikern, als vielmehr zwischen Zunft und Publikum, dessen Sympathien eindeutig auf seiten des *newcomers* lagen und das sich nicht mehr länger von altgedienten Ordinarien von oben herab belehren lassen wollte. Die Deutungshoheit der akademischen Zeitgeschichtsschreibung wurde durch das Publikum vielmehr selbst in Frage gestellt, das in Goldhagens Buch, aber auch in der zeitgleich gezeigten Ausstellung des ›Hamburger Instituts für Sozialforschung‹ über die ›Verbrechen der Wehrmacht‹ dasjenige fand, was es an der akademischen Historiographie vermißte: eine klare moralische Aussage, die eine Abgrenzung von der Vergangenheit ermöglichte, ohne zuvor die diffizile Differenzierungsarbeit der wissenschaftlichen Forschung notwendigerweise zur Kenntnis nehmen zu müssen.

Die Macht des Publikums und der Aufstieg der Konkurrenz

»Die Geschichte gehört in die Hände der Historiker«, so forderte ein Militärhistoriker im Hinblick auf die ›Wehrmachtsausstellung‹ noch 1999.[15] Daß die Geschichtswissenschaft diesen Besitzanspruch längst nicht mehr geltend machen kann, zeigt die öffentliche Streitgeschichte der Zeitgeschichte: Schon in der Fischer-Kontroverse fiel es Gerhard Ritter und seinen Mitstreitern schwer, ihre Deutungsmacht der ›politisch-historischen Modeströmung‹ der damaligen Zeit entgegenzusetzen. Die Studentenproteste der späten sechziger Jahre stellten die Autorität einer *ex cathedra*-Historie dann endgültig in Frage. Seit Ende der siebziger Jahre setzten zudem massenmediale Präsentationsformen – wie etwa, um noch einmal das bekannteste Beispiel zu nennen, die US-amerikanische TV-Serie *Holocaust* – Themen auf die Agenda des öffentlichen Geschichtsdiskurses, auf die die akademische Geschichtsschreibung so nicht vorbereitet war: In der historischen Forschungsliteratur klaffte hinsichtlich der nationalsozialistischen Vernichtungspolitik in den siebziger Jahren vielmehr eine »breite und unübersehbare Lücke«.[16]

Der in dieser Zeit ebenfalls einsetzende Ausstellungs- und Museumsboom tat ein weiteres, die Konjunktur historischer Themen außerhalb der Zunft anzuregen: 1977 konnte die Stuttgarter Ausstellung über ›Die Zeit der Staufer‹ bereits 700 000 Besucher verzeichnen, 500 000 sahen 1981 die ›Preußen-Ausstellung‹ in Berlin.[17] Das neue Publikumsinteresse an der Geschichte schlug sich auch in einer veränderten Vermarktungsstrategie fachwissenschaftlicher Bücher nieder, wie Walter H. Pehle, Lektor für Zeitgeschichte im Fischer-Taschenbuch-Verlag, berichtet: »Bis in die frühen 70er Jahre hat es genügt, sich bei einer Handvoll wissenschaftlicher Verlage« umzusehen, um sich ein Bild von den wichtigsten Neuerscheinungen zu machen. Anfang der achtziger Jahre änderte sich dies jedoch grundlegend, als viele bekannte Historiker, darunter Hans-Ulrich Wehler und Thomas Nipperdey, von den Fachverlagen zu den sogenannten Publikumsverlagen wechselten, die sich mit hohen Auflagen an einen breiten, gleichwohl gebildeten Leserkreis wandten.[18]

Das erwachte Publikumsinteresse kam schließlich auch dem Fach ›Geschichte‹ an den Hochschulen zugute. Waren 1969 noch weniger als 5000 Studierende im Fach ›Geschichte‹ an westdeutschen Universitäten eingeschrieben, so stieg die Studentenzahl 1975 bereits auf über 14 000 an und überschritt 1984 die Marke von 23 000.[19] Spiegeln diese Zahlen auch die insgesamt starke Zunahme der Studierendenzahlen seit den siebziger Jahren wider, so ist doch bemerkenswert, daß die Geschichtswissenschaft auch dann noch Zuwächse verzeichnen konnte, als sich andere Fächer, wie beispielsweise die Germanistik, ab Mitte der siebziger Jahre auf einem gleichbleibend hohen Niveau einpendelten.[20] Nach Abflauen des Studentenprotestes schien das Fach somit wieder auf ein größeres Interesse bei den Studierenden gestoßen zu sein. Im Jahr 2002 betrug allein die Zahl der Geschichtsstudenten außerhalb der Lehramtsstudiengänge rund 30 000.[21]

Der Arbeitsmarkt für Nachwuchswissenschaftler blieb von diesem Anstieg der Studierendenzahlen nicht unberührt: »Der Kreis derer, die die Qualifikation für die Ausübung des Historikerberufs besitzen, aber nicht im akademischen Berufsfeld arbeiten, ist denn auch seit den achtziger Jahren immer schneller gewachsen.«[22] So hat sich inzwischen eine Art ›zweiter Arbeitsmarkt‹ für Historikerinnen und Historiker außerhalb der Universitäten, der Archive und der großen außeruniversitären Forschungseinrichtungen gebildet. Auch wenn bislang noch kaum gesicherte Daten über die aktuellen Erwerbsfelder und Berufschancen von Absolventinnen und Absolventen des Fachs Geschichtswissenschaft vorliegen, so ist doch unbestritten, daß eine Vielzahl ausgebildeter, promovierter, ja sogar habilitierter Historikerinnen und Historiker gegenwärtig in privaten Stiftungen, kommerziellen Rechercheunternehmen, Firmenarchiven, Medien, lokalen Kultureinrichtungen und zeitlich begrenzten Projektverträgen Beschäftigung findet, häufig auf Honorarbasis und mit kurzen Laufzeiten.

Gleichwohl wird in den zahlreichen Projekten, die heute außerhalb der Universität und der großen etablierten Forschungseinrichtungen angesiedelt sind, zum Teil sehr professionell und nach allen Regeln der Zunft gearbeitet, insbesondere im Bereich der Lokalgeschichte und der Gedenkstättenarbeit. Welch starke Impulse zur kritischen Auseinandersetzung mit der Vergangenheit gerade aus dem außeruniversitären Bereich hervorgehen können, zeigt dabei einmal mehr die ›Wehrmachtsausstellung‹ des ›Hamburger Instituts für Sozialforschung‹. Auch wenn die Ausstellung durch ihre plakative Art manchen Kredit verspielte, so hat sie doch erreicht, was den Experten in den Universitäten und Forschungseinrichtungen zuvor kaum gelungen war, nämlich die Auseinandersetzung mit der Geschichte im gesellschaftlichen Gespräch zu verankern: »Niemals zuvor hat die westdeutsche Öffentlichkeit derart engagiert und andauernd über ihre Vergangenheit gestritten. Historiker und Künstler, Journalisten und Pfarrer, Juristen und Fotografen, Lehrer, Hausfrauen, Rentner, Schüler: Keine Berufsgruppe, keine Altersgruppe, die sich nicht eingemischt hätte.«[23]

Die Massenmedien haben an dieser »Vergesellschaftung von Geschichte«[24] zentralen Anteil: Sie versorgen ihre Adressaten mit den wichtigsten Thesen und Informationen, die man kennen muß, um mitreden zu können. Die meisten Besucher der ›Wehrmachtsausstellung‹ und der Diskussionsveranstaltungen mit Daniel Goldhagen werden bereits zuvor gewußt haben, was sie erwartete. Viele werden auch bereits ihr Urteil mitgebracht haben, das sie sich zuvor anhand von Berichten in Zeitungen und Fernsehen gebildet hatten. Die Logik der Medien folgte hierbei freilich anderen Kriterien als denjenigen der Fachwissenschaft, und manchem Universitätshistoriker war seine Enttäuschung hierüber deutlich anzumerken: »Die Welt ist ungerecht, die Medienwelt allemal«, beklagte sich beispielsweise Eberhard Jäckel über das Medieninteresse an Goldhagen.[25] Daß die Zeitungsredaktionen das kritische Urteil der Fachwissenschaft nicht abgewartet, sondern Goldhagen sogleich auf die Agenda der öffentlichen Diskussion gesetzt hatten, war ebenfalls für Ruth Bettina Birn und Volker Rieß der eigentliche Skandal der ganzen Debatte, sei es doch das erste Mal gewesen, »daß eine ganze Berufsgruppe durch die Presse entmündigt worden« sei: »Das, und nur das, ist wirklich neu und bedeutsam an dem Phänomen Goldhagen.«[26]

Was die Medienkritiker unter den Historikern dabei übersahen, ist die Tatsache, daß die Presse nicht nur Goldhagen die Möglichkeit geboten hatte, seine Thesen in die Öffentlichkeit zu bringen, sondern ebenso auch seinen Kritikern aus der Zunft. Noch bevor die Fachzeitschriften ihre Rezensionen von *Hitlers willige Vollstrecker* brachten, hatten sich in der *Süddeutschen Zeitung* bereits Norbert Frei und in der *Zeit* Eberhard Jäckel, Hans-Ulrich Wehler und Ulrich Herbert kritisch zu dem Werk geäußert und ihre Sicht der Dinge dargelegt. Die Feuilleton-Seiten der großen Tages- und Wochenzeitungen folgen zwar nicht der Logik der Wissenschaft, sondern derjenigen der Massenmedien, doch gerade dies ermöglicht es den Fachwissenschaftlern, sich schneller und prägnanter zu positionieren, als es auf den herkömmlichen Wegen der Fachkommunikation möglich ist. Gerade für die Streitgeschichte der Zeitgeschichte spielten und spielen Presseartikel daher eine zentrale Rolle: Die Fischer-Kontroverse wurde anfänglich noch in den Fachzeitschriften ausgefochten, der ›Historikerstreit‹ und vollends die Goldhagen-Debatte spielten sich hingegen fast nur noch im Feuilleton der großen Tages- und Wochenzeitungen ab, das damit zu einem zentralen Forum des fachwissenschaftlichen Diskurses geworden ist. Nach Auskunft von Gustav Seibt, der eine Zeitlang als leitender Redakteur der *FAZ* tätig war, rezensiert allein diese Zeitung mittlerweile »nicht weniger historische Fachliteratur als die ›Historische Zeitschrift‹, meist sind ihre Rezensionen ausführlicher und oft auch von prominenteren Autoren abgefaßt; immer sind sie erheblich schneller. All das spielt sich vor den Augen einer sehr breiten Leserschaft ab, zu der die fachwissenschaftliche

Zielgruppe ziemlich vollständig zählen dürfte. Kritik ist in dieser Lage kein leeres Wort [...].«[27]

Daß sich Fachwissenschaft und Mediendiskurs allen kulturpessimistischen Zeitdiagnosen zum Trotz nicht vollständig voneinander abgekoppelt haben, sondern weiterhin zumindest punktuell miteinander verwoben sind, ist vor allem jener Zwischenschicht von »Historiker-Journalisten« zu verdanken, die seit den achtziger Jahren in den Feuilletonredaktionen der Zeitungen und Magazine Platz gefunden haben. Als »Historiker vom Fach und Journalisten von Beruf«, wie Hans Günter Hockerts formulierte, reagieren sie mit einer berufsspezifischen sprachlichen Prägnanz, die unter ihren universitären Historikerkollegen nur selten anzutreffen ist, wesentlich schneller auf Veränderungen in der geschichtskulturellen Lage der Öffentlichkeit, als es den Spezialisten mit ihren langen Publikationszeiten und detailversessenen Differenzierungen möglich ist.[28] Sie schlagen die Verbindungen zwischen Film und Buch, Ausstellung und Kongreß, Gegenwartsdiagnose und Fachentwicklung. Als die eigentlichen *gatekeepers* des öffentlichen Geschichtsdiskurses sind sie bereits seit einiger Zeit auf dem Weg, die streitende Generation in ihren Deutungskämpfen um die Geschichte abzulösen.

Zeitgeschichte am Ende der ›Vergangenheitsbewältigung‹

Goldhagen-Debatte und ›Wehrmachtsausstellung‹ stellen in der Erinnerungsgeschichte der Bundesrepublik einen Wendepunkt dar: Die deutsche Gesamtauflage von *Hitlers willige Vollstrecker* liegt bei über 360 000 Exemplaren; die Ausstellung besuchten in ihrer ersten Version über 800 000 Personen. Die Berichterstattung und Diskussionen in den Medien machten darüber hinaus auch jene Kreise der Bevölkerung mit den Inhalten von Buch und Ausstellung vertraut, die von beiden Abstand hielten. Damit feierte die ›Vergangenheitsbewältigung‹ in Deutschland einen späten Triumph. Die Beteiligung ›ganz gewöhnlicher Deutscher‹ an Holocaust und Kriegsverbrechen ist in der bundesrepublikanischen Öffentlichkeit heute unumstritten, was nicht heißt, daß über das Ausmaß dieser Beteiligung nicht weiterhin geteilte Meinungen bestehen. Auch wenn im Familiengedächtnis der Deutschen die Schutzbehauptung: »Opa war kein Nazi« noch immer bei weitem überwiegt,[29] so scheint die Selbstverständlichkeit dieser Zuschreibung zumindest im öffentlichen Diskursraum doch einen Riß bekommen zu haben. Nach der Beschäftigung mit den Opfern hat in der zweiten Hälfte der neunziger Jahre die Auseinandersetzung mit den Tätern und ihren Lebenswegen im ›Zwielicht‹ des Überganges vom ›Dritten Reich‹ zur Bundesrepublik deutlich an Raum gewonnen.[30] Auch die Geschichtswissenschaft hat sich diesem Trend nicht entziehen können und, wenn auch spät, die ›versäumten Fragen‹ nach den personellen Kontinuitäten im eigenen Fach über das Jahr 1945 hinaus auf die Agenda von Historikertagen gesetzt.[31]

Mit der zunehmenden gesellschaftlichen Akzeptanz eines Täterbildes, in dem die Beteiligung an NS-Verbrechen nicht mehr länger von den sozialen Rollen von Familienvätern, Lehrern, Freunden und Kollegen abgekoppelt, sondern beides als biographisch verschränkt wahrgenommen wird, fällt eine letzte Bastion im Ansturm der späten ›Vergangenheitsbewältigung‹. Diese scheint damit, wie Michael Jeismann geschrieben hat, zu einem zumindest vorläufigen Ende gekommen zu sein: »Das Faktische der Vernichtungs- und Verfolgungspolitik des nationalsozialistischen Regimes steht außer Frage, ebenso die passive, aber auch aktive Beteiligung der deutschen Bevölkerung am Prozeß der Segregation und Ermordung der Juden [...]. Jede Scheu vor dem Thema ist aufgegeben; selbst jene, die endlich von dieser Vergangenheit ›loskommen‹ wollen, bestätigen durch ihr Verhalten, daß eine ›Normalisierung‹ eingetreten ist. Eine ›Normalisierung‹ nicht durch Marginalisierung oder Relativierung der Verbrechen, sondern dadurch, daß das Thema selbst einfach ›normal‹ geworden ist.«[32]

Das Ende oder vielmehr der späte Sieg der ›Vergangenheitsbewältigung‹ fällt dabei nicht zufällig mit dem von Norbert Frei konstatierten ›Abschied von der Zeitgenossenschaft‹ zusammen. So ist die kollektive Gedächtnislage der Deutschen heute dadurch geprägt, daß nur noch wenige mit der NS-Zeit persönliche Erinnerungen verbinden: Bereits 1998 waren zwei Drittel der Mitlebenden zu jung, um irgendeine – und sei es eine frühkindliche – Erinnerung an das ›Dritte Reich‹ zu haben.[33] Das unausgesprochene Schonungsgebot, das nach 1945 eben nicht nur den Opfern, sondern vor allem auch den Tätern in Deutschland

gegolten hatte, hat sich damit in seiner sozialen Funktion überlebt. Auf die Tätergeneration muß heute kaum noch jemand
Rücksicht nehmen. Das war nicht immer so: Häufig genug
bewegte sich die Auseinandersetzung mit der nationalsozialistischen Vergangenheit in Deutschland in einem biographisch-ge-
nerationellen Niemandsland, in dem die Strukturen und Radika-
lisierungsstufen, die zum Holocaust führten, zwar auf hohem
wissenschaftlichem Niveau diskutiert wurden, Opfer und Täter
letztlich jedoch gesichtslos blieben.[34] Erst die Goldhagen-Debatte und die Ausstellung über die Verbrechen der Wehrmacht
durchbrachen die gesellschaftlichen Abstandszonen und gaben
dem Holocaust seine konkrete Gestalt als Mordgeschehen zurück. Die Zustimmung zu Goldhagen und den Ausstellungsmachern fiel der jüngeren Generation dabei um so leichter, als
sich Mitte der neunziger Jahre nur noch wenige Zeitgenossen
von damals unter den Mitlebenden, auch in der eigenen Familie,
befanden.

Der ›Abschied von der Zeitgenossenschaft‹ ruft die Medien,
vor allem die audiovisuellen, auf den Plan. Sie ersetzen gewissermaßen den Zeitzeugen und konstruieren eine nachträgliche Fiktion des Faktischen, für die zuvor die Autorität des persönlichen
Zeugnisses stand: Mit Fotos, Filmsequenzen oder historischen
Tondokumenten kreieren sie eine Aura der Unmittelbarkeit, die
wissenschaftliche Historiographie als Genre nicht erzeugen
kann. Der Fall des selbsterfundenen Zeitzeugen Binjamin Wilkomirski zeigt, wie sehr mittlerweile ›mediale Skripts‹ authentische
Erinnerungsspuren überlagern können: Der Autor, der in Wahrheit Bruno Dössekker heißt und als Kind bei Schweizer Adoptiv-
eltern aufwuchs, erfand sich seine eigene Opfer-Biographie als
Holocaust-Überlebender, die er 1995 in einem hochgelobten
und allgemein als authentisch angesehenen Kindheitsbericht niederlegte. Bis heute gehen die Meinungen auseinander, ob Dössekker lediglich ein Schwindler war oder ob er selbst an seine er-
fundene Geschichte glaubte.[35] Die Grenzen zwischen Fiktion
und Faktischem beginnen zu verschwimmen, je mehr die Mitlebenden zu »Mithörenden« und »Mitsehenden« werden.[36]

Ein Großteil des Erfolgs der ersten ›Wehrmachtsausstellung‹,
aber auch von *Hitlers willige Vollstrecker* verdankt sich genau
diesen ›medialen Skripts‹ und Authentifizierungstechniken, die
affektiv-emotionale Bedeutungsüberschüsse erzeugen, die ko-

gnitiv nur schwer zu kontrollieren sind. Es ist die Darstellungs-
form, das Sichtbare, das heute das historische Interesse weckt,
nicht so sehr die ›Spur‹ eines Abwesenden, dessen Bedeutung
noch im unklaren liegt. Für die historische Streitkultur bleibt
dies nicht ohne Konsequenzen: Worüber gegenwärtig gestritten
wird, scheint weniger das historische Geschehen selbst zu sein als
vielmehr dessen fiktionale Aufbereitung: »Nicht mehr, was ge-
schah, ist die Frage, sondern wie das Geschehene erzählt und
vergegenwärtigt werden soll«, so Michael Jeismann.[37]

Nicht so sehr die Dokumentation, sondern die Repräsentation
der Vergangenheit, ihre ästhetische und moralische Präsenz in
der Gegenwart, steht im Mittelpunkt des gegenwärtigen Ge-
schichtsinteresses. Dies zeigt etwa die Debatte um das zentrale
Holocaust-Mahnmal in Berlin, in der vor allem Fragen der öffentlichen Erinnerungskultur im Vordergrund standen, weniger
der Holocaust selbst.[38] Auch die Debatte zwischen Martin Walser und Ignatz Bubis kreiste nicht um das Ausmaß der, wie
Walser sagte, deutschen ›Schande‹, sondern um die Frage einer
angemessenen Sprache im Umgang mit ihr – und ihrer medialen
Präsentation: »Viermal spricht Walser von der Schande«, so
Bubis. »Aber nicht ein einziges Mal von den Verbrechen.«[39] Ähn-
liches gilt schließlich auch für die jüngste Diskussion um den
Bombenkrieg gegen deutsche Städte, in der es ebenfalls weniger
um das Geschehen als vielmehr um die angemessenen Formen
des öffentlichen Erinnerns ging.[40] Erprobt wird so ein neuer
Umgang mit der Geschichte, »in der die Emotion zur Form und
teilweise zum einzigen Inhalt geworden ist«, wie Ulrich Raulff
die Wandlungen im Geschichtsgefühl der Deutschen in einem
Artikel in der *Süddeutschen Zeitung* auf den Punkt brachte: »Im
selben Maße, in dem die direkten politischen Besetzungen der
Geschichte an Stärke verloren haben, ist der Raum der Historie
freigeworden für neuartige Betroffenheits- und Beklemmungs-
politiken. [...] Ein neuer Revisionismus zeichnet sich ab, ein
Revisionismus der Form.«[41]

Was wir gegenwärtig erleben, weist auf eine grundsätzliche
Veränderung in unserem *régime d'historicité*, in der Ordnung
unseres Umgangs mit der Geschichte, hin:[42] Das Paradigma des
Dokumentarischen wird immer mehr von einem Paradigma des
Ästhetischen überlagert, von einem Primat der Form, die über
unsere Aufmerksamkeit für das Historische entscheidet. Es ist

die Darstellungsweise, die das Gefühl der Authentizität verspricht, nicht die Quellenkritik. Diesen Preis scheint eine Gesellschaft zahlen zu müssen, wenn sie nach dem ›Abschied von der Zeitgenossenschaft‹ die Erinnerung in der Öffentlichkeit weiterhin präsent halten will.

Was aber wird aus der akademischen Zeitgeschichtsschreibung, wenn die Nachkommen der Zeitgenossen weniger am *Was* als vielmehr am *Wie* der Erinnerung interessiert sind? Werden Historiker nun, wie Ulrich Raulff ausmalt, auf den Markt ziehen müssen, mit einem großen Schild in der Hand, auf dem geschrieben steht: »Tausche Hans-Ulrich Wehler gegen Heinz G. Konsalik«?[43] Die Wende zur Form bedeutet nicht das Ende der akademischen Zeitgeschichtsschreibung. Zumindest als *content provider* sind Historikerinnen und Historiker auch weiterhin gefragt; als Experten und Gutachter, das zeigt die ›Wehrmachtsausstellung‹, werden sie spätestens dann gebraucht, wenn Zweifel an der Authentizität der Bilderwelten sich zu regen beginnen. Doch mit dem bloßen Dienstleistungsgeschäft wird sich die Geschichtswissenschaft nicht begnügen können. Auch wenn sie nicht mehr als ›Lehrmeister des Staatsbürgers‹, wie Fritz Fischer es noch gewollt hatte, aufs öffentliche Podium gebeten werden, bleiben Zeithistorikerinnen und Zeithistoriker doch immer die ›Mitlebenden‹ ihrer Gegenwart. Ihre neue Rolle in der Mediengesellschaft müssen sie erst noch finden.

Literaturempfehlungen

Konrad H. Jarausch, Martin Sabrow (Hg.), Verletztes Gedächtnis. Erinnerungskultur und Zeitgeschichte im Konflikt, Frankfurt a. M. 2002.
Michael Jeismann, Auf Wiedersehen Gestern. Die deutsche Vergangenheit und die Politik von morgen, Stuttgart/München 2001.
Harald Welzer, Das kommunikative Gedächtnis. Eine Theorie der Erinnerung, München 2002.

Anmerkungen

Einleitung: Kontroverse Zeitgeschichte (Seite 7–22)

1 M. de Certeau, L'absent de l'histoire, Paris 1973, S. 8 f.

2 K. R. Popper, Die offene Gesellschaft und ihre Feinde, Bd. 2: Falsche Propheten. Hegel, Marx und die Folgen, Tübingen [7]1992, S. 256.

3 Ebd., S. 257; ders., Das Elend des Historizismus, Tübingen [6]1987, S. 121.

4 Vgl. H.-P. Schwarz, Die neueste Zeitgeschichte: »Geschichte schreiben, während sie noch qualmt«, in: VfZ 51, 2003, S. 5–28 (in Übernahme eines Zitates von Barbara Tuchman).

5 Vgl. M. Sabrow u. a. (Hg.), Zeitgeschichte als Streitgeschichte. Große Kontroversen seit 1945, München 2003.

6 Vgl. V. Dotterweich (Hg.), Kontroversen der Zeitgeschichte. Historisch-politische Themen im Meinungsstreit, München 1998; H. Lehmann (Hg.), Historikerkontroversen, Göttingen 2000; J. Elvert u. S. Krauß (Hg.), Historische Debatten und Kontroversen im 19. und 20. Jahrhundert, Stuttgart 2003.

7 N. Frei, Geschichtswissenschaft, in: ders. u. V. Knigge (Hg.), Verbrechen erinnern. Die Auseinandersetzung mit Holocaust und Völkermord, München 2002, S. 369–377, hier S. 370.

8 H. Rothfels, Zeitgeschichte als Aufgabe, in: VfZ 1, 1953, S. 1–8, hier S. 2.

9 Vgl. G. Knopp, Zeitgeschichte im ZDF, in: J. Wilke (Hg.), Massenmedien und Zeitgeschichte, Konstanz 1999, S. 308–316.

10 Vgl. dazu die klassische Definition bei G. Maletzke, Psychologie der Massenkommunikation. Theorie und Systematik, Hamburg 1963, S. 32: »Unter Massenkommunikation verstehen wir jene Form der Kommunikation, bei der Aussagen öffentlich (also ohne begrenzte und personell definierte Empfängerschaft) durch technische Verbreitungsmittel (Medien) indirekt (also bei räumlicher oder zeitlicher oder raumzeitlicher Distanz zwischen den Kommunikationspartnern) und einseitig (also ohne Rollenwechsel zwischen Aussagendem und Aufnehmendem) an ein disperses Publikum [...] vermittelt werden.«

11 Vgl. P. Rössler, Agenda-Setting. Theoretische Annahmen und empirische Evidenzen einer Medienwirkungshypothese, Opladen 1997. Als Überblick: M. Kunczik u. A. Zipfel, Publizistik. Ein Studienhandbuch, Köln 2001, S. 241 ff., 355 ff.

12 Vgl. M. Weiß, Sinnliche Erinnerung. Die Filme »Holocaust« und »Schindlers Liste« in der bundesdeutschen Vergegenwärtigung der NS-Zeit, in: N. Frei u. S. Steinbacher (Hg.), Beschweigen und Bekennen. Die deutsche Nachkriegsgesellschaft und der Holocaust, Göttingen 2001, S. 71–102; M. Thiele, Publizistische Kontroversen über den Holocaust im Film, Münster 2001, S. 298 ff.

13 Vgl. nur das Angebot unter: http://www.zeitgeschichte-online.de.

14 Vgl. P. Weingart, Die Stunde der Wahrheit? Zum Verhältnis der Wissenschaft zu Politik, Wirtschaft und Medien in der Wissensgesellschaft, Weilerswist 2001, bes. S. 325 ff.

15 Vgl. M. Bissinger, Hitlers Sternstunde. Kujau, Heidemann und die Millionen, Hamburg 1984.

16 Vgl. J. F. Staab, Nachrichtenwert-Theorie. Formale Struktur und empirischer Gehalt, Freiburg 1990; H. M. Kepplinger, Der Nachrichtenwert der Nachrichtenfaktoren, in: C. Holtz-Bacha u. a. (Hg.), Wie die Medien die Welt erschaffen und wie die Menschen darin leben, Opladen 1998, S. 19–38.

17 Vgl. N. Luhmann, Die Realität der Massenmedien, Opladen [2]1996, S. 64 ff.; H. M. Kepplinger, Die Kunst der Skandalisierung und die Illusion der Wahrheit, München 2001.

18 Vgl. Luhmann, Die Realität der Massenmedien (wie Anm. 17), S. 68, 74 f.

19 Vgl. dazu auch die Selbsteinschätzung von V. Ullrich, Kontroversen sind das Salz in der Suppe. Geschichte in der Wochenzeitung *Die Zeit*, in: GWU 54, 2003, S. 76–81.

20 Vgl. H. M. Kepplinger, Publizistische Konflikte. Begriffe, Ansätze, Ergebnisse, in: F. Neidhardt (Hg.), Öffentlichkeit, Öffentliche Meinung, soziale Bewegungen (Sonderheft der Kölner Zeitschrift für Soziologie und Sozialpsychologie), Opladen 1994, S. 214–233.

21 Vgl. P. Bourdieu im Gespräch mit L. Raphael, Über die Beziehungen zwischen Geschichte und Soziologie in Frankreich und Deutschland, in: GG 22, 1996, S. 62–89, hier S. 66 f. Zur Feldtheorie Bourdieus vgl. ders. u. L. Wacquant, Reflexive Anthropologie, Frankfurt a. M. 1996, S. 124 ff.

22 L. Raphael, Der Beruf des Historikers seit 1945, in: Ch. Cornelißen (Hg.), Geschichtswissenschaften. Eine Einführung, Frankfurt a. M. 2000, S. 39–52, hier S. 49; vgl. auch ders., Geschichtswissenschaft im Zeitalter der Extreme. Theorien, Methoden, Tendenzen von 1900 bis zur Gegenwart, München 2003.

23 Th. F. Gieryn, Boundary-Work and the Demarcation of Science from Non-Science: Strains and Interests in Professional Ideologies of Scientists, in: American Sociological Review 48, 1983, S. 781–795; ders., Cultural Boundaries of Science. Credibility on the Line, Chicago 1999.

24 Zur Unterscheidung siehe Ch. Lorenz, Konstruktion der Vergangenheit. Eine Einführung in die Geschichtstheorie, Köln 1997, S. 4 f.; B. Heintz, Die Innenwelt der Mathematik. Zur Kultur und Praxis einer beweisenden Disziplin, Wien 2000, S. 119 ff.

1. Zwischen Abgrenzung und Tradition:
Deutsche Geschichtswissenschaft nach 1945 (Seite 23–45)

1 Vgl. dazu grundlegend: W. Schulze, Deutsche Geschichtswissenschaft nach 1945, München ²1993, hier S. 127.

2 Ebd., S. 135.

3 E. J. C. Hahn, Hajo Holborn: Bericht zur deutschen Frage. Beobachtungen und Empfehlungen vom Herbst 1947, in: VfZ 35, 1987, S. 135–166, hier S. 150 f.

4 Vgl. N. Frei, Von deutscher Erfindungskraft oder: Die Kollektivschuldthese in der Nachkriegszeit, in: Rechtshistorisches Journal 16, 1997, S. 621–634; zum weiteren Kontext: ders., Vergangenheitspolitik. Die Anfänge der Bundesrepublik und die NS-Vergangenheit, München ²1999.

5 A. J. P. Taylor, The Course of German History. A Survey of the Development of Germany since 1815, London 1945.

6 F. Meinecke, Die deutsche Katastrophe (1946), in: ders., Autobiographische Schriften (Werke, Bd. 8), Stuttgart 1969, S. 321–445, hier S. 430 f.; vgl. auch N. Berg, Der Holocaust und die westdeutschen Historiker. Erforschung und Erinnerung, Göttingen 2003, S. 64–104.

7 Meinecke, Die deutsche Katastrophe (wie Anm. 6), S. 325.

8 Ebd., S. 334 f.

9 Ebd., S. 347, 376 ff.

10 Ebd., S. 344. Zur »Entartung deutschen Menschentums« (ebd., S. 338) zählt Meinecke ausdrücklich auch den Antisemitismus; allerdings bescheinigt er den Juden zugleich, zur »allmählichen Entwertung und Diskreditierung der liberalen Gedankenwelt« viel beigetragen zu haben (ebd., S. 339; vgl. auch ebd., S. 356).

11 Ebd., S. 359 ff.

12 Ebd., S. 432.

13 Ebd., S. 439.

14 Ebd., S. 440.

15 G. Ritter, Geschichte als Bildungsmacht, Stuttgart 1946, S. 52. Zu Ritter vgl.: Ch. Cornelißen, Gerhard Ritter. Geschichtswissenschaft und Politik im 20. Jahrhundert, Düsseldorf 2001; Berg, Der Holocaust und die westdeutschen Historiker (wie Anm. 6), S. 105–142.

16 Ritter, Geschichte als Bildungsmacht (wie Anm. 15), S. 25.

17 Ebd., S. 52.

18 Ebd., S. 29.

19 Ebd., S. 47.

20 Ebd., S. 25 f.

21 Ders., Europa und die deutsche Frage. Betrachtungen über die geschichtliche Eigenart des deutschen Staatsdenkens, München 1948, S. 194.

22 Ebd, S. 193 f.

23 Ders., Geschichte als Bildungsmacht (wie Anm. 15), S. 20.

24 Ebd., S. 51.

25 A. Abusch, Der Irrweg einer Nation. Ein Beitrag zum Verständnis deutscher Geschichte, Berlin 1946, S. 17; zum weiteren Kontext vgl.: I.-S. Kowalczuk, Legitimation eines neuen Staates: Parteiarbeiter an der historischen Front. Geschichtswissenschaft in der SBZ/DDR 1945 bis 1961, Berlin 1997, S. 48–71.

26 Abusch, Der Irrweg einer Nation (wie Anm. 25), S. 112 f.

27 Ebd., S. 175, 180, 190.

28 Ebd., S. 199.

29 Ebd., S. 268 ff.

30 Ebd., S. 252.

31 Vgl. allerdings Abuschs Rezension des Buches von Meinecke: A. Abusch, Die deutsche Katastrophe, in: Aufbau. Kulturpolitische Monatsschrift 3, 1947, S. 2–8.

32 Vgl. Schulze, Deutsche Geschichtswissenschaft (wie Anm. 1), S. 87 ff.

33 Vgl. A. Assmann u. U. Frevert, Geschichtsvergessenheit – Geschichtsversessenheit. Vom Umgang mit deutschen Vergangenheiten nach 1945, Stuttgart 1999, S. 151–157.

34 Zit. nach: Kowalczuk, Legitimation eines neuen Staates (wie Anm. 25), S. 163.

35 Ebd., S. 150.

36 Vgl. S. Heitkamp, Walter Markov. Ein DDR-Historiker zwischen Parteidoktrin und Profession, Leipzig 2003.

37 Zu den politisch-intellektuellen Biographien dieser Gründergeneration der DDR-Geschichtswissenschaft vgl.: M. Keßler, Exilerfahrung in Wissenschaft und Politik. Remigrierte Historiker in der frühen DDR, Köln 2001.

38 Vgl. Kowalczuk, Legitimation eines neuen Staates (wie Anm. 25), S. 245. Zur Hochschullehrerschaft der frühen DDR insgesamt: R. Jessen, Akademische Elite und kommunistische Diktatur. Die ostdeutsche Hochschullehrerschaft in der Ulbricht-Ära, Göttingen 1999.

39 Vgl. Kowalczuk, Legitimation eines neuen Staates (wie Anm. 25), S. 167 ff.

40 Vgl. K.Pfundt, Die Gründung des Museums für Deutsche Geschichte, in: M.Sabrow u. P.Th.Walther (Hg.), Historische Forschung
und sozialistische Diktatur. Beiträge zur Geschichtswissenschaft der
DDR, Leipzig 1995, S.94–109.

41 Vgl. M.Sabrow, Das Diktat des Konsenses. Geschichtswissenschaft in der DDR 1949–1969, München 2001, S.38–111.

42 Ders., »Beherrschte Normalwissenschaft«. Überlegungen zum
Charakter der DDR-Historiographie, in: GG 24, 1998, S.412–445.

43 Zur Entstehungsgeschichte vgl.: ders., Das Diktat des Konsenses
(wie Anm.41), S.183–252; ders., Planprojekt Meistererzählung. Die
Entstehungsgeschichte des »Lehrbuchs der deutschen Geschichte«, in:
ders. (Hg.), Geschichte als Herrschaftsdiskurs. Der Umgang mit der
Vergangenheit in der DDR, Köln 2000, S.227–286.

44 Die Verbesserung der Forschung und Lehre in der Geschichtswissenschaft der Deutschen Demokratischen Republik. Beschluß des Zentralkomitees der Sozialistischen Einheitspartei Deutschlands, in: ZfG 3,
1955, S.507–527, hier S.507; vgl. H.Haun, Der Geschichtsbeschluß der
SED 1955. Programmdokument für die ›volle Durchsetzung des Marxismus-Leninismus‹ in der DDR-Geschichtswissenschaft, Dresden 1996.

45 Vgl. Sabrow, Das Diktat des Konsenses (wie Anm.41), S.189.

46 L.Stern, Erste Zwischenbilanz einer wissenschaftlichen Kritik, in:
ZfG 2, 1954, S.903–928, hier S.919, 927; vgl. hierzu und zum folgenden: Sabrow, Das Diktat des Konsenses (wie Anm.41), S.196ff., 200ff.

47 L.Stern, Disposition des Hochschullehrbuches der Geschichte des
deutschen Volkes (1. Bd.), in: ZfG 1, 1953, S.628–646, ders., Erste Zwischenbilanz (wie Anm.46), S.927.

48 Vgl. J.Petzold, »Meinungsstreit« im Herrschaftsdiskurs, in: Sabrow (Hg.), Geschichte als Herrschaftsdiskurs (wie Anm.43),
S.287–314.

49 Zit. nach: Keßler, Exilerfahrung in Wissenschaft und Politik (wie
Anm.37), S.192; vgl. auch S.Lokatis, Der rote Faden. Kommunistische
Parteigeschichte und Zensur unter Walter Ulbricht, Köln 2003,
S.97–118.

50 Zur Biographie vgl.: Keßler, Exilerfahrung in Wissenschaft und
Politik (wie Anm.37), S.91–145.

51 Vgl. ebd.; Sabrow, Das Diktat des Konsenses (wie Anm.41),
S.342–371; H.Haun, Kommunist und »Revisionist«. Die SED-Kampa-
gne gegen Jürgen Kuczynski (1956–1959), Dresden 1999.

52 J.Kuczynski, »Ein linientreuer Dissident«. Memoiren 1945–1989,
Berlin ²1992.

53 Zit. nach: ders., Frost nach dem Tauwetter. Mein »Historikerstreit«, Berlin 1993, S.104.

54 Vgl. Keßler, Exilerfahrung in Wissenschaft und Politik (wie
Anm.37), S.141.

55 Vgl. U. Neuhäußer-Wespy, Die SED und die Historie. Die Etablierung der marxistisch-leninistischen Geschichtswissenschaft der DDR in den fünfziger und sechziger Jahren, Bonn 1996, S. 97–110.

56 Vgl. Schulze, Deutsche Geschichtswissenschaft (wie Anm. 1), S. 183–200.

57 G. Ritter an Th. Schieder, 21.4.1954, in: K. Schwabe u. R. Reichardt (Hg.), Gerhard Ritter. Ein politischer Historiker in seinen Briefen, Boppard am Rhein 1984, S. 506 f.

58 Vgl. Schulze, Deutsche Geschichtswissenschaft (wie Anm. 1), S. 159–182.

59 G. Ritter, Gegenwärtige Lage und Zukunftsaufgaben deutscher Geschichtswissenschaft, in: HZ 170, 1950, S. 1–22, hier S. 5 ff.

60 Ebd., S. 20.

61 H. Rothfels, Bismarck und das 19. Jahrhundert, in: L. Gall (Hg.), Das Bismarck-Problem in der Geschichtsschreibung nach 1945, Köln 1971, S. 84–96, hier S. 95.

62 Ebd. Zu den unterschiedlichen Deutungen Bismarcks in der Nachkriegszeit vgl. S. Conrad, Auf der Suche nach der verlorenen Nation. Geschichtsschreibung in Westdeutschland und Japan, 1945–1960, Göttingen 1999, S. 62–88, zu Rothfels: S. 76 ff.

63 Vgl. Berg, Der Holocaust und die westdeutschen Historiker (wie Anm. 6), S. 143–192.

64 Vgl. Meinecke, Die deutsche Katastrophe (wie Anm. 6), S. 337.

65 Ders., Irrwege in unserer Geschichte?, in: Der Monat 2, 1949/50, S. 3–6, hier S. 4, 6.

66 H. Holborn, Irrwege in unserer Geschichte?, in: ebd., S. 531–535, hier S. 532 f.

67 E. Schulin, Zur Restauration und langsamen Weiterentwicklung der deutschen Geschichtswissenschaft nach 1945, in: ders., Traditionskritik und Rekonstruktionsversuch. Studien zur Entwicklung von Geschichtswissenschaft und historischem Denken, Göttingen 1979, S. 133–143, hier S. 139.

68 Vgl. Ch. Cornelißen, Der wiederentstandene Historismus. Nationalgeschichte in der Bundesrepublik der fünfziger Jahre, in: K. H. Jarausch u. M. Sabrow (Hg.), Die historische Meistererzählung. Deutungslinien der deutschen Nationalgeschichte nach 1945, Göttingen 2002, S. 78–108.

69 L. Dehio, Gleichgewicht und Hegemonie. Betrachtungen über ein Grundproblem der neueren Staatengeschichte (1948), Neuausgabe hg. von K. Hildebrand, Darmstadt 1996, S. 15, 20; zu Dehio vgl. Th. Beckers, Abkehr von Preußen. Ludwig Dehio und die deutsche Geschichtswissenschaft nach 1945, Aichach 2001.

70 F. Meinecke, Die Entstehung des Historismus, 2 Bde., München 1936.

71 K. D. Bracher, Die Auflösung der Weimarer Republik. Eine Studie zum Problem des Machtverfalls in der Demokratie, Stuttgart 1955.

72 W. Conze, Rezension von Karl Dietrich Bracher, Die Auflösung der Weimarer Republik, in: HZ 183, 1957, S. 378–382; vgl. dazu Conrad, Auf der Suche nach der verlorenen Nation (wie Anm. 62), S. 260 ff.

73 Schulin, Zur Restauration und langsamen Weiterentwicklung (wie Anm. 67), S. 139.

74 G. Ritter, Deutsche Geschichtswissenschaft im 20. Jahrhundert, in: GWU 1, 1950, S. 81–96, 129–137, hier S. 136 f.

75 H. Lübbe, Der Nationalsozialismus im deutschen Nachkriegsbewußtsein, in: HZ 236, 1986, S. 579–599, hier S. 585, 594.

76 Dies gilt nicht zuletzt auch für die Geschichtswissenschaft; vgl. dazu: R. Hohls u. K. H. Jarausch (Hg.), Versäumte Fragen. Deutsche Historiker im Schatten des Nationalsozialismus, Stuttgart 2000.

77 Zit. nach: C. Vollnhals, Zwischen Verdrängung und Aufklärung. Die Auseinandersetzung mit dem Holocaust in der frühen Bundesrepublik, in: U. Büttner (Hg.), Die Deutschen und die Judenverfolgung im Dritten Reich, Hamburg 1992, S. 357–392, hier S. 368.

78 Vgl. P. Reichel, Vergangenheitsbewältigung in Deutschland. Die Auseinandersetzung mit der NS-Diktatur von 1945 bis heute, München 2001, S. 97 ff., 129 ff.

79 Vgl. Schulze, Deutsche Geschichtswissenschaft (wie Anm. 1), S. 229–242; Berg, Der Holocaust und die westdeutschen Historiker (wie Anm. 6), S. 270–322; H. Möller, Das Institut für Zeitgeschichte und die Entwicklung der Zeitgeschichtsschreibung in Deutschland, in: ders. u. U. Wengst (Hg.), 50 Jahre Institut für Zeitgeschichte. Eine Bilanz, München 1999, S. 1–68.

80 Zit. nach: Möller, Das Institut für Zeitgeschichte (wie Anm. 79), S. 19.

81 Ritter, Gegenwärtige Lage und Zukunftsaufgaben (wie Anm. 59), S. 19.

82 Vgl. Schulze, Deutsche Geschichtswissenschaft (wie Anm. 1), S. 237 f.

83 Vgl. H. Buchheim u. H. Graml, Die fünfziger Jahre: Zwei Erfahrungsberichte, in: Möller u. Wengst (Hg.), 50 Jahre Institut für Zeitgeschichte (wie Anm. 79), S. 69–83.

84 Vgl. u. a. H. Buchheim, Das Dritte Reich. Grundlagen und politische Entwicklung, München 1958; M. Broszat, Der Nationalsozialismus. Weltanschauung, Programmatik und Wirklichkeit (Schriftenreihe der Niedersächsischen Landeszentrale für politische Bildung, Zeitgeschichte H. 8), Hannover 1960; ders. (Hg.), Kommandant in Auschwitz. Autobiographische Aufzeichnungen von Rudolf Höß, Stuttgart 1958.

85 H. Buchheim u. a., Anatomie des SS-Staates. Gutachten des Instituts für Zeitgeschichte, 2 Bde., Olten 1965.

86 H. Picker, Hitlers Tischgespräche im Führerhauptquartier 1941–42, im Auftrage des Deutschen Instituts für Geschichte der nationalsozialistischen Zeit geordnet, eingeleitet und veröffentlicht von Gerhard Ritter, Bonn 1951; vgl. hierzu und zum folgenden: Möller, Das Institut für Zeitgeschichte (wie Anm. 79), S. 35 ff.; Berg, Der Holocaust und die westdeutschen Historiker (wie Anm. 6), S. 330 ff.

87 G. Ritter, Zur Einführung, in: Picker, Hitlers Tischgespräche (wie Anm. 86), S. 11–29, hier S. 11.

88 Ebd., S. 14.

89 Hitlers Tischgespräche, in: Quick. Die aktuelle Illustrierte, 10. 6. 1951. Der Vorabdruck erstreckte sich über mehrere Wochen; der letzte Teil erschien in der Ausgabe vom 15. 7. 1951.

90 H. Arendt, Bei Hitler zu Tisch, in: Der Monat 4, H. 37, 1951, S. 85–90, hier S. 85.

91 Vgl. Reichel, Vergangenheitsbewältigung (wie Anm. 78), S. 147 ff.; Vollnhals, Zwischen Verdrängung und Aufklärung (wie Anm. 77), S. 371.

92 Vgl. Reichel, Vergangenheitsbewältigung (wie Anm. 78), S. 158 ff.; I. Wojak (Hg.), ›Gerichtstag halten über uns selbst...‹. Geschichte und Wirkung des ersten Frankfurter Auschwitz-Prozesses (Jahrbuch 2001 zur Geschichte und Wirkung des Holocaust), Frankfurt a. M. 2001.

93 Siehe Vollnhals, Zwischen Verdrängung und Aufklärung (wie Anm. 77), S. 367.

94 Vgl. Ch. Classen, Bilder der Vergangenheit. Die Zeit des Nationalsozialismus im Fernsehen der Bundesrepublik Deutschland 1955–1965, Köln 1999, S. 29.

95 Siehe ebd., S. 88, 115 ff., 157 ff.; K. Hickethier, Der Zweite Weltkrieg und der Holocaust im Fernsehen der Bundesrepublik der fünfziger und frühen sechziger Jahre, in: M. Th. Greven u. O. von Wrochem (Hg.), Der Krieg in der Nachkriegszeit. Der Zweite Weltkrieg in Politik und Gesellschaft der Bundesrepublik, Opladen 2000, S. 93–112.

2. Die Fischer-Kontroverse:
Von der Fachdebatte zum Publikumsstreit (Seite 47–67)

1 F. Fischer, Griff nach der Weltmacht. Die Kriegszielpolitik des kaiserlichen Deutschland 1914/18, Düsseldorf 1961.

2 Bundesarchiv Koblenz, Nachlaß Fritz Fischer, N 1422/5.

3 Als Überblick über die ›Fischer-Kontroverse‹ siehe mit zahlreichen Literaturhinweisen: H. Böhme, »Primat« und »Paradigmata«. Zur Entwicklung einer bundesdeutschen Zeitgeschichtsschreibung am Beispiel des Ersten Weltkrieges, in: H. Lehmann (Hg.), Historikerkontro-

versen, Göttingen 2000, S. 89–139; K. H. Jarausch, Der nationale Tabubruch. Wissenschaft, Öffentlichkeit und Politik in der Fischer-Kontroverse, in: M. Sabrow u. a. (Hg.), Zeitgeschichte als Streitgeschichte. Große Kontroversen seit 1945, München 2003, S. 20–40; I. Geiss, Zur Fischer-Kontroverse – 40 Jahre danach, in: ebd., S. 41–57; ders., Die Fischer-Kontroverse. Ein kritischer Beitrag zum Verhältnis zwischen
Historiographie und Politik in der Bundesrepublik, in: ders., Studien
über Geschichte und Geschichtswissenschaft, Frankfurt a. M. 1972,
S. 108–198.

4 G. Ritter, Gegenwärtige Lage und Zukunftsaufgaben deutscher
Geschichtswissenschaft, in: HZ 170, 1950, S. 1–22, hier S. 16.

5 L. Dehio, Gleichgewicht oder Hegemonie. Betrachtungen über ein
Grundproblem der neueren Staatengeschichte (1948), Neuausgabe hrsg.
von K. Hildebrand, Darmstadt 1996, S. 310, 333.

6 Vgl. W. Jäger, Historische Forschung und politische Kultur in
Deutschland. Die Debatte 1914–1980 über den Ausbruch des Ersten
Weltkrieges, Göttingen 1984, S. 106 ff.

7 L. Albertini, The Origins of the War of 1914, 3 Bde., Oxford
1952–1957; vgl. G. Ritter, Staatskunst und Kriegshandwerk. Das Problem des ›Militarismus‹ in Deutschland, Bd. 2: Die Hauptmächte Europas
und das wilhelminische Reich, München 1960, S. 381 ff. (Anm. 6–34).

8 F. Fischer, Deutsche Kriegsziele. Revolutionierung und Separat-
frieden im Osten 1914–1918 (aus: HZ 188, 1959), in: E. W. Lynar (Hg.),
Deutsche Kriegsziele 1914–1918. Eine Diskussion, Frankfurt a. M. 1964,
S. 18–83.

9 Vgl. dazu auch: I. Geiss, Der polnische Grenzstreifen 1914–1918.
Ein Beitrag zur deutschen Kriegszielpolitik im Ersten Weltkrieg, Lübeck
1960; zu den Vorarbeiten von Geiss vgl.: ders., »Unsere ›Neue Orthodoxie‹ ist heute viel illiberaler als ihre akademischen Väter nach 1945«
(Interview), in: R. Hohls u. K. H. Jarausch (Hg.), Versäumte Fragen.
Deutsche Historiker im Schatten des Nationalsozialismus, Stuttgart
2000, S. 218–239.

10 Fischer, Deutsche Kriegsziele (wie Anm. 8), S. 23.

11 H. Herzfeld, Zur deutschen Politik im Ersten Weltkriege. Kontinuität oder permanente Krise? (aus: HZ 191, 1960), in: Lynar (Hg.),
Deutsche Kriegsziele (wie Anm. 8), S. 84–101.

12 Ebd., S. 94; F. Fischer, Kontinuität des Irrtums. Zum Problem der
deutschen Kriegszielpolitik im Ersten Weltkrieg (aus: HZ 191, 1960),
in: Lynar (Hg.), Deutsche Kriegsziele (wie Anm. 8), S. 102–120.

13 Fischer, Griff nach der Weltmacht (wie Anm. 1), S. 855 f.

14 Ebd., S. 12.

15 B. Nellessen, Deutschland auf dem Weg zum »Platz an der Sonne«. Das provozierende Buch eines Historikers: Fritz Fischers »Griff
nach der Weltmacht«, in: Die Welt, 8. 11. 1961.

16 B. Knauss, Deutschlands imperialistische Ziele im Ersten Weltkrieg, in: SZ, 28.11.1961.

17 P. Sethe, Als Deutschland nach der Weltmacht griff. Professor Fischers These von der Alleinschuld am Ersten Weltkrieg wird noch viele Diskussionen auslösen, in: Die Zeit, 17.11.1961; F. Fischer, Die Schuld am Ersten Weltkrieg, in: ebd., 14.11.1961.

18 Fischer, Griff nach der Weltmacht (wie Anm. 1), S. 97.

19 Wilhelm der Eroberer, in: Der Spiegel, 29.11.1961.

20 Vgl. dazu ausführlich: Ch. Cornelißen, Gerhard Ritter. Geschichtswissenschaft und Politik im 20. Jahrhundert, Düsseldorf 2001, S. 597 ff.

21 Vgl. A. Sywottek, Die Fischer-Kontroverse. Ein Beitrag zur Entwicklung des politisch-historischen Bewußtseins in der Bundesrepublik, in: I. Geiss u. B. J. Wendt (Hg.), Deutschland in der Weltpolitik des 19. und 20. Jahrhunderts, Düsseldorf 1973, S. 19–47, hier S. 24.

22 G. Ritter, Griff Deutschland nach der Weltmacht?, in: Hannoversche Allgemeine Zeitung, 19./20.5.1962; als weiterer Abdruck: Griff zur Weltmacht? Der Historiker Gerhard Ritter widerlegt die These vom deutschen Imperialismus vor 1914, in: Lübecker Nachrichten, 20.5.1962.

23 Ders., Eine neue Kriegsschuldthese? Zu Fritz Fischers Buch ›Griff nach der Weltmacht‹ (aus: HZ 194, 1962), in: Lynar (Hg.), Deutsche Kriegsziele (Anm. 8), S. 121–144, hier S. 133 ff., 144.

24 Vgl. E. Hölzle, Griff nach der Weltmacht, in: Das Historisch-Politische Buch 10, 1962, S. 65–69; ders., Es gab keine kontinuierliche Politik, in: Die Welt, 7.7.1962; siehe dazu auch die Replik von Fritz Fischer, Drang zum »Platz an der Sonne«, ebd.

25 Vgl. F. Fischer, Zur Kritik an dem Buch »Griff nach der Weltmacht«, in: ders., Der Erste Weltkrieg und das deutsche Geschichtsbild. Beiträge zur Bewältigung eines historischen Tabus, Düsseldorf 1977, S. 223–238, hier S. 223.

26 L. Dehio, Deutschlands Griff nach der Weltmacht? Zu Fritz Fischers Buch über den Ersten Weltkrieg, in: Der Monat 14, H. 161, 1962, S. 65–69, hier S. 69.

27 Ebd.

28 E. Zechlin, Friedensbestrebungen und Revolutionierungsversuche im Ersten Weltkrieg, in: APuZ, 17.5.1961, 14.6.1961, 21.6.1961, 15.5.1963, 29.5.1963.

29 Ebd., 15.5.1963, S. 5, 12, 22.

30 Ders., Das »schlesische Angebot« und die italienische Kriegsgefahr 1915 (aus: GWU 14, 1963), in: W. Schieder (Hg.), Erster Weltkrieg. Ursachen, Entstehung und Kriegsziele, Köln 1969, S. 347–372, hier S. 364.

31 H. Herzfeld, Die deutsche Kriegszielpolitik im Ersten Weltkrieg, in: VfZ 11, 1963, S. 224–245, hier S. 227, 231, 244 f.

32 Vgl. nur die Besprechungen von R. Neck und F. Epstein, in: Lynar (Hg.), Deutsche Kriegsziele (wie Anm. 8), S. 145–174, sowie von P. Renouvin, in: Revue Historique 80, 1962, S. 381–390.

33 Vgl. Fischer, Kontinuität des Irrtums (wie Anm. 12), S. 106 ff.

34 Vgl. Cornelißen, Gerhard Ritter (wie Anm. 20), S. 71 ff.

35 Ritter, Eine neue Kriegsschuldthese? (wie Anm. 23), S. 124.

36 Vgl. P. Sethe, Bethmann Hollweg bleibt ein Rätsel. Egmont Zechlin zeichnet ein neues Bild: Der Kanzler als Realpolitiker, in: Die Welt, 13.7.1963; dazu die Replik von F. Fischer, Der erste Weltkrieg – ein historisches Tabu. Realpolitik oder Eroberungspolitik – Das Rätsel Bethmann Hollweg, in: Die Welt, 27.7.1963.

37 R. Augstein, Liebe Spiegel-Leser, in: Der Spiegel, 11.3.1964.

38 Ebd.

39 M. Freund, Bethmann-Hollweg, der Hitler des Jahres 1914? Zu einer Spätfrucht des Jahres 1914 in der Geschichtsschreibung (aus: FAZ, 28.3.1964), in: Lynar (Hg.), Deutsche Kriegsziele (wie Anm. 8), S. 175–182, hier S. 175, 178 f., 181.

40 G. Wirsing, ... auch am Ersten Weltkrieg schuld?, in: Christ und Welt, 8.5.1964.

41 Vgl. hierzu und zum folgenden: Cornelißen, Gerhard Ritter (wie Anm. 20), S. 605–610.

42 Vgl. B. Nellessen, Maulkorb für einen Historiker? Warum Bonn Professor Fritz Fischer die Reise nach Amerika verwehrte, in: Die Welt, 3.6.1964.

43 Ein Protestbrief, in: Die Zeit, 24.4.1964; vgl. dazu auch die anderen dort abgedruckten Dokumente (ebd.) sowie die Leserbriefreaktionen zwei Wochen später (8.5.1964).

44 Vgl. Nellessen, Maulkorb für einen Historiker (wie Anm. 42).

45 F. Fischer, Jetzt oder nie – Die Julikrise 1914, in: Der Spiegel, 20.5.1964, 27.5.1964, 3.6.1964.

46 Ebd., 3.6.1964; vgl. dazu auch ders., Weltpolitik, Weltmachtstreben und deutsche Kriegsziele, in: HZ 199, 1964, S. 265–346, zu Riezler: ebd., S. 343, 346.

47 G. Ritter, Staatskunst und Kriegshandwerk. Das Problem des ›Militarismus‹ in Deutschland, Bd. 3: Die Tragödie der Staatskunst. Bethmann Hollweg als Kriegskanzler (1914–1917), München 1964.

48 Ders., Der unheilvolle Juli vor fünfzig Jahren. Vom Ursprung des Ersten Weltkriegs, in: FAZ, 8.7.1964.

49 Ders., Die umstrittene Schuldfrage. Das Problem der Mitverantwortung des Reiches, in: Saarbrücker Zeitung, 1./2.8.1964; vgl. auch ders., Die Schüsse von Sarajewo. Sie setzten die Welt in Brand, in: ebd., 27./28.6.1964.

50 Ders., Der Erste Weltkrieg. Studien zum deutschen Geschichtsbild (Schriftenreihe der Bundeszentrale für politische Bildung, H. 64), Bonn 1964.

51 Ebd., S. 19.

52 R. Augstein, »Liebe Spiegel-Leser«, in: Der Spiegel, 20.5.1964; ders., »Liebe Spiegel-Leser«, in: ebd., 17.6.1964; ders., Bethmann – einen Kopf kürzer? in: Die Zeit, 11.9.1964; vgl. dazu auch die Entgegnung von G. Wirsing, Der Bauchredner, in: Christ und Welt, 10.7.1964; sowie die Leserbriefe von Augstein und Fischer, in: ebd., 24.7.1964.

53 E. Zechlin, Ein Interview (aus: Sonntagsblatt, 2.8.1964), in: ders., Krieg und Kriegsrisiko. Zur deutschen Politik im Ersten Weltkrieg, Düsseldorf 1979, S. 15–22; H. Herzfeld, Die Nation und die Niederlagen. Schicksal oder Schuld? Vor fünfzig Jahren begann der Erste Weltkrieg, in: Die Welt, 1.8.1964; G. Mann, Juli 1914. Vor 50 Jahren brach der Erste Weltkrieg aus, in: SZ, 1./2.8.1964; vgl. dazu auch Manns frühe Rezension von Fischers Buch (aus: NZZ, 28.4.1962), in: Lynar (Hg.), Deutsche Kriegsziele (wie Anm. 8), S. 183–193.

54 Vgl. F. Fischer, Juli 1914: Wir sind nicht hineingeschlittert. Das Staatsgeheimnis um die Riezler-Tagebücher – Eine Streitschrift, Reinbek bei Hamburg 1983, S. 69 ff.

55 K. D. Erdmann, Der Kanzler und der Krieg. Bethmann Hollweg: Staatsmann im Widerspruch zu sich selbst, in: Die Zeit, 28.8.1964; ders., Bethmann Hollweg, Augstein und die Historiker-Zunft, in: Die Zeit, 25.9.1964; vgl. dazu auch ders., Zur Beurteilung Bethmann Hollwegs (aus: GWU 15, 1964), in: Schieder (Hg.), Erster Weltkrieg (wie Anm. 30), S. 205–221.

56 Vgl. ders., Vorwort, in: K. Riezler, Tagebücher, Aufsätze, Dokumente, hrsg. v. K. D. Erdmann, Göttingen 1972, S. 7–15.

57 F. Fischer, Weltmacht oder Niedergang. Deutschland im Ersten Weltkrieg, Frankfurt 1965, S. 55.

58 Vgl. B. Sösemann, Die Tagebücher Kurt Riezlers. Untersuchungen zu ihrer Echtheit und Edition, in: HZ 236, 1983, S. 327–369; K. D. Erdmann, Zur Echtheit der Tagebücher Kurt Riezlers. Eine Antikritik, in: ebd., S. 371–402; A. Blänsdorf, Der Weg der Riezler-Tagebücher, in: GWU 35, 1984, S. 651–684.

59 Vgl. G. Krumeich, Das Erbe der Wilhelminer. Vierzig Jahre Fischer-Kontroverse: Um die deutschen Ziele im Ersten Weltkrieg stritten die Historiker, weil man vom Zweiten geschwiegen hatte, in: FAZ 4.11.1999; sowie die sich auf diesen Artikel beziehenden Leserbriefe von B. Sösemann (ebd., 12.11.1999), A. Blänsdorf (ebd., 19.11.1999) und W. J. Mommsen (ebd., 27.11.1999).

60 E. Gerstenmaier, Die Last des Vorwurfs. Zweimal deutsche Kriegsschuld?, in: Christ und Welt, 4.9.1964.

61 L. Erhard, Schaffung eines echten Friedens, in: Bulletin des Presse- und Informationsamtes der Bundesregierung, Nr. 121, 31.7.1964.

62 Zum Verlauf der Diskussion siehe das offizielle Protokoll: Bericht über die 26. Versammlung deutscher Historiker in Berlin (7. bis 11. Oktober 1964) (GWU-Beiheft), Stuttgart 1965, S. 63–72.

63 I.Geiss (Hg.), Julikrise und Kriegsausbruch 1914. Eine Dokumentensammlung, 2 Bde., Hannover 1963/1964; vgl. ders.,»Unsere ›Neue Orthodoxie‹« (wie Anm.9), S.225 ff.

64 Vgl. H.Böhme, Deutschlands Weg zur Großmacht. Studien zum Verhältnis von Wirtschaft und Staat während der Reichsgründungszeit 1848–1881, Köln 1966.

65 Vgl. K.H. Janßen, Das Duell der Historiker. Die Kriegsschuld von 1914 – Eine akademische Gerichtsverhandlung, in: Die Zeit, 17.7.1964.

66 Vgl. Geiss,»Unsere ›Neue Orthodoxie‹« (wie Anm.9), S.232.

67 J.Petzold, Parteinahme wofür? DDR-Historiker im Spannungsfeld von Politik und Wissenschaft, Potsdam 2000, S.202. Zur ostdeutschen Rezeption der Fischer-Kontroverse vgl.: M.Stibbe, The Fischer-Controversy over German War Aims in the First World War and its Reception by East German Historians, 1961–1989, in: The Historical Journal 46, 2003, S.649–668.

68 Petzold, Parteinahme wofür? (wie Anm.67), S.204; dort auch zum weiteren Verlauf der Diskussion.

69 F.Stern, War der Kriegsausbruch nur ein Betriebsunfall?, in: Der Spiegel, 21.10.1964.

70 Krumeich, Das Erbe der Wilhelminer (wie Anm.59).

71 K.-H. Janßen, Gladiatoren, Claque und Galerie. Deutsche Historiker in Berlin, in: Die Zeit, 16.10.1964.

72 K.Barthel, Beobachtungen am Rande der Kriegszieldiskussion, in: GWU 16, 1965, S.83–88, hier S.84 f., 87.

73 Vgl. dazu den Kongreßbericht von W.P.Fuchs, Wien 1965. Zum XII. Internationalen Historikerkongreß. Impressionen, Kritik, Vorschläge, in: GWU 16, 1965, S.729–739.

74 G. Ritter, Die politische Rolle Bethmann Hollwegs während des Ersten Weltkriegs, in: Comité International des Sciences Historiques (Hg.), XIIᵉ Congrès International des Sciences Historiques, Vienne, 29 Août – 5 Septembre 1965, Rapports IV, Méthodologie et Histoire Contemporaine, S.271–278.

75 Fischer, Weltmacht oder Niedergang (wie Anm.57), S.15, 20, 25.

76 Ders., Vom Zaun gebrochen – nicht hineingeschlittert. Deutschlands Schuld am Ausbruch des Ersten Weltkriegs, in: Die Zeit, 3.9.1965.

77 Ders., Krieg der Illusionen. Die deutsche Politik von 1911 bis 1914, Düsseldorf 1969.

78 E.Zechlin, Ein Sprung ins Dunkle? Die deutsche Politik im Sommer 1914, in: Die Zeit, 9.10.1964.

79 Fischer, Krieg der Illusionen (wie Anm.77), S.682.

80 Vgl. oben, Anm.18.

81 Ders., Griff nach der Weltmacht. Die Kriegszielpolitik des kaiserlichen Deutschland 1914/18 (Nachdruck der Sonderausgabe von 1967), Düsseldorf 2000, S.82.

82 Ders., Vom Zaun gebrochen (wie Anm. 76).

83 Vgl. Bericht über die 26. Versammlung deutscher Historiker in Berlin (wie Anm. 62), S. 65; E. Zechlin, Probleme des Kriegskalküls und der Kriegsbeendigung im Ersten Weltkrieg, in: GWU 16, 1965, S. 69–83.

84 Bericht über die 26. Versammlung deutscher Historiker in Berlin (wie Anm. 62), S. 70.

85 E. Zechlin, Diskussionsbeitrag zur Sektion »Problèmes politiques de la 1ère guerre mondiale«, in: Comité International des Sciences Historiques (Hg.), XIIe Congrès International des Sciences Historiques, Vienne, 29 Août – 5 Septembre 1965, V, Actes, S. 730–736, hier S. 733; vgl. dazu auch die Äußerungen Erdmanns, ebd., S. 717–721.

86 A. Hillgruber, Riezlers Theorie des kalkulierten Risikos und Bethmann Hollwegs politische Konzeption in der Julikrise 1914 (aus: HZ 202, 1966), in: ders., Deutsche Großmacht- und Weltpolitik im 19. und 20. Jahrhundert, Düsseldorf 1977, S. 91–107.

87 Ebd., S. 106 f.

88 Die Arbeit blieb unveröffentlicht.

89 W. J. Mommsen, Die deutsche Kriegszielpolitik 1914–1918. Bemerkungen zum Stand der Diskussion, in: W. Laqueur u. G. L. Mosse (Hg.), Kriegsausbruch 1914, München 1967, S. 60–100, hier S. 61, 84.

90 Ders., Das Zeitalter des Imperialismus (Fischer Weltgeschichte, Bd. 28), Frankfurt a. M. 1969, S. 284.

91 Vgl. Bericht über die 26. Versammlung deutscher Historiker in Berlin (wie Anm. 62), S. 71 f.; sowie W. J. Mommsen, Die deutschen Kriegsziele im Jahr 1914. Nach dem Berliner Historikertag: Bemerkungen zur Diskussion über die Kriegsschuldfrage, in: Christ und Welt, 23. 10. 1964.

92 W. J. Mommsen, Domestic Factors in German Foreign Policy before 1914, in: Central European History 6, 1973, S. 3–43; E. Kehr, Schlachtflottenbau und Parteipolitik, 1894–1901. Versuch eines Querschnitts durch die innenpolitischen, sozialen und ideologischen Voraussetzungen des deutschen Imperialismus, Berlin 1930.

93 E. Kehr, Der Primat der Innenpolitik. Gesammelte Aufsätze zur preußisch-deutschen Sozialgeschichte im 19. und 20. Jahrhundert, hg. v. H.-U. Wehler, Berlin 1965.

94 H.-U. Wehler, Das Deutsche Kaiserreich 1871–1918, Göttingen 1973, S. 194.

95 Ebd., S. 199.

96 Vgl. Fischer, Weltmacht oder Niedergang (wie Anm. 57), S. 101; ders., Krieg der Illusionen (wie Anm. 77), S. 13.

97 Stern, War der Kriegsausbruch nur ein Betriebsunfall? (wie Anm. 69).

98 Wehler, Das Deutsche Kaiserreich (wie Anm. 94), S. 11.

99 Ebd., S. 11 f., 17.

3. ›Achtundsechzig‹: Geschichte in der Defensive (Seite 69-90)

1 K.-H. Janßen, Aus Furcht und Verzweiflung. Das deutsche Angriffsmotiv im August 1914 – Neue Bücher zum Ersten Weltkrieg, in: Die Zeit, 21.3.1969.

2 H. Marcuse, Versuch über die Befreiung (1969), Frankfurt a. M. ⁵1980, S. 92; ders., Der eindimensionale Mensch (1964), Neuwied 1967.

3 W. Fischer, »Und ich glaube, daß wir alle nicht dazu geneigt haben, nun in der Vergangenheit unserer Lehrer herumzubohren« (Interview), in: R. Hohls u. K. H. Jarausch (Hg.), Versäumte Fragen. Deutsche Historiker im Schatten des Nationalsozialismus, Stuttgart 2000, S. 89–117, hier S. 106 f.

4 Vgl. W. Schulze, »Insofern ist die Frage spannend, wo der schmale Grad zwischen erwünschter Einmischung in Politik und Distanz zur Politik verläuft« (Interview), in: Hohls u. Jarausch (Hg.), Versäumte Fragen (wie Anm. 3), S. 404–434, hier S. 411.

5 Vgl. U. Wesel, Die verspielte Revolution. 1968 und die Folgen, München 2002, S. 209 f.

6 Vgl. W. Münch, Die politische Entwicklung an der Universität Freiburg im Sommersemester 1969, in: E. Nolte (Hg.), Deutsche Universitäten 1969. Berichte und Analysen, Marburg (Selbstverlag) 1969, S. 79–153, hier S. 117.

7 Vgl. V. Sellin, Die Universität Heidelberg in der Geschichte der Gegenwart 1945–1985, in: Ruprecht-Karls-Universität (Hg.), Die Geschichte der Universität Heidelberg. Vorträge im Wintersemester 1985/86, Heidelberg 1986, S. 217–235; J. Hoppe, Heidelberger Sommer, in: Nolte (Hg.), Deutsche Universitäten (wie Anm. 6), S. 250–263.

8 H. Mommsen, »Daraus erklärt sich, daß es niemals zuvor eine derartige Vorherrschaft alter Männer gegeben hat wie in der Zeit von 1945 bis in die 60er Jahre«, in: Hohls u. Jarausch (Hg.), Versäumte Fragen (wie Anm. 3), S. 163–190, hier S. 179.

9 Zit. nach: H. Maier, Als Professor im Jahr 1968, in: V. Schubert (Hg.), 1968. 30 Jahre danach, St. Ottilien 1999, S. 81–96, hier S. 87.

10 Vgl. die Sammlung seiner frühen hochschulpolitischen Schriften, in: J. Habermas, Kleine politische Schriften I–IV, Frankfurt a. M. 1981, S. 13–196.

11 Ders., Kongreß ›Hochschule und Demokratie‹, in: ebd., S. 205–216, hier S. 214.

12 H.-U. Wehler, »Historiker sollten auch politisch zu den Positionen stehen, die sie in der Wissenschaft vertreten« (Interview), in: Hohls u. Jarausch (Hg.), Versäumte Fragen (wie Anm. 3), S. 240–266, hier S. 252 f.

13 Zit. nach: »Der Spartakus und die Weltgeschichte«, in: Hochschulpolitische Informationen 1972, H. 9, S. 5 f.

14 Vgl. Wesel, Die verspielte Revolution (wie Anm. 5), S. 203.

15 E. Nolte, Rückblick auf ein zukünftiges Semester (Marburg), in: ders. (Hg.), Deutsche Universitäten (wie Anm.6), S.154–218, hier S.163, 167.

16 Zur ›Nofu‹ vgl. Wesel, Die verspielte Revolution (wie Anm.5), S.192ff.; H.J.Geisler u.a. (Hg.), 15 Jahre Notgemeinschaft 1970 bis 1985, Berlin 1986.

17 Maier, Als Professor im Jahr 1968 (wie Anm.9); Nolte, Rückblick auf ein zukünftiges Semester (wie Anm.15), hier S.176.

18 Bund Freiheit der Wissenschaft, Gründungsaufruf, in: Hochschulpolitische Informationen 1970, H.2, S.2–5.

19 I.Geiss, Was wird aus der Bundesrepublik? Die Deutschen zwischen Sozialismus und Revolution, Hamburg 1973, S.126f.

20 E.Nolte, Der Bund Freiheit der Wissenschaft zwei Jahre nach der Gründung. Versuch einer Zwischenbilanz, in: Hochschulpolitische Informationen 1973, H.1, S.3–7.

21 Zur Geschichte des Marburger Instituts für Politikwissenschaft vgl.: W.Hecker u.a. (Hg.), Politik und Wissenschaft. 50 Jahre Politikwissenschaft in Marburg, Bd.1: Zur Geschichte des Instituts, Münster 2001.

22 E.Nolte, Universitätsinstitut oder Parteihochschule? Dokumentation zum Habilitationsverfahren Kühnl, Köln 1971, S.13, 61.

23 Vgl. dazu die von Nolte zusammengestellte Dokumentation zum ›Fall Kühnl‹, in: ebd., S.61–88.

24 K.-H. Janßen, Habilitation eines Marxisten – Die Wege und Umwege des Marburger Politologen Reinhard Kühnl zur Professur (aus: Die Zeit, 5.2.1971), in: ebd., S.80f.

25 I.Weber-Kellermann, Eine Marburger Habilitation (aus: FAZ, 22.1.1971), in: ebd. S.65f.

26 Vgl. Totalitarismus und Faschismus. Eine wissenschaftliche und politische Begriffskontroverse, hrsg. vom Institut für Zeitgeschichte, München 1980.

27 E.Nolte, Der Faschismus in seiner Epoche. Action française, Italienischer Faschismus und Nationalsozialismus, München 1963; vgl. dazu die positiven Besprechungen von Hans-Ulrich Wehler (in: Kölner Zeitschrift für Soziologie und Sozialpsychologie 16, 1964, S.160–168) und Thomas Nipperdey (in: HZ 210, 1970, S.620–638).

28 Nolte, Der Faschismus in seiner Epoche (wie Anm.27), S.34.

29 Ebd., S.51.

30 Ders., Die faschistischen Bewegungen. Die Krise des liberalen Systems und die Entwicklung der Faschismen, München 1966, S.11.

31 Zit. nach: W.Wippermann, Faschismustheorien. Zum Stand der gegenwärtigen Diskussion, Darmstadt 1972, S.38.

32 R.Kühnl, Probleme einer Theorie über den internationalen Faschismus, Teil 1: Die Faschismuskonzeption Ernst Noltes, in: Politische Vierteljahresschrift 11, 1970, S.318–341, hier S.327.

33 Ders., Formen bürgerlicher Herrschaft. Liberalismus – Faschismus, Reinbek bei Hamburg 1971, S. 103.

34 Ebd., S. 166.

35 Zit. nach: Nolte, Rückblick auf ein zukünftiges Semester (wie Anm. 15), S. 191.

36 R. Kühnl, Deutschland zwischen Demokratie und Faschismus, München 1969; ders. u. a., Die NPD. Struktur, Ideologie und Funktion einer neofaschistischen Partei, Frankfurt a. M. 1969.

37 Vgl. E. Nolte, »Epoche des Faschismus«. Sinn und Konsequenzen eines Begriffs, in: ders., Marxismus, Faschismus, Kalter Krieg. Vorträge und Aufsätze 1964–1976, Stuttgart 1977, S. 193–208; zum weiteren Kontext vgl. B.-A. Rusinek, Von der Entdeckung der NS-Vergangenheit zum generellen Faschismusverdacht – akademische Diskurse in der Bundesrepublik der 60er Jahre, in: A. Schildt u. a. (Hg.), Dynamische Zeiten. Die 60er Jahre in den beiden deutschen Gesellschaften, Hamburg 2000, S. 114–147.

38 K. D. Bracher, Zeitgeschichtliche Kontroversen. Um Faschismus, Totalitarismus, Demokratie, München 1976, S. 18.

39 So H.-U. Thamer, Die NS-Vergangenheit im politischen Diskurs der 68er-Bewegung, in: Westfälische Forschungen 48, 1998, S. 39–53, hier S. 50.

40 Vgl. W. Schieder, Faschismus und kein Ende?, in: NPL 15, 1970, S. 166–187; H. Grebing, Aktuelle Theorien über Faschismus und Konservatismus. Eine Kritik, Stuttgart 1974; H. A. Winkler, Die ›neue Linke‹ und der Faschismus. Zur Kritik neomarxistischer Theorien über den Nationalsozialismus, in: ders., Revolution, Staat, Faschismus. Zur Revision des Historischen Materialismus, Göttingen 1978, S. 65–117, 137–159.

41 W. Abendroth (Hg.), Faschismus und Kapitalismus. Theorien über die sozialen Ursprünge und die Funktion des Faschismus, Frankfurt a. M. 1967; E. Nolte (Hg.), Theorien über den Faschismus, Köln 1967; R. Kühnl (Hg.), Texte zur Faschismusdiskussion, Bd. 1: Positionen und Kontroversen, Reinbek bei Hamburg 1974.

42 Winkler, Die ›neue Linke‹ und der Faschismus (wie Anm. 40), S. 117.

43 Bracher, Zeitgeschichtliche Kontroversen (wie Anm. 38), S. 18.

44 G. Ritter, Geschichte als Bildungsmacht. Ein Beitrag zur historisch-politischen Neubestimmung, Stuttgart 1946, S. 15.

45 Der Hessische Kultusminister, Rahmenrichtlinien Sekundarstufe I: Gesellschaftslehre (1972).

46 Geschichtswissenschaft und Geschichtsunterricht. Lageanalyse – Folgerungen – Empfehlungen. Stellungnahme des Verbandes der Historiker Deutschlands im Zusammenwirken mit dem Verband der Geschichtslehrer Deutschlands (1971), in: GWU 23, 1972, S. 1–13, hier S. 12.

47 K.-E. Jeismann u. E. Kosthorst, Geschichte und Gesellschaftslehre. Die Stellung der Geschichte in den Rahmenrichtlinien für die Sekundarstufe I in Hessen und den Rahmenlehrplänen für die Gesamtschulen
in Nordrhein-Westfalen – Eine Kritik, in: GWU 25, 1973, S. 261–288,
hier S. 288.

48 W. Conze, Zur Lage der Geschichtswissenschaft und des Ge-
schichtsunterrichts, in: GWU 26, 1975, S. 71–78, hier S. 75, 77.

49 Th. Nipperdey u. H. Lübbe, Gutachten zu den Rahmenrichtlinien
Sekundarstufe I Gesellschaftslehre des Hessischen Kultusministers, in:
Th. Nipperdey, Konflikt – Einzige Wahrheit der Gesellschaft? Zur Kri-
tik der hessischen Rahmenrichtlinien, Osnabrück 1974, S. 39–116.

50 Ebd., S. 94, 96.

51 Ebd., S. 99.

52 Ebd., S. 111.

53 Ebd., S. 114.

54 R. Koselleck, Wozu noch Historie? (1970), in: W. Hardtwig
(Hg.), Über das Studium der Geschichte, München 1990, S. 347–365;
Th. Nipperdey, Wozu noch Geschichte? (1975), in: ebd., S. 366–388;
J. Kocka, Geschichte – wozu?, in: ders., Sozialgeschichte. Begriff – Entwicklung – Probleme, Göttingen 1977, S. 112–131; siehe auch: W. Oel-
müller (Hg.), Wozu noch Geschichte?, München 1977, sowie den Überblick von A. Sywottek, Geschichtswissenschaft in der Legitimationskrise.
Ein Überblick über die Diskussion um Theorie und Didaktik der Geschichte in der Bundesrepublik Deutschland 1969–1973, Bonn-Bad Go-
desberg 1974.

55 E. Jäckel u. E. Weymar (Hg.), Die Funktion der Geschichte in unserer Zeit, Stuttgart 1975.

56 Vgl. A. Heuß, Verlust der Geschichte, Göttingen 1959.

57 Koselleck, Wozu noch Historie? (wie Anm. 54), S. 349 f.

58 Zur Entstehungsgeschichte im 19. und frühen 20. Jahrhundert
vgl.: W. Lepenies, Die drei Kulturen. Soziologie zwischen Literatur und
Wissenschaft, München 1985.

59 J. Habermas, Erkenntnis und Interesse, in: ders., Technik und
Wissenschaft als ›Ideologie‹, Frankfurt a. M. [2]1969, S. 146–168, hier
S. 155–159.

60 Vgl. Th. Schieder, Geschichtsbewußtsein und Geschichtsinteresse
in der Krise?, in: Vom Nutzen und Nachteil der Geschichte für unsere
Zeit. (Cappenberger Gespräche der Freiherr-vom-Stein-Gesellschaft
e. V., Bd. 9), Köln 1973, S. 19–37, hier S. 22. Die beiden ersten Grund-
lagendiskussionen betrafen die Formierungsphase des Historismus im
frühen 19. und dessen erste Krise im frühen 20. Jahrhundert.

61 H.-U. Wehler, Bismarck und der Imperialismus, Köln 1969,
S. 13 ff.; ders., Krisenherde des Kaiserreichs 1871–1918. Studien zur
deutschen Sozial- und Verfassungsgeschichte, Göttingen 1970, S. 9;

ders., Geschichte als Historische Sozialwissenschaft, Frankfurt a. M. 1973.

62 Ders., Krisenherde des Kaiserreichs (wie Anm. 61), S. 9.

63 Ders., Das Deutsche Kaiserreich 1871–1918, Göttingen 1973, S. 12.

64 Th. Nipperdey, Wehlers Kaiserreich. Eine kritische Auseinandersetzung, in: ders., Gesellschaft, Kultur, Theorie. Gesammelte Aufsätze zur neueren Geschichte, Göttingen 1976, S. 360–389, hier S. 364.

65 Vgl. W. J. Mommsen, Die Geschichtswissenschaft jenseits des Historismus, Düsseldorf 1971.

66 Nipperdey, Wehlers Kaiserreich (wie Anm. 64), S. 371; vgl. ders., Historismus und Historismuskritik heute, in: ders., Gesellschaft, Kultur, Theorie (wie Anm. 64), S. 59–73.

67 Ders., Über Relevanz, in: ders., Gesellschaft, Kultur, Theorie (wie Anm. 64), S. 12–32, hier S. 26.

68 Vgl. dazu oben, Kap. 2.

69 J. Kocka, Sozialgeschichte. Begriff – Entwicklung – Probleme, in: ders., Sozialgeschichte (wie Anm. 54), S. 48–111, hier S. 98; vgl. auch H.-U. Wehler, Vorüberlegungen zu einer modernen deutschen Gesellschaftsgeschichte, in: ders., Historische Sozialwissenschaft und Geschichtsschreibung. Studien zu Aufgaben und Traditionen deutscher Geschichtswissenschaft, Göttingen 1980, S. 161–180.

70 Vgl. J. Kocka, Deutsche Geschichte vor Hitler. Zur Diskussion über den »deutschen Sonderweg«, in: ders., Geschichte und Aufklärung. Aufsätze, Göttingen 1989, S. 101–113; vgl. auch: Th. Welskopp, Identität ex negativo. Der ›deutsche Sonderweg‹ als Metaerzählung in der bundesdeutschen Geschichtswissenschaft der siebziger und achtziger Jahre, in: K. H. Jarausch u. M. Sabrow (Hg.), Die historische Meistererzählung. Deutungslinien der deutschen Nationalgeschichte nach 1945, Göttingen 2002, S. 109–139.

71 A. Hillgruber, Politische Geschichte in moderner Sicht, in: HZ 216, 1973, S. 529–552, hier S. 534 f., 545.

72 H.-U. Wehler, Moderne Politikgeschichte oder »Große Politik der Kabinette«?, in: GG 1, 1975, S. 344–369, hier S. 369.

73 K. Hildebrand, Geschichte oder »Gesellschaftsgeschichte«? Die Notwendigkeit einer politischen Geschichtsschreibung von den internationalen Beziehungen, in: HZ 223, 1976, S. 328–357, hier S. 335; H.-U. Wehler, Kritik und kritische Antikritik, in: HZ 225, 1977, S. 347–384; zur Langlebigkeit der Kontroverse um die Politikgeschichte vgl.: E. Conze, Moderne Politikgeschichte. Aporien einer Kontroverse, in: G. Müller (Hg.), Deutschland und der Westen. Internationale Beziehungen im 20. Jahrhundert, Stuttgart 1988, S. 19–30.

74 Nipperdey, Über Relevanz (wie Anm. 67), S. 24.

75 Hillgruber, Politische Geschichte in moderner Sicht (wie Anm. 71), S. 549.

76 J. Habermas, Demokratisierung der Hochschule – Politisierung der Wissenschaft, in: ders., Kleine politische Schriften (wie Anm. 10), S. 186–196, hier S. 193.

77 Kocka, Geschichte – wozu? (wie Anm. 54), S. 121 f.

78 Wehler, Kritik und kritische Antikritik (wie Anm. 73), S. 347.

4. Der ›Historikerstreit‹: Grabenkampf in der Geschichtskultur (Seite 91–114)

1 Bericht über die 28. Versammlung deutscher Historiker in Köln/Rhein, 31. März bis 4. April 1970 (GWU-Beiheft), Stuttgart 1971, S. 9.

2 Vgl. Th. Lindenberger, »Alltagsgeschichte« oder: Als um die zünftigen Grenzen der Geschichtswissenschaft noch gestritten wurde, in: M. Sabrow u. a. (Hg.), Zeitgeschichte als Streitgeschichte. Große Kontroversen seit 1945, München 2003, S. 74–91.

3 H.-U. Wehler, Geschichte – von unten gesehen. Wie bei der Suche nach dem Authentischen Engagement mit Methodik verwechselt wird, in: Die Zeit, 3.5.1985.

4 Vgl. M. Greiffenhagen, Freiheit gegen Gleichheit? Zur ›Tendenzwende‹ in der Bundesrepublik, Hamburg 1975; zur konservativen Prägung des Begriffs vgl. C. Graf Podewils (Hg.), Tendenzwende. Zur geistigen Situation der Bundesrepublik, Stuttgart 1975; zum allgemeinen politischen Umschwung Mitte der 1970er Jahre vgl. M. Görtemaker, Geschichte der Bundesrepublik Deutschland. Von der Gründung bis zur Gegenwart, München 1999, S. 563 ff.

5 H. Lübbe, Fortschritt als Orientierungsproblem im Spiegel politischer Gegenwartssprache, in: Podewils (Hg.), Tendenzwende (wie Anm. 4), S. 9–24, hier S. 21.

6 J. Habermas, Einleitung, in: ders. (Hg.), Stichworte zur ›Geistigen Situation der Zeit‹, Bd. 1, Frankfurt a. M. 1979, S. 7–35, hier S. 21.

7 Ebd.

8 Vgl. G. Metzler, Pathos der Ernüchterung. Zeitdiagnostische »Stichworte« vor 25 Jahren, in: Zeithistorische Forschungen/Studies in Contemporary History 1, 2004, S. 154–158.

9 W. J. Mommsen, »Wir sind wieder wer.« Wandlungen im politischen Selbstverständnis der Deutschen, in: Habermas (Hg.), Stichworte, Bd. 1 (wie Anm. 6), S. 185–209; deutlicher: ders., Gegenwärtige Tendenzen in der Geschichtsschreibung der Bundesrepublik, in: GG 7, 1981, S. 149–188.

10 H.-U. Wehler, Geschichtswissenschaft heute, in: Habermas (Hg.), Stichworte, Bd. 2 (wie Anm. 6), S. 709–753, hier S. 732, 747 ff.; vgl. oben, Kap. 3.

11 Ders., Renaissance der ›Geopolitik‹? (aus: Der Monat 284, 1982), in: ders., Preußen ist wieder chic... Politik und Polemik, Frankfurt a. M. 1983, S. 60–66.

12 Vgl. ders., Geschichtswissenschaft heute (wie Anm. 10), S. 731; ähnlich: Mommsen, Gegenwärtige Tendenzen (wie Anm. 9), S. 164.

13 H. Mommsen, Die Last der Vergangenheit, in: Habermas, Stichworte, Bd. 1 (wie Anm. 6), S. 164–184, hier S. 177.

14 E. Nolte, Deutschland und der Kalte Krieg, München 1974, S. 601.

15 Ebd., S. 119.

16 Vgl. die Rezensionen von F. Gilbert (in: American Historical Review 81, 1976, S. 618–620) und L. Niethammer (in: HZ 221, 1975, S. 373–389) sowie die Replik von E. Nolte, »Pluralität der Hitlerzeit?« Erläuterungen zu einem vielkritisierten Begriff, in: ders., »Was ist bürgerlich?« und andere Artikel, Abhandlungen, Auseinandersetzungen, Stuttgart 1979, S. 88–113.

17 E. Nolte, »Über Frageverbote« (aus: FAZ, 25. 11. 1978), in: ders., »Was ist bürgerlich?« (wie Anm. 16), S. 56–66.

18 Ders., Die negative Lebendigkeit des Dritten Reiches. Eine Frage aus dem Blickwinkel des Jahres 1980, in: FAZ, 24. 7. 1980.

19 Ders., Einige abschließende Bemerkungen zum Begriff des Faschismus, in: ders., »Was ist bürgerlich?« (wie Anm. 16), S. 134–153, hier S. 151 (Hervorhebung im Original), vgl. auch im gleichen Band, S. 174.

20 H.-U. Wehler, Entsorgung der deutschen Vergangenheit? Ein polemischer Essay zum »Historikerstreit«, München 1988, S. 20.

21 Zit. nach: R. J. Evans, Im Schatten Hitlers? Historikerstreit und Vergangenheitsbewältigung in der Bundesrepublik, Frankfurt a. M. 1991, S. 32; vgl. auch U. Herbert, Der Historikerstreit. Politische, wissenschaftliche, biographische Aspekte, in: M. Sabrow u. a. (Hg.), Zeitgeschichte als Streitgeschichte (wie Anm. 2), S. 94–113.

22 Vgl. Ch. S. Maier, Die Gegenwart der Vergangenheit. Geschichte und die nationale Identität der Deutschen, Frankfurt a. M. 1992, S. 15 ff.; J.-H. Kirsch, »Wir haben aus der Geschichte gelernt«. Der 8. Mai als politischer Gedenktag in Deutschland, Köln 1999, S. 79 ff.

23 J. Habermas, Entsorgung der Vergangenheit (aus: Die Zeit, 17. 5. 1985), in: ders., Die Neue Unübersichtlichkeit (Kleine Politische Schriften V), Frankfurt a. M. 1985, S. 261–268, hier S. 261 f.

24 R. von Weizsäcker, Zum 40. Jahrestag der Beendigung des Krieges in Europa und der nationalsozialistischen Gewaltherrschaft, Ansprache am 8. Mai 1985 in der Gedenkstunde im Plenarsaal des Deutschen Bundestages, hg. v. der Bundeszentrale für politische Bildung, Bonn 1985, S. 2, 5.

25 Vgl. Evans, Im Schatten Hitlers? (wie Anm. 21), S. 32.

26 Vgl. Maier, Die Gegenwart der Vergangenheit (wie Anm. 22), S. 154 ff.

27 H. Mommsen, Verordnete Geschichtsbilder. Historische Museumspläne der Bundesregierung, in: Gewerkschaftliche Monatshefte 37, 1986, S. 13–24, hier S. 13 f.

28 Ebd., S. 19.

29 M. Stürmer, Deutsche Identität: Auf der Suche nach der verlorenen Nationalgeschichte (aus: NZZ, 28./29. 5. 1983), in: ders., Dissonanzen des Fortschritts. Essays über Geschichte und Politik in Deutschland, München 1986, S. 201–209, hier S. 209; ders., Berlin und Bonn: Suche nach der deutschen Geschichte (aus: Museumskunde 1984), in: ebd., S. 289–304, hier S. 291, 302.

30 Ders., Geschichte in geschichtslosem Land (aus: FAZ, 25. 4. 1986), in: »Historikerstreit«. Die Dokumentation der Kontroverse um die Einzigartigkeit der nationalsozialistischen Judenvernichtung, München ⁵1987, S. 36–38.

31 H. Mommsen, Suche nach der »verlorenen Geschichte«? Bemerkungen zum historischen Selbstverständnis der Bundesrepublik (aus: Merkur, 1986), in: ebd., S. 156–173, hier S. 172 f.

32 Vgl. F. Oppenheimer, Vorsicht vor falschen Schlüssen aus der deutschen Vergangenheit – Die Verführungen einer kollektiven Schuldbesessenheit, in: FAZ, 14. 5. 1986; M. Stürmer, Weder verdrängen noch bewältigen. Geschichte und Gegenwartsbewußtsein der Deutschen, in: Schweizer Monatshefte 66, 1986, S. 689–694, hier S. 690; H. Mommsen, Die Bürde der Vergangenheit: Auseinandersetzung mit dem unbequemen historischen Erbe der Deutschen, in: H. Hoffmann (Hg.), Gegen den Versuch, Vergangenheit zu verbiegen. Eine Diskussion um politische Kultur in der Bundesrepublik aus Anlaß der Frankfurter Römerberggespräche 1986, Frankfurt a. M. 1987, S. 94–104, hier S. 96.

33 J. Habermas, Eine Diskussionsbemerkung, in: Hoffmann (Hg.), Gegen den Versuch (wie Anm. 32), S. 140–142, hier S. 140 f.

34 E. Nolte, Vergangenheit, die nicht vergehen will. Eine Rede, die geschrieben, aber nicht gehalten werden konnte (aus: FAZ, 6. 6. 1986), in: »Historikerstreit« (wie Anm. 30), S. 39–47.

35 Vgl. dazu die Darstellung der Veranstalter: H. Hoffmann, Einleitung, in: ders. (Hg.), Gegen den Versuch (wie Anm. 32), S. 7–16, hier S. 13 ff.; vgl. auch W. J. Mommsen, Die Vergangenheit, die nicht vergehen will. Auseinandersetzung oder Schlußstrich, in: ebd., S. 83–93.

36 Nolte, Vergangenheit, die nicht vergehen will (wie Anm. 34), S. 46.

37 Ebd., S. 45.

38 Habermas, Eine Diskussionsbemerkung (wie Anm. 33), S. 142.

39 Vgl. dazu das Protokoll, in: Ch. Stölzl (Hg.), Deutsches Historisches Museum. Ideen – Kontroversen – Perspektiven, Berlin 1988, S. 333–385.

40 Vgl. Habermas, Eine Diskussionsbemerkung (wie Anm. 33), sowie ders., Zum neokonservativen Geschichtsverständnis und zur Rolle der

revisionistischen Geschichtsschreibung in der politischen Öffentlichkeit, in: Geschichtswerkstatt Berlin (Hg.), Die Nation als Ausstellungsstück. Planungen, Kritik und Utopien zu den Museumsgründungen in Bonn und Berlin, Hamburg 1987, S.43–49.

41 Ders., Eine Art Schadensabwicklung. Die apologetischen Tendenzen in der deutschen Zeitgeschichtsschreibung (aus: Die Zeit, 11.7.1986), in: »Historikerstreit« (wie Anm.30), S.62–76; K.-H. Janßen, Kampfansage, in: Die Zeit, 11.7.1986.

42 E.Nolte, Between Myth and Revisionism? The Third Reich in the Perspective of the 1980s, in: H.W.Koch (Hg.), Aspects of the Third Reich, London 1985, S.17–38, hier zitiert nach der deutschen Übersetzung: Zwischen Geschichtslegende und Revisionismus? Das Dritte Reich im Blickwinkel des Jahres 1980, in: »Historikerstreit« (wie Anm.30), S.13–35, hier S.24f.

43 Vgl. dazu die Richtigstellung bei: J.Peter, Der Historikerstreit und die Suche nach einer nationalen Identität der achtziger Jahre, Frankfurt a.M. 1995, S.123ff.; zu Irving: R.J.Evans, Der Geschichtsfälscher. Holocaust und historische Wahrheit im David-Irving-Prozess, Frankfurt a.M. 2001.

44 Nolte, Zwischen Geschichtslegende und Revisionismus (wie Anm.42), S.24f.

45 H.A. Winkler, Nationalapologetisches Bedürfnis (Leserbrief), in: FAZ, 26.6.1986.

46 Habermas, Eine Art Schadensabwicklung (wie Anm.41), S.70f.

47 Ebd., S.75f.

48 Ebd., S.68; vgl. die Rezension des Koch-Bandes von K. Hildebrand, in: HZ 242, 1986, S.465f.

49 A. Hillgruber, Zweierlei Untergang. Die Zerschlagung des Deutschen Reiches und das Ende des europäischen Judentums, Berlin 1986.

50 Habermas, Eine Art Schadensabwicklung (wie Anm.41), S.63f.

51 Ebd., S.66.

52 Hillgruber, Zweierlei Untergang (wie Anm.49), S.24.

53 Ebd.

54 Ebd., S.98.

55 Ebd., S.99.

56 Habermas, Eine Art Schadensabwicklung (wie Anm.41), S.64, 67.

57 Vgl. I.Geiss, Die Habermas-Kontroverse. Ein deutscher Streit, Berlin 1988; zu Verlauf und Hintergründen der Debatte vgl.: S.Kailitz, Die politische Deutungskultur im Spiegel des »Historikerstreits«, Wiesbaden 2001.

58 Vgl. dazu die Selbsteinschätzung bei A. Hillgruber, Für die Forschung gibt es kein Frageverbot (aus: Rheinischer Merkur/Christ und Welt, 31.10.1986), in: »Historikerstreit« (wie Anm.30), S.232–242, hier S.233.

59 Ders., Jürgen Habermas, Karl-Heinz Janßen und die Aufklärung Anno 1986 (aus: GWU, 1986), in: ebd., S. 331–351, hier S. 332.

60 K. Hildebrand, Das Zeitalter der Tyrannen. Geschichte und Politik: Die Verwalter der Aufklärung, das Risiko der Wissenschaft und die Geborgenheit der Weltanschauung. Eine Entgegnung auf Jürgen Habermas (aus: FAZ, 31.7.1986), in: ebd., S. 84–92.

61 Ebd., S. 85; vgl. Habermas, Eine Art Schadensabwicklung (wie Anm. 41), S. 64.

62 Hildebrand, Das Zeitalter der Tyrannen (wie Anm. 60), S. 85; vgl. Hillgruber, Zweierlei Untergang (wie Anm. 49), S. 37.

63 Hildebrand, Das Zeitalter der Tyrannen (wie Anm. 60), S. 86.

64 Hillgruber, Für die Forschung gibt es kein Frageverbot (wie Anm. 58), S. 233.

65 J. Habermas, Nachspiel, in: ders., Eine Art Schadensabwicklung. Kleine politische Schriften VI, Frankfurt a. M. 1987, S. 149–158, hier S. 150; vgl. auch den Leserbrief von Karl Heinz Bohrer in der FAZ, 16.8.1986.

66 Habermas, Nachspiel (wie Anm. 65), S. 150 f.

67 Hildebrand, Das Zeitalter der Tyrannen (wie Anm. 60), S. 89.

68 E. Nolte, Leserbrief (aus: Die Zeit, 1.8.1986), in: »Historikerstreit« (wie Anm. 30), S. 93 f.; M. Stürmer, Leserbrief (aus: FAZ, 16.8.1986), in: ebd., S. 98 f.; A. Hillgruber, Leserbrief, in: FAZ, 23.8.1986.

69 Hillgruber, Leserbrief (wie Anm. 68); ders., Jürgen Habermas, Karl-Heinz Janßen und die Aufklärung (wie Anm. 59), S. 331, 349; J. Habermas, Leserbrief (aus: FAZ, 11.8.1986), in: »Historikerstreit« (wie Anm. 30), S. 97.

70 Vgl. F. Schirrmacher, Aufklärung? Habermas und die Geschichte, in: FAZ 11.7.1986; J. Fest, Die geschuldete Erinnerung. Zur Kontroverse über die Unvergleichbarkeit der nationalsozialistischen Massenverbrechen (aus: FAZ, 29.8.1986), in: »Historikerstreit« (wie Anm. 30), S. 100–112.

71 M. Brumlik, Neuer Staatsmythos Ostfront. Die neueste Entwicklung der Geschichtswissenschaft der BRD (aus: taz, 12.7.1986), in: »Historikerstreit« (wie Anm. 30), S. 77–83, hier S. 83.

72 W. Malanowski, »Vergangenheit, die nicht vergehen will«, in: Der Spiegel, 1.9.1986.

73 R. Augstein, Die neue Auschwitz-Lüge (aus: Der Spiegel, 6.10.1986), in: »Historikerstreit« (wie Anm. 30), S. 196–203, hier S. 198.

74 Hillgruber, Jürgen Habermas, Karl-Heinz Janßen und die Aufklärung Anno 1986 (wie Anm. 59).

75 Kampf um die kulturelle Hegemonie? Hans-Ulrich Wehler im Gespräch mit Rainer Erd über Ziel und Folgen des Historikerstreits, in: FR, 11.2.1988.

76 Vgl. etwa: J. v. Uthmann, Der Streit um den Holocaust. Blick in amerikanische Zeitschriften, in: FAZ, 3.1.1987.

77 Vgl. E. Jäckel, Die elende Praxis der Untersteller. Das Einmalige der nationalsozialistischen Verbrechen läßt sich nicht leugnen (aus: Die Zeit, 12.9.1986), in: »Historikerstreit« (wie Anm. 30), S. 115–122.

78 J. Kocka, Hitler sollte nicht durch Stalin und Pol Pot verdrängt werden (aus: FR, 23.9.1986), in: ebd., S. 132–142; H. A. Winkler, Auf ewig in Hitlers Schatten? Zum Streit über das Geschichtsbild der Deutschen (aus: FR, 14.11.1986), in: ebd., S. 256–263; W. J. Mommsen, Weder Leugnen noch Vergessen befreit von der Vergangenheit (aus: FR, 1.12.1986), in: ebd., S. 300–321; H. Mommsen, Neues Geschichtsbewußtsein und Relativierung des Nationalsozialismus (aus: Blätter für deutsche und internationale Politik, 1986), in: ebd., S. 174–188.

79 Vgl. H. Schulze, Fragen, die wir stellen müssen. Keine historische Haftung ohne nationale Identität (aus: Die Zeit, 26.9.1986), in: ebd., S. 143–150; Th. Nipperdey, Unter der Herrschaft des Verdachts. Wissenschaftliche Aussagen dürfen nicht an ihrer politischen Funktion gemessen werden (aus: Die Zeit, 31.10.1986), in: ebd., S. 215–219.

80 Vgl. Geiss, Die Habermas-Kontroverse (wie Anm. 57); ders., Der Hysterikerstreit. Ein unpolemischer Essay, Bonn 1992; bereits zuvor und im Ton gemäßigter: ders., Leserbrief (aus: Der Spiegel, 20.10.1986), in: »Historikerstreit« (wie Anm. 30), S. 220–222; ders., Zum Historiker-Streit (aus: Evangelische Kommentare, 1987), in: ebd., S. 373–380.

81 Vgl. Kailitz, Die politische Deutungskultur (wie Anm. 57), S. 51.

82 Ch. Meier, Eröffnungsrede zur 36. Versammlung deutscher Historiker in Trier, 8. Oktober 1986 (aus: Rheinischer Merkur/Christ und Welt, 10.10.1986), in: »Historikerstreit« (wie Anm. 30), S. 204–214, hier S. 207.

83 Ders., Kein Schlußwort. Zum Streit über die NS-Vergangenheit (aus: FAZ, 20.11.1986), in: ebd., S. 264–274, hier S. 264, 273.

84 E. Nolte, Die Sache auf den Kopf gestellt. Gegen den negativen Nationalismus in der deutschen Geschichtsbetrachtung (aus: Die Zeit, 31.10.1986), in: ebd., S. 223–231.

85 J. Habermas, Vom öffentlichen Gebrauch der Historie. Das offizielle Selbstverständnis der Bundesrepublik bricht auf (aus: Die Zeit, 7.11.1988), in: ebd., S. 243–255, hier S. 251 f.

86 E. Nolte, Ein Schlußwort im Historikerstreit von dem Mann, der ihn auslöste, in: Welt am Sonntag, 20.9.1987; K. Repgen, Das Böse braucht keine Vergleiche zu scheuen. Noch einmal: Waren die Greueltaten der Nazis einzigartig? Der »Historikerstreit« und ein Wort zum – vorläufigen – Resumée, in: Rheinischer Merkur, 2.10.1987; R. Augstein, Ein Schlußwort zum Schlußwort, in: Welt am Sonntag, 27.9.1987; »Verantwortung übernehmen heißt nicht unterwürfig sein«.

Nach einem Jahr »Historikerstreit« um das Bild der Deutschen von ihrer Geschichte zieht Eberhard Jäckel Bilanz, in: FR, 6.6.1987.

87 Vgl. »Historikerstreit« (wie Anm. 30), S. 381–395; etwa zeitgleich war eine unautorisierte Dokumentation im Pahl-Rugenstein-Verlag unter der Herausgeberschaft von Reinhard Kühnl erschienen.

88 Wehler, Entsorgung der deutschen Vergangenheit? (wie Anm. 20), S. 8.

89 E. Nolte, Das Vergehen der Vergangenheit. Antwort an meine Kritiker im sogenannten Historikerstreit, Berlin 1987.

90 A. Hillgruber, Mein »Schlußwort« zum sogenannten Historikerstreit, in: »Historikerstreit« (wie Anm. 30), S. 393 ff.

91 E. Nolte, Der europäische Bürgerkrieg 1917–1945. Nationalsozialismus und Bolschewismus, Berlin 1987.

92 H. A. Winkler, Ein europäischer Bürger namens Hitler. Ernst Noltes Entlastungsoffensive geht weiter, in: Die Zeit, 4. 2. 1987; H. Mommsen, Das Ressentiment als Wissenschaft. Anmerkungen zu Ernst Noltes »Der europäische Bürgerkrieg 1917–1945. Nationalsozialismus und Bolschewismus«, in: GG 14, 1988, S. 495–512; R. Augstein, Herrn Noltes Umwälzung der Wissenschaft, in: Der Spiegel, 4. 1. 1988.

93 Vgl. E. Nolte, Streitpunkte. Heutige und künftige Kontroversen um den Nationalsozialismus, Berlin 1993, S. 304–319; G. Seibt, Unfaßbar. Ernst Nolte im Fernsehen, in: FAZ, 29. 3. 1994; ders., Nolte, im Ernst, in: ebd., 7. 11. 1994; vgl. auch: Kailitz, Die politische Deutungskultur (wie Anm. 57), S. 73–78.

94 Maier, Die Gegenwart der Vergangenheit (wie Anm. 22), S. 99 f.

95 E. Nolte, Die Ausschau nach dem Ganzen. Wissenschaftliches Ethos und Historisierung, in: FAZ, 18. 7. 1987.

96 M. Broszat, Plädoyer für eine Historisierung des Nationalsozialismus (aus: Merkur, 1985), in: ders., Nach Hitler. Der schwierige Umgang mit unserer Geschichte, München 1986, S. 159–173.

97 Ders., Wo sich die Geister scheiden. Die Beschwörung der Geschichte taugt nicht als nationaler Religionsersatz (aus: Die Zeit, 3. 10. 1986), in: »Historikerstreit« (wie Anm. 30), S. 189–195; ders., Was heißt Historisierung des Nationalsozialismus?, in: HZ 247, 1988, S. 1–14.

98 M. Broszat u. S. Friedländer, Um die »Historisierung des Nationalsozialismus«. Ein Briefwechsel, in: VfZ 36, 1988, S. 339–372; vgl. dazu auch den Teilabdruck in: Die Zeit, 22. 4. 1988.

99 Broszat u. Friedländer, Um die »Historisierung« (wie Anm. 98), S. 366. Die ›innere Anspannung‹ erklärt sich aus ihren unterschiedlichen Lebensläufen: Während Friedländer den Holocaust im französischen Versteck überlebte, wurde Broszat – möglicherweise ohne sein aktives Zutun – im April 1944 in die NSDAP aufgenommen, wie nach seinem Tod bekannt wurde; vgl. hierzu N. Berg, Die Lebenslüge vom Pathos der Nüchternheit, in: SZ, 17. 7. 2002; ders., Der Holocaust und die west-

deutschen Historiker. Erforschung und Erinnerung, Göttingen 2003, S. 35 ff., 614 f.

100 Broszat u. Friedländer, Um die »Historisierung« (wie Anm. 98), S. 343, 370.

101 D. Diner, Zwischen Aporie und Apologie. Über Grenzen der Historisierbarkeit des Nationalsozialismus, in: ders. (Hg.), Ist der Nationalsozialismus Geschichte? Zu Historisierung und Historikerstreit, Frankfurt a. M. 1987, S. 62–73, hier S. 73.

5. Die überraschte Zunft:
Geschichtswissenschaft nach dem Fall der Mauer
(Seite 115–137)

1 H. James, Vom Historikerstreit zum Historikerschweigen. Die Wiedergeburt des Nationalstaats, Berlin 1993, S. 19.

2 Th. Nipperdey, Die deutsche Einheit in historischer Perspektive, in: ders., Nachdenken über die deutsche Geschichte. Essays, München ²1990, S. 249–262, hier S. 261.

3 Vgl. H.-P. Schwarz, Mit gestopften Trompeten. Die Wiedervereinigung Deutschlands aus der Sicht westdeutscher Historiker, in: GWU 44, 1993, S. 683–704.

4 Zur schillernd-schwebenden Begriffsgeschichte des Wortes vgl.: L. Niethammer, Kollektive Identität. Heimliche Quellen einer unheimlichen Konjunktur, Reinbek bei Hamburg 2000.

5 J. Habermas, Eine Art Schadensabwicklung. Die apologetischen Tendenzen in der deutschen Zeitgeschichtsschreibung (aus: Die Zeit, 11. 7. 1986), in: »Historikerstreit«. Die Dokumentation der Kontroverse um die Einzigartigkeit der nationalsozialistischen Judenvernichtung, München ⁵1987, S. 62–76, hier S. 75.

6 Ebd.; D. Sternberger, Verfassungspatriotismus (1979), in: ders., Verfassungspatriotismus (Schriften, Bd. 10), Frankfurt a. M. 1990, S. 13–16, hier S. 13.

7 H. Schulze, Fragen, die wir stellen müssen. Keine historische Haftung ohne nationale Identität (aus: Die Zeit, 26. 9. 1986), in: »Historikerstreit« (wie Anm. 5), S. 143–150, hier S. 148 f.

8 H.-U. Wehler, Entsorgung der deutschen Vergangenheit? Ein polemischer Essay zum »Historikerstreit«, München 1988, S. 172 f.

9 J. Kocka, Geschichte und Aufklärung, in: ders., Geschichte und Aufklärung. Aufsätze, Göttingen 1989, S. 140–159, hier S. 154.

10 H.-U. Wehler, Sozialdemokratie und deutscher Nationalstaat, in: ders., Preußen ist wieder chic... Politik und Polemik, Frankfurt a. M. 1983, S. 72–76, hier S. 75.

11 H. A. Winkler, Auf ewig in Hitlers Schatten? Zum Streit über das Geschichtsbild der Deutschen (aus: FR, 14.11.1986), in: »Historikerstreit« (wie Anm.5), S.256–263, hier S.263; vgl. auch ders., Bismarcks Schatten. Ursachen und Folgen der deutschen Katastrophe, in: Die neue Gesellschaft/Frankfurter Hefte 35, 1988, S.111–121.

12 K. Repgen, Das Böse braucht keine Vergleiche zu scheuen. Noch einmal: Waren die Greueltaten der Nazis einzigartig? Der »Historikerstreit« und ein Wort zum – vorläufigen – Resumée, in: Rheinischer Merkur/Christ und Welt, 2.10.1987.

13 Vgl. Rheinischer Merkur/Christ und Welt, 23.10.1987, 13.11.1987.

14 H.-P. Schwarz, Das Ende der Identitätsneurose (aus: Rheinischer Merkur/Christ und Welt, 7.9.1990) in: U. Wengst (Hg.), Historiker betrachten Deutschland. Beiträge zum Vereinigungsprozeß und zur Hauptstadtdiskussion, Bonn 1992, S.152–161, hier S.157 ff.

15 M. Stürmer, Worauf sich bauen läßt, in: FAZ, 27.7.1990.

16 Th. Nipperdey, Die Deutschen wollen und dürfen eine Nation sein. Wider die Arroganz der Post-Nationalen (aus: FAZ, 13.7.1990), in: Wengst (Hg.), Historiker betrachten Deutschland (wie Anm.14), S.110–121, hier S.121; zum Motiv der ›Normalisierung‹ im deutschen Geschichtsdiskurs nach der Vereinigung vgl.: K. H. Jarausch, Normalisierung oder Re-Nationalisierung? Zur Umdeutung der deutschen Vergangenheit, in: GG 21, 1995, S.571–584; S. Berger, The Search for Normality. National Identity and Historical Consciousness in Germany Since 1800, Providence 1997, S.111–229.

17 J. Habermas, Die Stunde der nationalen Empfindung. Republikanische Gesinnung oder Nationalbewußtsein? (23.11.1989), in: ders., Die nachholende Revolution. Kleine Politische Schriften VII, Frankfurt a. M. 1990, S.157–166, hier S.162.

18 Ders., Der DM-Nationalismus. Weshalb es richtig ist, die deutsche Einheit nach Artikel 146 zu vollziehen, also einen Volksentscheid über eine neue Verfassung anzustreben, in: Die Zeit, 30.3.1990.

19 Ders., Die zweite Lebenslüge der Bundesrepublik: Wir sind wieder »normal« geworden, in: Die Zeit, 11.12.1992; zum neuerwachten Selbstbewußtsein der rechten Intelligenz nach 1989 siehe: H. Schwilk u. U. Schacht (Hg.), Die selbstbewußte Nation. »Anschwellender Bocksgesang« und weitere Beiträge zu einer deutschen Debatte, Berlin 1994.

20 H.-U. Wehler, Deutsche Frage und europäische Antwort, in: FR, 14.10.1989.

21 Ders., Welche Probleme kann ein deutscher Nationalismus heute lösen? (aus: Die Zeit, 9.11.1990), in: ders., Die Gegenwart als Geschichte. Essays, München 1995, S.127–137, hier S.133 f.

22 H. A. Winkler, Die Mauer wegdenken. Was die Bundesrepublik für die Demokratisierung der DDR tun kann, in: Die Zeit, 11.8.1989.

23 Ders., Der unverhoffte Nationalstaat. Deutsche Einheit: Die Vorzeichen sind günstiger als 1871 (aus: Die Zeit, 28.9.1990), in: Wengst (Hg.), Historiker betrachten Deutschland (wie Anm.14), S.162–172, hier S.162.

24 Ebd., S.169.

25 Ders., Abschied von einem deutschen Sonderweg. Wider die postnationale Nostalgie, in: Die neue Gesellschaft/Frankfurter Hefte 40, 1993, S.633–636, hier S.636.

26 Kocka, Geschichte und Aufklärung (wie Anm.9), S.153.

27 Ders., Umbrüche – aber ohne neue utopische Ideen. Die Sogkraft des Nationalen und der Beitrag der Bundesrepublik zur Revolution in der DDR (aus: FR, 11.7.1990), in: Wengst (Hg.), Historiker betrachten Deutschland (wie Anm.14), S.98–109, hier S.104, 108.

28 Ders., Nur keinen neuen Sonderweg. Jedes Stück Entwestlichung wäre als Preis für die deutsche Einheit zu hoch (aus: Die Zeit, 19.10.1990), in: ebd., S.184–192, hier S.191; vgl. ders., Revolution und Nation 1989. Zur historischen Einordnung der gegenwärtigen Ereignisse (aus: Tel Aviver Jahrbuch für deutsche Geschichte, 1990), in: ders., Vereinigungskrise. Zur Geschichte der Gegenwart, Göttingen 1995, S.9–32.

29 H.A.Winkler, Der lange Weg nach Westen, Bd. II: Deutsche Geschichte vom »Dritten Reich« bis zur Wiedervereinigung, München 2000, S.655.

30 Ch. Hein, Die fünfte Grundrechenart (aus: Die Zeit, 6.10.1989), in: ders., Als Kind habe ich Stalin gesehen. Essais und Reden, Berlin 1990, S.145–156, hier S.145f.

31 Vgl. K.H. Jarausch, Vom Zusammenbruch zur Erneuerung: Überlegungen zur Krise der ostdeutschen Geschichtswissenschaft, in: ders. (Hg.), Zwischen Parteilichkeit und Professionalität. Bilanz der Geschichtswissenschaft der DDR, Berlin 1991, S.13–32.

32 Für Offenheit in der Geschichtsforschung. Historiker-Gesellschaft der DDR gab Erklärung ab, in: Neues Deutschland, 14.11.1989.

33 Vgl. H.Weber, »Weiße Flecken« in der DDR-Geschichtsschreibung (aus: APuZ, 1990), in: R.Eckert u.a. (Hg.), Krise – Umbruch – Neubeginn. Eine kritische und selbstkritische Dokumentation der DDR-Geschichtswissenschaft 1989/90, Stuttgart 1992, S.369–391.

34 W.Schulze, Das traurigste Los aber traf die Geschichtswissenschaft. Die DDR-Geschichtswissenschaft nach der ›deutschen Revolution‹ (aus: GWU 41, 1990), in: ebd., S.213–227, hier S.218.

35 A.Mitter u. S.Wolle, Aufruf zur Bildung einer Arbeitsgruppe Unabhängiger Historiker in der DDR, in: ebd., S.160f.

36 Ebd.

37 Satzung des Unabhängigen Historiker-Verbandes (in der DDR), in: ebd., S.170f.; vgl. I.-S.Kowalczuk, Der Unabhängige Historiker-Verband (UHV), in: R.Eckert u.a. (Hg.), Hure oder Muse? Klio in der

DDR. Dokumente und Materialien des Unabhängigen Historiker-Verbandes, Berlin 1994, S. 59–75.

38 Vgl. Kowalczuk, Der Unabhängige Historiker-Verband (wie Anm. 37), S. 65.

39 Vgl. N. Brink, Existenzkrise der DDR-Historiker (aus: Der Tagesspiegel, 5.5.1990), in: Eckert u. a. (Hg.), Krise – Umbruch – Neubeginn (wie Anm. 33), S. 193 f.

40 Vgl. Ohne Vergangenheitsbewältigung gibt es keinen demokratischen Neubeginn (Interview mit R. Eckert), in: Eckert u. a. (Hg.), Hure oder Muse? (wie Anm. 37), S. 115–119; B. Florath, Wie weiter mit der Vergangenheit des Historischen Instituts? in: ebd., S. 191–194; zum Hintergrund: R. Eckert, Die Berliner Humboldt-Universität und das Ministerium für Staatssicherheit, in: Deutschland-Archiv 26, 1993, S. 770–785.

41 G. Aly, Deutschstunde: Opfer so weit das Auge reicht. Historiker der Humboldt-Universität rücken die eigene Geschichte zurecht (aus: taz, 17.10.1990), in: Eckert u. a. (Hg.), Hure oder Muse? (wie Anm. 37), S. 325–327, hier S. 327.

42 Zit. nach: ders., »Als Mensch bleibst Du einfach draußen«. Die Historiker der Berliner Humboldt-Universität versuchten im zweiten Anlauf, sich ihrer Vergangenheit zu stellen (aus: taz, 14.11.1990), in: ebd., S. 332–335, hier S. 333.

43 Zit. nach: J. Kocka, Die Vereinigung der Wissenschaften, in: ders., Vereinigungskrise (wie Anm. 28), S. 64–74, hier S. 66.

44 Verband der Historiker Deutschlands, Erklärung zur Integration der Geschichtswissenschaft der bisherigen DDR in das Wissenschaftssystem der Bundesrepublik, in: Eckert u. a. (Hg.), Krise – Umbruch – Neubeginn (wie Anm. 33), S. 228 ff.

45 Ch. Meier, Im Zweifel lieber abwickeln (aus: FAZ, 21.9.1990), in: ebd., S. 258–261; vgl. dazu aber auch die selbstkritische Nachbemerkung, ebd., S. 261.

46 Zit. nach: K.-H. Janßen, Die Abrechnung. DDR-Professoren auf der Anklagebank (aus: Die Zeit, 5.10.1990), in: Eckert u. a. (Hg.), Hure oder Muse? (wie Anm. 37), S. 322–325, hier S. 322.

47 Ebd., S. 323; B. Seewald, Masken und Lemuren auf der Suche nach Persilscheinen (aus: Die Welt, 1.10.1990), in: ebd., S. 315–318, hier S. 316.

48 Vgl. W. Krull, Neue Strukturen für Wissenschaft und Forschung. Ein Überblick über die Tätigkeit des Wissenschaftsrates in den neuen Ländern, in: APuZ, 11.12.1992, S. 15–28; zur Abwicklung der AdW vgl. ausführlich: R. Mayntz, Deutsche Forschung im Einigungsprozeß. Die Transformation der Akademie der Wissenschaften der DDR 1989 bis 1992, Frankfurt a. M. 1994.

49 D. Simon, Die Quintessenz. Der Wissenschaftsrat in den neuen Bundesländern, in: APuZ, 11.12.1992, S. 29–36, hier S. 33; Krull, Neue Strukturen für Wissenschaft und Forschung (wie Anm. 48), S. 27.

50 F. Klein, Drinnen und draußen. Ein Historiker in der DDR: Erinnerungen, Frankfurt a. M. 2000, S. 349; vgl. J. Kocka, In zwei Jahren ist die Integration nicht zu leisten. Über die ›Abwicklung‹ (Interview) (aus: FR, 16. 1. 1992), in: ders., Interventionen. Der Historiker in der öffentlichen Verantwortung, Göttingen 2001, S. 103–110.

51 Vgl. M. Sabrow, Der Untergang der DDR und die Historiker, in: ders. (Hg.), Grenzen der Vereinigung. Die geteilte Vergangenheit im geeinten Deutschland, Leipzig 1999, S. 55–72, hier S. 62.

52 Kocka, Die Vereinigung der Wissenschaften (wie Anm. 43), S. 72.

53 Vgl. Klein, Drinnen und draußen (wie Anm. 50), S. 354 ff.; M. Küpper, Die Humboldt-Universität. Einheitsschmerzen zwischen Abwicklung und Selbstreform, Berlin 1993.

54 J. Kocka, Die Geschichtswissenschaft in der Vereinigungskrise, in: ders., Vereinigungskrise (wie Anm. 28), S. 47–55, hier S. 50.

55 Vgl. Ch. Kleßmann, Zeitgeschichte in Deutschland nach dem Ende des Ost-West-Konflikts, Essen 1998; R. Eppelmann u. a. (Hg.), Bilanz und Perspektiven der DDR-Forschung, Paderborn 2003; J. Kocka, Der Blick über den Tellerrand fehlt. DDR-Forschung – weitgehend isoliert und zumeist um sich selbst kreisend, in: FR, 22. 8. 2003.

56 A. Mitter u. S. Wolle (Hg.), »Ich liebe Euch doch alle!« Befehle und Lageberichte des MfS Januar – November 1989, Berlin 1990; vgl. A. Mitter, Angst und Hilflosigkeit in den Köpfen. Die DDR-Vergangenheit wird zum Problem der Zukunft, in: Eckert u. a. (Hg.), Krise – Umbruch – Neubeginn (wie Anm. 33), S. 107–110.

57 A. Mitter u. S. Wolle, Aufruf zur Bildung einer Forschungsstätte zur Geschichte der DDR und ihrer Repressivorgane, in: Eckert u. a. (Hg.), Krise – Umbruch – Neubeginn (wie Anm. 33), S. 105 f.

58 Vgl. W. J. Mommsen, Eröffnung des 38. Historikertages in Bochum. Ansprache des Vorsitzenden des Verbandes der Historiker Deutschlands, in: ebd., S. 236–241, hier S. 241.

59 Vgl. dazu den Überblick bei: Kleßmann, Zeitgeschichte in Deutschland (wie Anm. 55), S. 23 ff.; ders. u. M. Sabrow, Zeitgeschichte in Deutschland nach 1989, in: APuZ, 20. 9. 1996, S. 3–14.

60 Vgl. P. Hübner u. H.-H. Hertle, 10 Jahre Zentrum für Zeithistorische Forschung Potsdam, in: Potsdamer Bulletin für Zeithistorische Studien, Nr. 25, März 2002, S. 7–16.

61 Vgl. J. Laufer, Brief an Prof. Jürgen Kocka zum Zentrum für zeitgeschichtliche Studien in Potsdam (17. Januar 1992), in: Eckert u. a. (Hg.), Hure oder Muse? (wie Anm. 37), S. 51 f.

62 Vgl. J. Hacker, Deutsche Irrtümer. Schönfärber und Helfershelfer der SED-Diktatur im Westen, Berlin 1992; K. Schroeder u. J. Staadt, Der diskrete Charme des Status quo: DDR-Forschung in der Ära der Entspannungspolitik, in: Leviathan. Zeitschrift für Sozialwissenschaft 21, 1993, S. 24–63; dies., Die Kunst des Aussitzens, in: K. Schroeder

(Hg.), Geschichte und Transformation des SED-Staates. Beiträge und Analysen, Berlin 1994, S. 347–354.

63 R.G. Reuth, Irrweg, Sonderweg. Und jetzt Erbe: Die DDR-Bewältigung wird wissenschaftlich, in: FAZ, 14.6.1993; vgl. dazu auch den Leserbrief von J. Kocka, ebd., 30.6.1993.

64 A. Mitter u. S. Wolle, Der Bielefelder Weg. Die Vergangenheitsbewältigung der Historiker und die Vereinigung der Funktionäre (aus: FAZ, 10.8.1993), in: Eckert u. a. (Hg.), Hure oder Muse? (wie Anm. 37), S. 260–265, hier S. 264 f.

65 Ebd.

66 J. Kocka, Auch Wissenschaftler können lernen. Der Forschungsschwerpunkt Zeithistorische Studien in Potsdam (aus: FAZ, 25.8.1993), in: ebd., S. 266–269, hier S. 268.

67 A. Mitter u. S. Wolle, Inquisitoren auf der Faultierfarm. Gestern Bielefeld und Ost-Berlin, heute Potsdam: Wie flexibel dürfen Historiker sein (aus: FAZ, 9.9.1993), in: ebd., S. 276–281, hier S. 278 ff.

68 Vgl. dazu die weiteren Dokumente, in: ebd., S. 260–307.

69 M.G. Ash, Geschichtswissenschaft, Geschichtskultur und der ostdeutsche Historikerstreit, in: GG 24, 1998, S. 283–304, hier S. 288; R. Eckert u. a. (Hg.), Wer schreibt die DDR-Geschichte? Ein Historikerstreit um Stellen, Strukturen, Finanzen und Deutungskompetenz, Berlin 1995; vgl. ferner: J. Danyel, Die Historiker und die Moral. Anmerkungen zur Debatte über die Autorenrechte an der DDR-Geschichte, in: GG 21, 1995, S. 290–303; M. Sabrow, Die Historikerdebatte über den Umbruch von 1989, in: ders. u. a. (Hg.), Zeitgeschichte als Streitgeschichte. Große Kontroversen seit 1945, München 2003, S. 114–137.

70 Wem gehört die DDR-Geschichte? Ein Streitgespräch zwischen Jürgen Kocka und Stefan Wolle (aus: Wochenpost, 28.10.1993), in: Eckert u. a. (Hg.), Hure oder Muse? (wie Anm. 37), S. 292–297, hier S. 294 ff.

71 R. Eckert, Ein gescheiterter Neuanfang?, in: GG 20, 1994, S. 609–615, hier S. 614.

72 D. Simon, Wem gehört die DDR-Geschichte?, in: Potsdamer Bulletin für Zeithistorische Studien, Nr. 6, April 1996, S. 19–29, hier S. 25.

73 Vgl. Mitter u. Wolle, Der Bielefelder Weg (wie Anm. 64), S. 264.

74 Zu den Hintergründen vgl.: L. Niethammer, Ego-Histoire? und andere Erinnerungs-Versuche, Wien 2002, S. 274–277.

6. Die Goldhagen-Debatte: Zeitgeschichte zwischen Medien und Moral in den 1990er Jahren (Seite 139–160)

1 K.-H. Janßen, Von deutscher Schuld. Warum Deutschland den Schatten der Vergangenheit nicht entfliehen kann, in: Die Zeit, 16.11.1990.

2 Ebd.

3 D.J.Goldhagen, Hitlers willige Vollstrecker. Ganz gewöhnliche Deutsche und der Holocaust, Berlin 1996 (amerik. Erstausgabe: Hitler's Willing Executioners. Ordinary Germans and the Holocaust, New York 1996).

4 R.Eckert, Verkürzung der historischen Perspektive (Leserbrief), in: Tagesspiegel, 15.9.1996.

5 Vgl. O.Bartov, Reception und Perception: Goldhagen's Holocaust and the World, in: G.Eley (Hg.), The ›Goldhagen Effect‹. History, Memory, Nazism – Facing the German Past, Ann Arbor 2000, S.33–87.

6 Vgl. D.Levy u. N.Sznaider, Erinnerung im globalen Zeitalter: Der Holocaust, Frankfurt a.M. 2001.

7 Vgl. P.Novick, Nach dem Holocaust. Der Umgang mit dem Massenmord, Stuttgart 2001, S.267ff.; J.-M.Chaumont, »Die Konkurrenz der Opfer«. Genozid, Identität und Anerkennung, Lüneburg 2001.

8 Levy u. Sznaider, Erinnerung im globalen Zeitalter (wie Anm.6), S.158.

9 Vgl. Novick, Nach dem Holocaust (wie Anm.7), S.297; ders., USA, in: V.Knigge u. N.Frei (Hg.), Verbrechen erinnern. Die Auseinandersetzung mit Holocaust und Völkermord, München 2002, S.288–297.

10 Vgl. R.Hilberg, Das Goldhagen-Phänomen, in: J.Heil u. R.Erb (Hg.), Geschichtswissenschaft und Öffentlichkeit. Der Streit um Daniel J. Goldhagen, Frankfurt a.M. 1998, S.27–37; Auszüge aus der Diskussion sind veröffentlicht in: United States Holocaust Memorial Museum (Hg.), The »Willing Executioners«/»Ordinary Men« Debate, Washington [3]2001; vgl. auch den Tagungsbericht im Internet: http://www.h-net.org/~german/discuss/goldhagen/.

11 D.Smith, Ein Interview mit Daniel Goldhagen (aus: The New York Times, 1.4.1996), in: J.H.Schoeps (Hg.), Ein Volk von Mördern? Die Dokumentation zur Goldhagen-Kontroverse um die Rolle der Deutschen im Holocaust, Hamburg [3]1996, S.48–52, hier S.49.

12 R.Bernstein, Haben die Deutschen den Judenmord begrüßt? (aus: The New York Times, 27.3.1996), in: ebd., S.32–35, hier S.33; E. Wiesel, Little Hitlers (aus: The Observer, 31.3.1996), in: ebd., S.44–47, hier S.44; einen Überblick über die ersten Pressereaktionen in den USA gibt: M.Heyl, Die Goldhagen-Debatte im Spiegel der englisch- und deutschsprachigen Rezensionen von Februar bis Juli 1996, in: Mittelweg 36 5, H.4, 1996, S.41–56.

13 Goldhagen, Hitlers willige Vollstrecker (wie Anm. 3), S. 260 f.

14 Ebd., S. 249.

15 Ebd., S. 471, 474; zur logischen Problematik dieser Schlußfolgerung vgl.: J. Joffe, »Die Killer waren normale Deutsche, also waren die normalen Deutschen Killer«, in: Schoeps (Hg.), Ein Volk von Mördern? (wie Anm. 11), S. 160–170.

16 Goldhagen, Hitlers willige Vollstrecker (wie Anm. 3), S. 517, 531.

17 Ch. R. Browning, Ganz normale Männer. Das Reserve-Polizeibataillon 101 und die »Endlösung« in Polen, Reinbek bei Hamburg ²1999 (amerik. Erstausgabe: Ordinary Men: Reserve Police Battalion 101 and the Final Solution in Poland, New York 1992).

18 Vgl. dazu den Anmerkungsapparat in Goldhagen, Hitlers willige Vollstrecker (wie Anm. 3), S. 611 ff., 617 ff.; sowie bereits zuvor Goldhagens Rezension von Brownings *Ordinary Men* in: The New Republic, 13./20. 7. 1992, S. 49–52.

19 Vgl. Ch. R. Browning, Daniel Goldhagen's Willing Executioners, in: United States Holocaust Memorial Museum (Hg.), The »Willing Executioners«/»Ordinary Men« Debate (wie Anm. 10), S. 21–37; ders., Ganz normale Männer (wie Anm. 17), S. 274 ff.; ders., Dämonisierung erklärt nichts (aus: Die Zeit, 19. 4. 1996), in: Schoeps (Hg.), Ein Volk von Mördern? (wie Anm. 11), S. 118–124.

20 Goldhagen, Hitlers willige Vollstrecker (wie Anm. 3), S. 19; vgl. etwa auch die Rezension von O. Bartov, Ganz normale Monster (aus: The New Republic, 29. 4. 1996) in: Schoeps (Hg.), Ein Volk von Mördern? (wie Anm. 11), S. 63–80.

21 Vgl. dazu den in Anm. 10 genannten Konferenzbericht.

22 Briefe an Goldhagen. Eingeleitet und beantwortet von Daniel Jonah Goldhagen, Berlin 1997, S. 79 f.

23 Vgl. R. B. Birn (in Zusammenarbeit mit V. Rieß), Revising the Holocaust, in: The Historical Journal 40, 1997, S. 195–215; dies. u. V. Rieß, Nachgelesen, Goldhagen und seine Quellen, in: Heil u. Erb (Hg.), Geschichtswissenschaft und Öffentlichkeit (wie Anm. 10), S. 38–62; dazu die Gegendarstellung: D. J. Goldhagen, The Fictions of Ruth Bettina Birn, in: German Politics and Society 15, 1997, S. 119–165; zum Rechtsstreit: M. Jeismann, Der Schutz des allmächtigen Autors. Rechtsanwälte lesen lassen: Wie Daniel Goldhagen mit seinen Kritikern verfährt, in: FAZ, 4. 11. 1997.

24 N. G. Finkelstein u. R. B. Birn, Eine Nation auf dem Prüfstand. Die Goldhagen-These und die historische Wahrheit, Hildesheim 1998 (amerik. Erstausgabe: A Nation on Trial. The Goldhagen-Thesis and Historical Truth, New York 1998).

25 N. G. Finkelstein, Daniel Goldhagens ›Wahnsinnsthese‹: *Hitlers willige Vollstrecker* – eine Kritik, in: ebd., S. 23–136, hier S. 123 (Anm. 79); vgl. ders., Daniel Jonah Goldhagen's ›Crazy‹ Thesis: A Criti-

que of *Hitler's Willing Executioners*, in: New Left Review 224, 1997, S.39–87; vgl. dazu: Goldhagen – ein Quellentrickser?, in: Der Spiegel, 11.8.1997; und die darauf folgenden Stellungnahmen von Goldhagen und Finkelstein in der Frankfurter Rundschau (18.8.1997; 22.8.1997; 23.8.1997).

26 N.G.Finkelstein, Die Holocaust-Industrie. Wie das Leiden der Juden ausgebeutet wird, München ⁵2001 (brit. Erstausgabe: The Holocaust Industry, London 2000), S.70.

27 Ebd., S.151.

28 Vgl. P.Steinberger (Hg.), Die Finkelstein-Debatte, München 2001.

29 D.J.Goldhagen, Täter aus freien Stücken, in: Die Zeit, 12.4.1996 (Das Erscheinungsdatum der bereits am Donnerstag ausgelieferten Wochenzeitung bezog sich damals noch auf den folgenden Freitag).

30 V.Ullrich, Hitlers willige Mordgesellen (aus: Die Zeit, 12.4.1996), in: Schoeps (Hg.), Ein Volk von Mördern? (wie Anm.11), S.89–92, hier S.89; einen Überblick über die Medienberichte in Deutschland gibt ders., Eine produktive Provokation. Die Rolle der Medien in der Goldhagen-Kontroverse, in: M.Sabrow u.a. (Hg.), Zeitgeschichte als Streitgeschichte. Große Kontroversen seit 1945, München 2003, S.152–170; vgl. auch N.Frei, Goldhagen, die Deutschen und die Historiker. Über die Repräsentation des Holocaust im Zeitalter der Visualisierung, in: ebd., S.138–151; M.Kött, Goldhagen in der Qualitätspresse. Eine Debatte über ›Kollektivschuld‹ und ›Nationalcharakter‹ der Deutschen, Konstanz 1999; M.Schneider, Die »Goldhagen-Debatte«. Ein Historikerstreit in der Mediengesellschaft, in: Archiv für Sozialgeschichte 37, 1997, S.460–481; zum *agenda setting*: W. Bergmann, Im falschen System. Die Goldhagen-Debatte in Wissenschaft und Öffentlichkeit, in: Heil u. Erb (Hg.), Geschichtswissenschaft und Öffentlichkeit (wie Anm.10), S.131–147; eine Chronologie der wichtigsten deutschsprachigen Presseartikel findet sich im Internet unter: http://www.uni-duisburg.de/DISS/Internetbibliothek/Buecher/Goldhagen.htm.

31 Ullrich, Hitlers willige Mordgesellen (wie Anm.30), S.92.

32 Vgl. H.Räther, Der Durchschnittsdeutsche hatte keine moralischen Skrupel. Harvard-Professor schrieb ein Buch über »Hitlers willige Henker«, in: Aachener Nachrichten, 30.3.1996; J.Heilbrunn, Ankläger und Rächer. Ein Harvard-Professor behauptet, daß sich die Deutschen freiwillig und ohne Skrupel an der Judenvernichtung beteiligten, in: Tagesspiegel, 31.3.1996.

33 J.Joffe, Hitlers willfährige Henker. Oder: Die ›gewöhnlichen Deutschen‹ und der Holocaust, in: SZ, 13.4.1996.

34 F.Schirrmacher, Hitlers Code (aus: FAZ, 15.4.1996), in: Schoeps (Hg.), Ein Volk von Mördern? (wie Anm.11), S.99–105, hier S.104f.

35 R.Augstein, Der Soziologe als Scharfrichter (aus: Der Spiegel, 15.4.1996), in: ebd., S.106–109, hier S.108f.

36 M.Niroumand, Little Historians. Das Buch des amerikanischen Politologen Daniel Jonah Goldhagen wird keinen neuen Historikerstreit auslösen, in: taz, 13.4.1996.

37 M.Lehming, Bekenntniszwang, in: Tagesspiegel, 15.4.1996.

38 So bei Niroumand, Little Historians (wie Anm.36); vgl. dazu Ullrich, Eine produktive Provokation (wie Anm.30), S.152f.

39 N.Frei, Goldhagen, die Deutschen und die Historiker (wie Anm.30), S.142.

40 Ders., Ein Volk von ›Endlösern‹? Daniel Goldhagen beschreibt die Deutschen als ›Hitlers willige Vollstrecker‹ (aus: SZ, 13./14.4.1996), in: Schoeps (Hg.), Ein Volk von Mördern? (wie Anm.11), S.93–98, hier S.95, 97f.

41 M.Arning u. R.Paasch, Die provokanten Thesen des Mister Goldhagen. Der US-Soziologe stößt mit seinem Buch ›Hitlers bereitwillige Helfer‹ bei deutschen Forschern auf viel Kritik, in: FR, 12.4.1996.

42 E. Jäckel, Einfach ein schlechtes Buch (aus: Die Zeit, 17.5.1996), in: Schoeps (Hg.), Ein Volk von Mördern? (wie Anm.11), S.187–192; U.Herbert, Die richtige Frage (aus: Die Zeit, 14.6.1996, dort als Kurzfassung unter dem Titel:»Aus der Mitte der Gesellschaft«), in: ebd., S.214–224, hier S.214.

43 H.-U.Wehler, Wie ein Stachel im Fleisch (aus: Die Zeit, 24.5.1996, dort allerdings um die zitierte Passage gekürzt), in: ebd., S.193–209, hier S.207.

44 Siehe v.a.: R.Rürup, Viel Lärm um nichts? D. J.Goldhagens ›radikale Revision‹ der Holocaust-Forschung, in: NPL 41, 1996, S.357–363; D.Pohl, Die Holocaust-Forschung und Goldhagens Thesen, in: VfZ 45, 1997, S.1–48.

45 Rürup, Viel Lärm um nichts? (wie Anm.44), S.361.

46 Vgl. G.Hofmann, Die Welt ist, wie sie ist. Über Goldhagens Thesen wollte der Deutsche Historikertag erst nicht reden, in: Die Zeit, 27.9.1996; M. Jeismann, Gegenverkehr. Anthropologische Wende: Der 41. Historikertag in München, in: FAZ, 23.9.1996.

47 Vgl. V.Ullrich, Vertraute Töne. Der Goldhagen-Streit erinnert an die Fischer-Kontroverse (aus: Die Zeit, 14.6.1996), in: Schoeps (Hg.), Ein Volk von Mördern? (wie Anm.11), S.225–227.

48 D.J.Goldhagen, Das Versagen der Kritiker, in: Die Zeit, 2.8.1996; bereits zuvor war eine kürzere Replik erschienen: Goldhagen antwortet seinen Kritikern, in: ebd., 14.6.1996.

49 M.Gräfin Dönhoff, Mit fragwürdiger Methode. Hitlers Henker – Eine Debatte, in: Die Zeit, 6.9.1996.

50 Goldhagen, Hitlers willige Vollstrecker (wie Anm.3), S.6, 11f.; Spiegel-Gespräch: Was dachten die Mörder? Der US-Politologe Daniel Jonah Goldhagen über den Streit um sein Holocaust-Buch und das Bild der Täter, in: Der Spiegel, 12.8.1996.

51 S. Speicher, Wortstark. Wie Goldhagen entschwindet, in: FAZ, 7.9.1996.

52 V. Ullrich, Goldhagen und die Deutschen. Die Historiker kritisieren »Hitlers willige Vollstrecker«. Das Publikum empfindet das Buch als befreiend, in: Die Zeit, 13.9.1996; F. Schirrmacher, Wunderheiler Goldhagen, in: FAZ, 13.9.1996.

53 Schirrmacher, Wunderheiler (wie Anm. 52); M. Jeismann, Eingeholt, in: FAZ, 9.9.1996.

54 Vgl. Bergmann, Im falschen System (wie Anm. 30), S. 142.

55 Zit. nach: Ullrich, Goldhagen und die Deutschen (wie Anm. 52).

56 Vgl. B.-A. Rusinek, Die Kritiker-Falle: Wie man in Verdacht geraten kann. Goldhagen und der Funktionalismus, in: Heil u. Erb (Hg.), Geschichtswissenschaft und Öffentlichkeit (wie Anm. 10), S. 110–130, hier S. 116.

57 Speicher, Wortstark (wie Anm. 51).

58 H. Mommsen, Die dünne Patina der Zivilisation, in: Die Zeit, 30.8.1996.

59 D. J. Goldhagen, Die katholische Kirche und der Holocaust. Eine Untersuchung über Schuld und Sühne, Berlin 2002.

60 Die Preisreden sind abgedruckt in: Blätter für deutsche und internationale Politik 42, 1997, S. 403–443.

61 J. Habermas, Über den öffentlichen Gebrauch der Historie. Warum ein ›Demokratiepreis‹ für Daniel Goldhagen?, in: ebd., S. 408–416, hier S. 408, 410, 416 (auch in: Die Zeit, 14.3.1997); vgl. U. Jensen, Ein Ritterschlag zum Lehrmeister? Die Apotheose des Daniel J. Goldhagen in der Laudatio von Jürgen Habermas, in: Heil u. Erb (Hg.), Geschichtswissenschaft und Öffentlichkeit (wie Anm. 10), S. 148–163.

62 J. Ph. Reemtsma, Abkehr vom Wunsch nach Verleugnung. Über »Hitlers willige Vollstrecker« als Gegenstück zur »historischen Erklärung«, in: Blätter für deutsche und internationale Politik 42, 1997, S. 417–423, hier S. 419.

63 Ebd.

64 Vgl. Hamburger Institut für Sozialforschung (Hg.), Vernichtungskrieg. Verbrechen der Wehrmacht 1941 bis 1944. Ausstellungskatalog, Hamburg 1996.

65 Vgl. u. a. Ch. Streit, Keine Kameraden. Die Wehrmacht und die sowjetischen Kriegsgefangenen 1941–1945, Stuttgart 1978; H. Krausnick u. H.-H. Wilhelm, Die Truppen des Weltanschauungskrieges. Die Einsatzgruppen der Sicherheitspolizei und des SD 1938–1942, Stuttgart 1981.

66 Vgl. Hamburger Institut für Sozialforschung (Hg.), Vernichtungskrieg (wie Anm. 64), S. 7.

67 Vgl. A. Königseder, Streitkulturen und Gefühlslagen. Die Goldhagen-Debatte und der Streit um die Wehrmachtsausstellung, in: Heil u.

Erb (Hg.), Geschichtswissenschaft und Öffentlichkeit (wie Anm. 10),
S. 295–311; E. Grittmann u. M. Pater, Wider die Erinnerung. Der mediale Diskurs um die Ausstellung »Vernichtungskrieg«, in: M. Th. Greven u.
O. von Wrochem (Hg.), Der Krieg in der Nachkriegszeit. Der Zweite
Weltkrieg in Politik und Gesellschaft der Bundesrepublik, Opladen
2000, S. 337–353; W. Hömberg u. Ch. Reiter, Die Wehrmachtsausstellung im Meinungskampf, in: J. Wilke (Hg.), Massenmedien und Zeitgeschichte, Konstanz 1999, S. 234–246.

68 Zur Rezeption der Ausstellung vgl.: Hamburger Institut für Sozialforschung (Hg.), Eine Ausstellung und ihre Folgen. Zur Rezeption der
Ausstellung »Vernichtungskrieg. Verbrechen der Wehrmacht 1941 bis
1944«, Hamburg 1999; J. Klotz, Die Ausstellung »Vernichtungskrieg.
Verbrechen der Wehrmacht 1941 bis 1944«. Zwischen Geschichtswissenschaft und Geschichtspolitik, in: D. Bald u. a., Mythos Wehrmacht.
Nachkriegsdebatten und Traditionspflege, Berlin 2001, S. 116–176; H.-
U. Thamer, Vom Tabubruch zur Historisierung? Die Auseinandersetzung um die »Wehrmachtsausstellung«, in: Sabrow u. a. (Hg.), Zeitgeschichte als Streitgeschichte (wie Anm. 30), S. 171–186.

69 Die Auseinandersetzung in München ist umfassend dokumentiert
in: H. Prantl (Hg.), Wehrmachtsverbrechen. Eine deutsche Kontroverse,
Hamburg 1997, S. 234–345, hier S. 246.

70 B. Greiner, Bruch-Stücke. Sechs westdeutsche Beobachtungen
nebst unfertigen Deutungen, in: Hamburger Institut für Sozialforschung (Hg.), Eine Ausstellung und ihre Folgen (wie Anm. 68), S. 15–86,
hier S. 31.

71 Protokoll der Bundestagssitzung zur »Wehrmachtsausstellung«
am 13. 3. 97, in: Prantl (Hg.), Wehrmachtsverbrechen (wie Anm. 69),
S. 95–148, hier S. 103.

72 Vgl. etwa W. Wette, »Jude gleich Partisan« (aus: Die Zeit,
5. 5. 1995), in: ebd., S. 37–43; Ch. Graf von Krockow, Zwei Pole, die das
Verhängnis bargen. Anständigbleiben inmitten der Verbrechen? (aus:
Die Welt, 5.4.1997), in: ebd., S. 153–159; H.-U. Thamer, Wehrmacht
und Vernichtungskrieg. Vom Umgang mit einem schwierigen Kapitel
deutscher Geschichte, in: FAZ, 22. 4. 1997; als Beitrag zur Debatte läßt
sich ebenfalls eine im Spätsommer 1997 am Militärgeschichtlichen For-
schungsamt durchgeführte Tagung deuten: R.-D. Müller u. H.-E. Volkmann (Hg.), Die Wehrmacht. Mythos und Realität, München 1999.

73 B. Musial, Bilder einer Ausstellung. Kritische Anmerkungen zur
Wanderausstellung »Vernichtungskrieg. Verbrechen der Wehrmacht
1941 bis 1944«, in: VfZ 47, 1999, S. 563–591; K. Ungváry, Echte Bilder
– problematische Aussagen. Eine quantitative und qualitative Fotoana-
lyse der Ausstellung »Vernichtungskrieg – Verbrechen der Wehrmacht
1941 bis 1944«, in: GWU 50, 1999, S. 584–595; siehe ebenfalls:
D. Schmidt-Neuhaus, Die Tarnopol-Stellwand der Wanderausstellung

»Vernichtungskrieg – Verbrechen der Wehrmacht 1941 bis 1944«. Eine Falluntersuchung zur Verwendung von Bildquellen, in: ebd., S. 596–603.

74 Allein die FAZ berichtete zwischen dem 20. 10. und 6. 11. 1999 in mehr als zehn Beiträgen über die falsch zugeordneten Fotos.

75 Zit. nach: Neue Kritik an Wehrmachtsausstellung, in: FAZ, 27. 10. 1999; H. Möller, Eine Blamage, wahrlich keine Pionierleistung, in: ebd., 3. 1. 2000.

76 N. Frei, Faktor 1000. Wehrmacht und Wahrheit in Zeiten der Krawallkommunikation, in: FAZ, 2. 11. 1999.

77 Zit. nach: »Fehler, Ungenauigkeiten, aber keine Fälschungen«. Kommission zur Überprüfung der »Wehrmachtsausstellung« berichtet. Grundaussage »der Sache nach richtig«, in: FAZ, 16. 11. 2000.

78 V. Ullrich, Von strenger Sachlichkeit. Die neue Wehrmachtsausstellung zeigt ein noch dunkleres Bild des NS-Militärs als die alte, in: Die Zeit, 6. 12. 2001. Zum Vergleich der beiden Ausstellungsversionen vgl. die Beiträge in: Zeitgeschichte 29, H. 2, 2002; sowie: U. Jureit, »Zeigen heißt verschweigen«. Die Ausstellungen über die Verbrechen der Wehrmacht, in: Mittelweg 36 13, H. 1, 2004, S. 3–27.

79 M. Jeismann, Das Ende der Wiedergänger. Die neue Wehrmachtsausstellung in Berlin: Ein gutes Stück Konsensgeschichte, in: FAZ, 29. 11. 2001.

80 Ebd.

Ausblick: Das Ende der Streitgeschichte? (Seite 161–175)

1 Vgl. P. Nolte, Die Historiker der Bundesrepublik. Rückblick auf eine ›lange Generation‹, in: Merkur 53, 1999, S. 413–432; R. Jessen, Zeithistoriker im Konfliktfeld der Vergangenheitspolitik, in: K. H. Jarausch u. M. Sabrow (Hg.), Verletztes Gedächtnis. Erinnerungskultur und Zeitgeschichte im Konflikt, Frankfurt a. M. 2002, S. 153–175.

2 H. Schelsky, Die Arbeit tun die anderen. Klassenkampf und Priesterherrschaft der Intellektuellen, Opladen 1975.

3 F. Fischer, Aufgaben und Methoden der Geschichtswissenschaft (1968), in: ders., Der Erste Weltkrieg und das deutsche Geschichtsbild. Beiträge zur Bewältigung eines historischen Tabus, Düsseldorf 1977, S. 21–36, hier S. 31.

4 G. Ritter an Th. Schieder, 21. 4. 1954, in: G. Ritter, Ein politischer Historiker in seinen Briefen, hrsg. v. K. Schwabe u. R. Reichardt, Boppard am Rhein 1984, S. 506 f.

5 Nolte, Die Historiker der Bundesrepublik (wie Anm. 1), S. 419.

6 Zum Generationenzusammenhang vgl.: C. Albrecht, Die Frankfurter Schule in der Geschichte der Bundesrepublik, in: ders. u. a., Die in-

tellektuelle Gründung der Bundesrepublik. Eine Wirkungsgeschichte der Frankfurter Schule, Frankfurt a. M. ^{2}2000, S. 497–529, hier S. 503 ff.; siehe auch: H. Bude, Deutsche Karrieren. Lebenskonstruktionen sozialer Aufsteiger aus der Flakhelfer-Generation, Frankfurt a. M. 1987.

7 M. Broszat u. S. Friedländer, Um die »Historisierung des Nationalsozialismus«. Ein Briefwechsel, in: VfZ 36, 1988, S. 339–372, hier S. 361.

8 Vgl. K. Große Kracht, Fritz Fischer und der deutsche Protestantismus, in: Zeitschrift für Neuere Theologiegeschichte 10, 2003, S. 224–252.

9 Vgl. oben, Kap. 3.

10 Vgl. H.-U. Wehler, Das Türkenproblem. Der Westen braucht die Türkei – etwa als Frontstaat gegen den Irak. Aber in die EU darf das muslimische Land niemals, in: Die Zeit, 12. 9. 2002; »Wir sind nicht die Samariter für die Türken«. Plädoyer gegen den EU-Beitritt eines islamischen Landes: Gespräch mit dem Bielefelder Historiker Hans-Ulrich Wehler, in: FAZ, 5. 11. 2002; vgl. auch: H. A. Winkler, Ehehindernisse. Gegen einen EU-Beitritt der Türkei, in: SZ, 23. 11. 2002.

11 H.-U. Wehler, »Historiker sollen auch politisch zu den Positionen stehen, die sie in der Wissenschaft vertreten« (Interview), in: R. Hohls u. K. H. Jarausch (Hg.), Versäumte Fragen. Deutsche Historiker im Schatten des Nationalsozialismus, Stuttgart 2000, S. 240–266, hier S. 261.

12 R. Dahrendorf, Gesellschaft und Demokratie in Deutschland, München 1965, S. 174.

13 Vgl. U. Herbert, Der Historikerstreit. Politische, wissenschaftliche, biographische Aspekte, in: M. Sabrow u. a. (Hg.), Zeitgeschichte als Streitgeschichte. Große Kontroversen seit 1945, München 2003, S. 94–113, hier S. 105 ff.

14 Vgl. E. Schulin, Traditionskritik und Rekonstruktionsversuch. Studien zur Entwicklung von Geschichtswissenschaft und historischem Denken, Göttingen 1979.

15 R.-D. Müller, Die Wehrmacht – Historische Last und Verantwortung. Die Historiographie im Spannungsfeld von Wissenschaft und Vergangenheitsbewältigung, in: ders. u. H.-E. Volkmann (Hg.), Die Wehrmacht. Mythos und Realität, München 1999, S. 3–35, hier S. 30.

16 U. Herbert, Vernichtungspolitik. Neue Antworten und Fragen zur Geschichte des »Holocaust«, in: ders. (Hg.), Nationalsozialistische Vernichtungspolitik 1939–1945. Neue Forschungen und Kontroversen, Frankfurt a. M. ^{2}1998, S. 9–66, hier S. 17.

17 Vgl. A. Assmann u. U. Frevert, Geschichtsvergessenheit – Geschichtsversessenheit. Vom Umgang mit deutschen Vergangenheiten nach 1945, Stuttgart 1999, S. 250 ff.

18 W. H. Pehle, Geschichtswissenschaft, Buchproduktion und Öffentlichkeit, in: K. Füßmann u. a. (Hg.), Historische Faszination. Geschichtskultur heute, Köln 1994, S. 235–241, hier S. 236 f.

19 Vgl. P. Weingart u. a., Die sog. Geisteswissenschaften: Außenansichten. Die Entwicklung der Geisteswissenschaften in der BRD 1954–1987, Frankfurt a. M. 1991, S. 351 ff.

20 Ebd., S. 112 f.

21 Angaben nach: http://www.uni-essen.de/isa.

22 L. Raphael, Der Beruf des Historikers seit 1945, in: Ch. Cornelißen (Hg.), Geschichtswissenschaften. Eine Einführung, Frankfurt a. M. 2000, S. 39–52, hier S. 41.

23 B. Greiner, Bruch-Stücke. Sechs westdeutsche Beobachtungen nebst unfertigen Deutungen, in: Hamburger Institut für Sozialforschung (Hg.), Eine Ausstellung und ihre Folgen. Zur Rezeption der Ausstellung »Vernichtungskrieg. Verbrechen der Wehrmacht 1941 bis 1944«, Hamburg 1999, S. 15–86, hier S. 16.

24 Ebd.

25 E. Jäckel, Einfach ein schlechtes Buch (aus: Die Zeit 17.5.1996), in: J. H. Schoeps (Hg.), Ein Volk von Mördern? Die Dokumentation zur Goldhagen-Kontroverse um die Rolle der Deutschen im Holocaust, Hamburg [3]1996, S. 187–192, hier S. 187.

26 R. B. Birn u. V. Rieß, Das Goldhagen-Phänomen oder: fünfzig Jahre danach, in: GWU 49, 1998, S. 80–95, hier S. 81.

27 G. Seibt, Die Historische Sozialwissenschaft in der Bürgerlichen Öffentlichkeit, in: P. Nolte u. a. (Hg.), Perspektiven der Gesellschaftsgeschichte, München 2000, S. 144–149, hier S. 148.

28 H. G. Hockerts, Zugänge zur Zeitgeschichte: Primärerfahrung, Erinnerungskultur, Geschichtswissenschaft, in: Jarausch u. Sabrow (Hg.), Verletztes Gedächtnis (wie Anm. 1), S. 39–73, hier S. 69; hierzu ebenfalls bereits: P. Nolte, Die Historiker der Bundesrepublik (wie Anm. 1), S. 429 f.

29 Vgl. H. Welzer u. a., »Opa war kein Nazi«. Nationalsozialismus und Holocaust im Familiengedächtnis, Frankfurt a. M. 2002.

30 Vgl. u. a. N. Frei (Hg.), Karrieren im Zwielicht. Hitlers Eliten nach 1945, Frankfurt a. M. 2001.

31 Vgl. P. Schöttler (Hg.), Geschichtsschreibung als Legitimationswissenschaft 1918–1945, Frankfurt a. M. 1997; W. Schulze u. O. G. Oexle (Hg.), Deutsche Historiker im Nationalsozialismus, Frankfurt a. M. 1999; Hohls u. Jarausch (Hg.), Versäumte Fragen (wie Anm. 11).

32 M. Jeismann, Auf Wiedersehen Gestern. Die deutsche Vergangenheit und die Politik von morgen, Stuttgart 2001, S. 72.

33 Vgl. N. Frei, Abschied von der Zeitgenossenschaft. Der Nationalsozialismus und seine Erforschung auf dem Weg in die Geschichte, in: WerkstattGeschichte 20, 1998, S. 67–83.

34 Vgl. N. Berg, Der Holocaust und die westdeutschen Historiker. Erforschung und Erinnerung, Göttingen 2003.

35 B. Wilkomirski, Bruchstücke. Aus einer Kindheit 1939–1948, Frankfurt a. M. 1995; vgl. H. Welzer, Das kommunikative Gedächtnis. Eine Theorie der Erinnerung, München 2002, S. 33 f., 171 ff.

36 Vgl. Th. Lindenberger, Vergangenes Hören und Sehen. Zeitgeschichte und ihre Herausforderung durch die audiovisuellen Medien, in: Zeithistorische Forschungen/Studies in Contemporary History 1, 2004, S. 72–85, hier S. 79.

37 Jeismann, Auf Wiedersehen gestern (wie Anm. 32), S. 73.

38 Vgl. J.-H. Kirsch, Nationaler Mythos oder historische Trauer? Der Streit um ein zentrales ›Holocaust-Mahnmal‹ für die Berliner Republik, Köln 2003.

39 Vgl. F. Schirrmacher (Hg.), Die Walser-Bubis-Debatte. Eine Dokumentation, Frankfurt a. M. 1999; darin die Ansprache von I. Bubis zum 9. November 1998: S. 106–113, hier S. 109.

40 Vgl. J. Friedrich, Der Brand. Deutschland im Bombenkrieg 1940–1945, München 2002; K. Naumann, Bombenkrieg – Totaler Krieg – Massaker. Jörg Friedrichs Buch *Der Brand* in der Diskussion, in: Mittelweg 36 12, H. 4, 2003, S. 49–60.

41 U. Raulff, 1945. Ein Jahr kehrt zurück: Tausche Geschichte gegen ein Gefühl, in: SZ, 30. 10. 2003.

42 Zum Begriff: F. Hartog, Régimes d'historicité. Présentisme et expériences du temps, Paris 2003.

43 Raulff, 1945 (wie Anm. 41).

Abkürzungen

AdW	Akademie der Wissenschaften der DDR
APuZ	Aus Politik und Zeitgeschichte
BFW	Bund Freiheit der Wissenschaft
FAZ	Frankfurter Allgemeine Zeitung
FR	Frankfurter Rundschau
FSP	Forschungsschwerpunkt Zeithistorische Studien
GG	Geschichte und Gesellschaft
GWU	Geschichte in Wissenschaft und Unterricht
HZ	Historische Zeitschrift
IfZ	Institut für Zeitgeschichte
NPL	Neue Politische Literatur
NZZ	Neue Zürcher Zeitung
SZ	Süddeutsche Zeitung
UHV	Unabhängiger Historiker-Verband
VfZ	Vierteljahrshefte für Zeitgeschichte
ZfG	Zeitschrift für Geschichtswissenschaft

Personenregister